DU SENS

ALGIRDAS JULIEN GREIMAS

DU SENS

II

ESSAIS
SÉMIOTIQUES

ÉDITIONS DU SEUIL
27, rue Jacob, Paris VIᵉ

ISBN 2-02-006550-9 (ÉDITION COMPLÈTE)
ISBN 2-02-006549-5

© EDITIONS DU SEUIL, SEPTEMBRE 1983

Introduction

Fidélité et changement : il y a peut-être quelque paradoxe, pour un chercheur, à affirmer vouloir rester fidèle à soi, alors que le projet scientifique, aujourd'hui, est le seul espace où la notion de progrès a encore du sens, que le renouvellement s'y inscrit comme le propre de tout effort théorique. Quel sens peut-on donner à ce désir de permanence si la sémiotique qu'on avait rêvée, loin de se satisfaire de la pure contemplation de ses propres concepts, devait mettre, à tout instant et à tout prix, la main à la pâte et se montrer efficace en mordant sur le « réel » : l'objet à construire déterminait alors, dans une large mesure, la visée du sujet. Bien plus. L'exercice constant de lucidité qu'on s'était imposé ne manquait pas de relativiser les résultats obtenus et d'ébranler les certitudes à peine acquises : la voie étroite choisie apparaissait alors comme un parcours sinueux, tant l'épistémé ambiante, les points de vue philosophiques et idéologiques changeants arrivaient à déplacer les lieux de ses interrogations et à transformer le statut des formulations les mieux assurées.

Ce n'est pas sans hésitations que nous venons d'inscrire le chiffre II dans l'intitulé de ce volume : il suggère la discrétion des nombres, la rupture radicale entre deux « états de choses ». Il convient donc de lire non pas oralement, mais visuellement et ordinalement cette précision du titre, censée afficher non pas le creux, mais plutôt le trop-plein entre deux termes polaires que sépare une quinzaine d'années d'aventures sémiotiques. Alors seulement, les textes qui sont réunis ici deviennent des témoins d'errances d'une histoire vraie, mais en même temps des repères permettant, avec un peu de chance, de reconstituer une histoire véritable. Car le survol que nous tentons dans les quelques pages qui suivent ne s'inspire pas d'une démarche génétique retraçant tous les tâtonnements du chercheur, mais d'une approche générative visant à

7

retrouver, en partant d'un aval vers un amont, le fil conducteur et le sujet d'une pratique sémiotique qui dépasse les efforts particuliers. C'est à ce prix, peut-être, que l'on peut espérer reconstituer, ou du moins donner du sens à sa propre fidélité.

UNE SYNTAXE AUTONOME.

Il semble possible, à l'heure actuelle, de reconstituer brièvement, en leur donnant une forme quasi linéaire finalisée après coup, les principaux progrès qui ont pu être faits à partir de la description, élaborée par V. Propp, du conte merveilleux russe considéré comme un modèle analogique, susceptible d'interprétations multiples. Le point de départ en est l'effort consistant à donner à une *succession canonique d'événements* une formulation plus rigoureuse qui lui accorderait le statut de *schéma narratif*. Ainsi, en conférant aux « fonctions » de Propp la forme d'énoncés simples où « fonction » était interprétée, à la manière d'un Reichenbach, comme une relation entre actants, on voyait apparaître le schéma comme une suite d'énoncés narratifs faisant ressortir, le long de son déroulement, des récurrences et des régularités et permettant, du même coup, la construction d'une « grammaire », entendue comme un modèle d'organisation et de justification de ces régularités. Celles-ci, d'ailleurs, sont vite apparues comme des projections, sur le développement syntagmatique du discours, des catégories paradigmatiques mises à plat : une telle armature, pour employer le mot de Lévi-Strauss, tout en imprimant une certaine orientation dynamique au discours, le disciplinait et le clôturait en même temps.

Un pas de plus était fait en redéfinissant l'*événement* pour le distinguer de l'*action* : alors que l'action ne dépend que du sujet en s'intéressant à organiser son faire, l'événement, lui, ne peut être compris que comme la description de ce faire par un actant extérieur à l'action, identifié d'abord au narrateur, mais érigé ensuite, vu la complexité de ces tâches, en un actant observateur indépendant, accompagnant le discours tout le long de son déroulement, rendant compte de l'installation et des changements de points de vue, de l'inversion du savoir des acteurs sur les actions passées et à venir, en aspectualisant les différents faire pour les transformer finalement en procès pourvus d'historicité.

La reconnaissance de ce déroulement du discours a eu pour effet de libérer le faire du sujet de l'emprise de l'observateur. Une nouvelle interprétation du *faire* comme *acte* et de l'action comme programme du faire a ainsi été rendue possible : le sujet, grâce à ce nouveau statut de sa fonction, devient un *sujet syntaxique quelconque,* permettant d'analyser, par en dessous, les agissements de n'importe quel actant du récit, sujet ou adjuvant, destinateur mandateur ou judicateur. Une nouvelle syntaxe s'affirme ainsi, indépendante de tout lien avec telle ou telle séquence du schéma narratif d'inspiration proppienne, capable de proposer le calcul des *programmes narratifs* simples ou complexes, les PN de base régissant en amont les PN d'usage qui leur sont subordonnés.

Parallèlement, le schéma proppien subit bientôt une autre réévaluation. Considéré dans les années soixante – et jusqu'à maintenant par bon nombre de narratologues – comme le modèle du récit par excellence, il apparut vite qu'il n'était en réalité qu'un enchevêtrement savant de deux récits, mettant face à face deux sujets déroulant, chacun à sa manière, deux parcours distincts et opposés, les distinctions du héros et du traître ne relevant que de la coloration moralisatrice du narrateur. Dès lors, la syntaxe sémio-narrative a pu détacher de la description de Propp le principe même de la confrontation de deux sujets en l'interprétant comme une structure binaire élémentaire, fondée sur la relation tantôt contractuelle, tantôt polémique – disons : *polémico-contractuelle* – de deux sujets dont les parcours sont condamnés à se croiser.

SYNTAXE MODALE.

La circularité des déplacements de l'objet de valeur (de la princesse, par exemple) dans le schéma proppien qui, quittant l'espace d'origine, y revient après avoir changé plusieurs fois de main et d'espace, a amené, presque naturellement, à tenter une *définition topologique* du récit. Du point de vue syntaxique, cependant, une telle circulation d'objets, pour qu'elle puisse donner lieu à une interprétation générale et déductive de la narrativité, demandait un réexamen des relations entre les objets et les sujets.

Une définition du sujet qui ne soit ni ontologique ni psychologique posait nécessairement le problème de l'« existence sémiotique » : conformément au postulat théorique de la prééminence de la relation sur les termes, on pouvait dire que la relation à elle seule suffisait à définir les deux termes-aboutissants de sujet et d'objet l'un par rapport à l'autre, que le sujet n'existait que parce qu'il était en rapport avec l'objet et que, par conséquent, le premier investissement sémantique dont était pourvu le sujet n'était autre que la valeur située dans l'objet en jonction avec lui. Ceci admis, la *circulation des objets* paraissait alors comme une suite de conjonctions et de disjonctions de l'objet avec des sujets successifs ou, ce qui revient au même, comme une *communication entre les sujets,* les sujets en jonction avec les objets étant définis existentiellement comme des *sujets d'état.*

Une telle définition du sujet était pourtant insuffisante, elle restait statique et axiologique. Un opérateur syntaxique, rendant compte de cette circulation – ou de cette communication –, était nécessaire : le *sujet de faire,* complémentaire du *sujet d'état* – manifestés indifféremment par deux acteurs distincts ou réunis en un seul acteur – , s'imposait ainsi dans la plénitude de ses fonctions. Une axiologie, d'autre part, ne pouvait être efficace que si elle s'incarnait dans les sujets anthropomorphes d'une syntaxe narrative de surface. Leur présence cependant ne faisait pas de doute. Il suffisait pour cela de s'interroger naïvement : qu'est-ce qui fait courir ces sujets après les objets? c'est que les valeurs investies dans les objets sont « désirables »; qu'est-ce qui fait que certains sujets sont plus désireux, plus capables d'obtenir des objets de valeur que d'autres? c'est qu'ils sont plus « compétents » que d'autres. Ces formulations triviales, qui révèlent l'existence d'une couche de modalisations surdéterminant aussi bien les sujets que les objets, signalent également un phénomène sémiotique remarquable : la charge modale, qui, en principe, est censée se projeter, en le modulant, sur le prédicat (en produisant ainsi les modalités aléthiques, par exemple), est susceptible d'être distribuée diversement à l'intérieur de l'énoncé qu'elle affecte, se portant tantôt sur le sujet de faire – et constituant alors sa *compétence modale* – , tantôt sur l'objet et rendant compte, du fait que l'objet définit le sujet d'état, de l'*existence modale* du sujet.

Trois séries de modalisations – en distribuant la masse modale en quatre modalités de vouloir et de devoir, de pouvoir et de savoir – peuvent ainsi être envisagées : les modalisations de l'énoncé (par la médiation du prédicat, constitutif de l'énoncé), les modalisations du sujet de faire et enfin les modalisations de l'objet (se répercutant sur le sujet d'état). On peut imaginer les conséquences qui découlent de l'intégration, dans la syntaxe sémiotique à peine libérée de la gangue des « fonctions » proppiennes, de tels dispositifs modaux : alors que naguère on ne parlait que de la circulation des objets, on peut procéder maintenant aux calculs de compétence modale, inégale, de deux sujets face à un objet de valeur qui, inégalement apprécié, comporte ses propres attributions modales. De quantitatif, le changement devient qualitatif : alors que, en lisant Propp, on n'avait affaire qu'à des êtres et des objets fortement iconisés situés sur la dimension pragmatique du récit, il s'agit maintenant de compétitions et d'interactions cognitives où des sujets modalement compétents briguent des objets modalisés, alors que la dimension événementielle, référentielle de leurs agissements, n'est tout au plus qu'un prétexte à des joutes autrement plus importantes.

NOUVEAUX DISPOSITIFS SÉMIOTIQUES.

La puissance du modèle analogique qu'est le schéma proppien ne s'épuise pas pour autant. Si la théorie de la communication d'origine topologique s'applique sans difficulté aux différentes dimensions définitoires de la société, à l'échange des biens, mais aussi des services par exemple, on ne voit pas ce qui pourrait l'empêcher de prendre en charge la communication intersubjective préoccupée de la circulation des objets de savoir que sont les messages, à condition de remplacer les instances neutres de l'émission et de la réception par des sujets compétents, mais inégalement modalisés – ce qui expliquerait, en partie, les malentendus et les échecs de la communication entre hommes – mais aussi par des sujets motivés, directement engagés dans le processus de la communication et exerçant, d'un côté, le faire persuasif et, de l'autre, le faire interprétatif.

La confrontation polémico-contractuelle que nous considérons comme l'une des structures de base organisatrice du schéma narratif se trouve transposée ici et installée au cœur même de l'intersubjectivité où elle semble pouvoir rendre compte du caractère fiduciaire, inquiet, tâtonnant, mais en même temps rusé et dominateur, de la communication. Le fait que le destinateur du récit proppien se manifeste aux deux bouts de son déroulement, chargeant d'abord le sujet d'une mission et contrôlant sa compétence lors de l'épreuve qualifiante et réapparaissant ensuite pour évaluer et reconnaître ses hauts faits, tandis qu'il se trouve départagé en mandateur et judicateur pour être situé aux deux pôles de la structure de la communication, ne change rien à l'affaire : la communication est un jeu de substitution des rôles, où l'énonciateur assume, un instant plus tard, celui de l'énonciataire, l'instance de l'énonciation syncrétisant les deux compétences.

On voit alors que le faire du sujet proprement dit se trouve englobé par deux suites d'opérations modélisables, chacune mettant en jeu deux sujets syntaxiques dont le premier rendra compte du comportement du destinateur et le second, du destinataire-sujet, le jeu syntaxique lui-même consistant, dans le premier cas, à « compétentialiser » le sujet et, dans le second, à « sanctionner » son faire par des jugements épistémiques. En réservant la place centrale à une *sémiotique de l'action* – qui peut être de nature cognitive, et consister en séries d'actes de langage, ou de nature pragmatique, décrite sous forme d'enchaînements d'actes somatico-gestuels – , deux dispositifs sémiotiques autonomes – une *sémiotique de la manipulation* et une *sémiotique de la sanction* – se dégagent, libérés des contraintes du schéma narratif, mais aussi des restrictions de la communication verbale proprement dite.

Ces nouveaux objets sémiotiques, dont l'élaboration est loin d'être achevée, sont en fait des organisations modales, indifférentes aux contenus investis et manipulés, susceptibles d'être utilisées comme des modèles de prévisibilité pour l'analyse des textes verbaux et non verbaux, mais aussi pour celle des « comportements » et des « situations » pour peu qu'on puisse y déceler quelque ordre ou régularité, sollicitant de ce fait leur prise en considération en tant que séquences signifiantes.

Le succès, un peu inattendu, qu'ont eu les schémas de Propp en France s'explique en partie, il nous semble, par le fait que le conte russe traitait en réalité, sous des habillages figuratifs variés, un seul problème obsédant, celui du sens de la vie d'un homme solidement inscrit dans la société – ce qui correspondait à des préoccupations actuelles des différents courants littéraires, prêts à s'accommoder d'une sémiologie naissante. Ce schéma, qui se réduisait d'abord aux trois *époqués* de la vie – la qualification, la réalisation et la reconnaissance – , s'est raffiné ensuite, ne serait-ce que par l'enrichissement du sujet à l'aide d'une combinatoire de modalités qui le constituaient et le typologisaient (J.-C. Coquet). Son statut d'armature idéologique d'un *projet de vie* s'est maintenu néanmoins, le sujet pouvant être considéré tantôt dans ses contraintes initiales, son organisation modale faisant penser alors à un dispositif génétique, tantôt dans son parcours de vie, ramifié mais prévisible. De nouvelles analyses de textes littéraires ne peuvent qu'enrichir la problématique de la *construction du sujet*.

À la *sémiotique du sujet* se consacrant à la formulation de ses parcours possibles et à leur schématisation typologique doit correspondre une *sémiotique de l'objet*. Les problèmes de l'appropriation et de la construction des objets semblent, à première vue, se situer à deux niveaux distincts, celui de la perception et celui de la transformation du monde. S'il n'est plus besoin d'insister sur le rôle primordial du sujet qui, lors de la perception, va au-devant des objets pour construire à sa guise le monde naturel, la problématique peut néanmoins être inversée en affirmant le « déjà là » des figures du monde qui non seulement, de par leur être, seraient provocatrices, « saillantes » et « prégnantes » (selon la terminologie de René Thom), mais qui, en poussant plus loin, participeraient activement à la construction du sujet lui-même (Lévinas). Ce retour de pendule, pour redoutable qu'il soit, permettrait peut-être à la sémiotique de dépasser, une fois de plus, les limites qu'elle s'est imposées, ne serait-ce que, par exemple, pour s'interroger sur les possibilités d'une esthétique sinon objective, du moins objectale.

La transformation du monde, le faire-être des objets, fait naturellement partie des préoccupations de la sémiotique. Les soucis premiers de l'homme : la nourriture, le vêtement, le logis ont peuplé le monde naturel de matériaux manipulés et d'objets construits. Si leur construction semble obéir au modèle relativement simple de la projection, par le sujet, d'une valeur modalisée, à laquelle il s'agit par la suite de fournir une enveloppe-objet à l'aide de programmes de faire plus ou moins complexes, les recherches visant à expliciter et à codifier les opérations « primitives » par lesquelles s'exerce l'emprise du sujet sur la nature semblent, au contraire, à peine entamées : la façon dont il manipule les éléments cosmogoniques de base : l'eau et le feu, l'air et la terre, en les faisant agir les uns sur les autres ou sur les objets à construire (la cuisson par le feu, le pourrissement par l'eau, etc., pour ne rappeler que la contribution essentielle de Lévi-Strauss), les procédures élémentaires de liquéfaction et de solidification, de trituration et de mixage, permettent d'imaginer une véritable « alchimie de la nature », susceptible de servir de niveau profond à une sémiotique figurative dont le besoin se fait sentir lors de la lecture des discours poétiques tout aussi bien que scientifiques.

L'analyse du discours en sciences expérimentales dont s'occupe avec compétence Françoise Bastide, tout en mettant progressivement à jour ces opérations élémentaires, élargit en même temps les possibilités d'élaboration de la syntaxe « objectale », en faisant apparaître d'autres objets naturels ou déjà construits remplissant dans les programmes plus complexes des rôles d'actants opérateurs ou médiateurs : les expérimentations se présentent alors comme des événements narrés et

13

dévoilent ainsi leur véritable statut d'opérations cognitives aboutissant à la construction d'objets de savoir inédits de nature conceptuelle.

On voit ainsi que, grâce à l'autonomie de la syntaxe difficilement acquise, la pratique sémiotique se trouve elle-même transformée de fond en comble. Se consacrant d'abord timidement à l'élaboration et à la formulation rigoureuse d'un petit nombre de séquences canoniques, elle en arrive à se construire petit à petit de nouveaux dispositifs et de nouveaux objets idéels qui se substituent progressivement, dans la stratégie de la recherche, à des explorations des sémiotiques définies par les canaux de transmission de leurs signifiants de par des domaines culturels qu'elles articulent.

SÉMIOTIQUES MODALES.

Ces dispositifs sémiotiques ont la particularité de se présenter comme des enchaînements syntaxiques visant la définition – et l'inter-définition – des principaux actants sémiotiques : sujet et objet, desti-nateur et destinataire, justifiant ainsi après coup, de manière formelle, la *structure actantielle molaire* qui a servi de point de départ à la construction de la sémiotique narrative. Comme il fallait s'y attendre, ils font un usage considérable des modalités et de leurs arrangements, en laissant le soin de leurs définitions paradigmatiques et de leurs enchaînements syntagmatiques aux sémiotiques modales particulières.

La première de ces sémiotiques, ne serait-ce que parce qu'elle paraît la moins contestable à cause de l'existence, parallèle, de la logique du même nom, est la *sémiotique déontique,* qui a cherché, dès le début, à préciser sa spécificité : ne considérant les valeurs de la logique modale que comme des dénominations sous-tendant leurs définitions syntaxi-ques (l'interdiction se définissant ainsi, par exemple, comme un /devoir ne pas faire/), elle situe ses opérations à un niveau plus profond que la logique; ne se satisfaisant pas de simples opérations de substitution, elle cherche à élaborer des suites syntaxiques comportant des « augmentations de sens », compte tenu du fait que le discours garde « en mémoire » les acquis modaux de son amont.

Cependant, l'homogénéité d'une telle sémiotique, pour peu qu'on cherche à l'appliquer à un discours manifesté, est souvent illusoire. Ainsi, le discours juridique – déontique, s'il en est – portait, dans l'exemplaire choisi au hasard pour l'analyse, comme intitulé « l'inter-ruption volontaire de la grossesse » : ce titre, à la suite d'une série de manipulations persuasives, non seulement substituait, à un /devoir ne pas faire/, un /ne pas devoir ne pas faire/, mais il manifestait, par des voies qu'il s'agirait de préciser, un /vouloir faire/individualisé. Si une juridiction qui se mettrait à réglementer les « actes volontaires » de citoyens paraît quelque peu suspecte, elle signale toutefois l'absence d'une *sémiotique volitive* dont l'analyse en question a également besoin.

La sémiotique s'est longtemps interdit de toucher à tout ce qui relève, de près ou de loin, du domaine de la psychologie. Ce parti pris, pleinement justifié à ses débuts, alors qu'il fallait poser d'abord les actants définis comme de simples « agissants », nettoyés de la gangue séculaire de déterminations psychologisantes accumulée autour des « caractères » et des « tempéraments », ne s'impose plus aujourd'hui : au contraire, l'absence d'instruments d'analyse, lorsqu'il s'agit d'aborder des sentiments et des passions « de papier », rencontrés dans les discours, apparaît déjà comme une limitation méthodologique arbitraire. Ainsi, les exigences internes du développement de la sémiotique, auxquelles il convient d'ajouter le refus persistant de la psychanalyse d'élaborer une méta-psychologie souhaitée par Freud lui-même, nous ont poussé à entreprendre l'examen systématique des *théories des passions,* présentes comme leur partie intégrante dans tous les grands systèmes de philosophie classiques. On a pu constater alors que toutes ces théories, jusqu'à Nietzsche et Freud, avaient un trait commun : indépendamment du choix et de la hiérarchie des valeurs « passionnelles » qu'elles articulaient, elles étaient toutes de caractère *taxinomique* et se présentaient comme des classifications lexématiques plus ou moins réussies.

La tentation fut grande de donner à ces passions-lexèmes – et du même coup à leurs expansions discursives – des définitions syntaxiques appropriées. On s'est aperçu d'abord que, contrairement aux postulations implicites des théories classiques, il était bien rare de rencontrer des passions « solitaires », qu'elles n'étaient presque jamais le fait du sujet seul et que leur description syntaxique réclamait toujours la mise en place d'une structure actantielle. On a constaté, ensuite, que l'interprétation sémiotique de ces passions se faisait presque exclusivement en termes de modalités : l'affectivité qui se dégageait à la lecture des textes verbaux ou somatiques pouvait alors être considérée comme un *effet de sens* produit par des structures pathémiques de caractère modal, et ceci d'autant plus que la frontière entre ce qui était considéré comme pathémique et ce qui ne l'était pas n'était pas toujours clairement établi, que l'attitude des sociétés sur la question changeait dans l'espace et dans le temps (si l'*avarice,* par exemple, s'est maintenue comme passion jusqu'à nos jours, son contraire, la *générosité,* passion par excellence aux XVIᵉ et XVIIᵉ siècles, a perdu sa charge affective). Le relativisme culturel incontestable confirme ce que nous venons de dire à propos des effets de sens : sur le fond général de dispositifs modaux plus ou moins complexes – « attitudes » ou « états » –, chaque société trace les contenus de sa configuration pathémique particulière qui, interprétée comme une grille de lecture sociale connotative, a pour tâche, entre autres, de faciliter la communication intersubjective et sociale.

L'interprétation des passions à l'aide de la syntaxe modale constitue ainsi un outillage méthodologique permettant une analyse plus raffinée des discours ; elle offre, de plus, de nouvelles possibilités à la sémiotique générale : ainsi, par exemple, l'hypothèse selon laquelle la forme du contenu des discours musicaux serait de nature pathémique et susceptible de ce fait d'être décrite comme une syntagmatique des dispositifs modaux d'un langage semi-symbolique semble on ne peut plus prometteuse. Mais l'essentiel de cette avancée épistémologique réside dans l'exploitation éventuelle d'analyses de discours passionnels en vue de la construction que, faute d'un meilleur terme, nous continuons à appeler *sémiotique volitive.*

En poursuivant cet aperçu, on arrive tout naturellement à prendre en compte une masse modale susceptible d'être articulée en une *sémiotique du pouvoir* (du pouvoir-faire et du pouvoir-être). Ce vaste domaine est heureusement déjà déblayé par Michel Foucault dont les analyses riches et pertinentes sont souvent exacerbées du fait des motivations idéologiques du philosophe et de ses disciples.

La perplexité est peut-être le mot qui convient le mieux pour décrire l'attitude de celui qui se trouve placé, comme malgré lui, devant la problématique du *savoir,* tant les quelques certitudes dont il disposait paraissent aujourd'hui ébranlées. N'était-ce pas la peur des grands mots qu'on oserait parler d'un changement radical d'épistémé qui serait en train de s'accomplir sans qu'on en soit pleinement conscient et qui serait la substitution du concept fondamental de *vérité* par celui d'*efficacité.* Loin d'être d'origine seulement technologique, l'efficacité, considérée non pas tant comme réussite, mais plutôt comme une démarche qui permet d'obtenir des résultats en tenant compte de l'ensemble des pré-conditions explicitées, bénéficie certainement de la dominance, à notre époque, du faire sur l'être. Dans le domaine sémiotique, elle est déjà implicitement présente dans le principe d'empirisme de Hjelmslev et, de manière plus explicite, dans l'exigence prédictive de la grammaire générative où elle sanctionne la démarche globale de la pratique scientifique.

Appliquée à nos préoccupations actuelles, l'efficacité prend le nom, que nous avons emprunté à Lacan, de *communication assumée*. En effet, si la communication n'est pas un simple transfert du savoir, mais une entreprise de persuasion et d'interprétation située à l'intérieur d'une structure polémico-contractuelle, elle se fonde sur la relation fiduciaire dominée par les instances plus explicites du faire-croire et du croire, où la confiance dans les hommes et dans leur dire compte certainement plus que les phrases « bien faites » ou leur vérité conçue comme une référence extérieure.

Pour la sémiotique communicationnelle ainsi comprise, la vérité et ses valeurs se situent à l'intérieur du discours où elles représentent l'un des champs d'articulation modale, celui du savoir. Mais alors le discours logique, mais aussi le discours « monstratif » de la science – l'un régi davantage par le savoir-être et l'autre par le savoir-faire – , occupent, dans le cadre de la discursivité globale, un espace que leur assigne l'exigence première de l'efficacité de la communication. Une *sémiotique modale du savoir,* logico-monstrative, remplirait alors la fonction de fournir du matériel modal approprié aux discours de la conviction, de la même manière que la sémiotique volitive le fait, par exemple, aux discours de la séduction, ou la sémiotique du pouvoir, aux discours de la domination et de la provocation.

C'est une constatation banale que de dire que les différentes sémiotiques modales, dont les emplacements, sinon les contours nets, viennent d'être esquissés et dont les degrés d'élaboration sont inégaux, ne se réalisent pas à l'état pur dans des discours manifestés et que diverses modalités et/ou leurs suites canoniques s'y rencontrent et s'y enchevêtrent. Ces sémiotiques sont en réalité des constructions n'ayant qu'une existence virtuelle et relèvent de l'univers du discours, situées qu'elles sont en amont de l'instance de l'énonciation : le discours y puise comme dans un réservoir pour se constituer des modèles grammaticaux complexes et pour vaquer ensuite à des occupations diverses dont nous avons essayé de distinguer quelques-unes en parlant des dispositifs sémiotiques particuliers.

La réflexion théorique, pour peu qu'elle soit féconde, comporte l'inconvénient de dépasser presque toujours les concepts qu'elle se forge et les termes qu'elle choisit pour les désigner. Dans le domaine sémiotique, le meilleur exemple en est peut-être le concept de *narrativité :* n'ayant l'ambition au départ que de s'occuper de la seule classe des discours narratifs, elle a cherché, naturellement, à se construire une syntaxe narrative. On s'est aperçu alors que celle-ci pouvait être utilisée et rendait indifféremment compte de toutes sortes de discours : tout discours est donc « narratif ». La narrativité se trouve dès lors vidée de son contenu conceptuel.

Il se passe, *mutatis mutandis,* à peu près la même chose avec le concept instrumental de *dimension cognitive* des discours, qui permettait, à l'origine, de distinguer les descriptions des hommes prenant part aux événements et relevant de la dimension pragmatique et les descriptions portant sur leur savoir et ses manipulations. Cependant, assez vite, les choses se sont compliquées. On s'est aperçu, par exemple, qu'il existait, entre le sujet-héros et son faire, un creux sémiotique qu'il convenait de combler par ce qu'on a appelé sa compétence modale. Celle-ci, même si elle faisait ressortir souvent la modalité du savoir faire, pouvait comporter aussi toutes les autres modalisations. On voyait bien que ces modalités n'avaient rien de « pragmatique » et que la définition du sujet – mais on peut en dire autant des autres actants sémiotiques – devenait une affaire « cognitive ». Il est vite apparu que la syntaxe narrative de surface était, dans son ensemble, interprétable en termes de syntaxe modale qui, à son tour, recouvrait toute la dimension cognitive : ce qui restait à la dimension pragmatique pouvait probablement être versé au bénéfice de la composante sémantique de la grammaire. Quand, à la suite de l'interprétation des passions à l'aide de structures modales, toute l'affectivité s'est vue intégrée dans la dimension cognitive et que, finalement, la fiducie s'est substituée à la connaissance comme support de toute communication, en réduisant le cognitif proprement dit au statut de l'une des composantes de la discursivité, il n'est resté du « cognitif », dans la dimension cognitive, que le nom, un méta-terme recouvrant une organisation conceptuelle tout autrement articulée. Tout se passe comme si, certains concepts instrumentaux ayant épuisé leur valeur heuristique, un nouveau projet, la construction d'une syntaxe sémiotique modale, capable de créer ses propres problématiques et de définir des objets sémiotiques nouveaux, était déjà prêt, après une dizaine d'années d'efforts collectifs, à en prendre la relève.

Qu'il s'agisse d'une crise de croissance ou d'un retournement décisif, un nouveau visage de la sémiotique se dessine peu à peu.

Un problème de sémiotique narrative : les objets de valeur *

1. LE STATUT SÉMIOTIQUE DE LA VALEUR

1.1. LES VALEURS CULTURELLES.

Choisir comme corpus de référence l'univers des contes merveilleux constitue une sorte de garantie quant à l'universalité des formes narratives que l'on peut y reconnaître. Il en est ainsi, par exemple, d'une classe particulière d'acteurs figuratifs traditionnellement connus sous la dénomination d'*objets magiques* : une fois mis à la disposition du héros ou de l'anti-héros, ils les aident de différentes manières et se substituent même parfois à eux dans la quête des valeurs. Allant souvent – mais non nécessairement – par trois, ces objets se présentent, par exemple, en ordre dispersé, comme
  - tantôt une bourse qui se remplit d'elle-même
  - tantôt un couvre-chef qui transporte au loin,
  - tantôt une corne ou un sifflet qui fournit des soldats.
Georges Dumézil, après avoir étudié plus particulièrement le type 563 de la classification d'Aarne-Thompson [1], arrive à la conclusion que ces talismans, comme il les appelle, se soumettent aisément à la classification selon le schéma déjà éprouvé de la tripartition fonctionnelle de l'idéologie indo-européenne. Les objets magiques ne seraient, dans cette perspective, que des formes *dégradées* et figuratives des principales sphères de la souveraineté divine ou, ce qui revient au même, des attributs essentiels de la compétence humaine, instaurant, justifiant et rendant possible, sur le mode de l'imaginaire, le faire de l'homme.

---

* Ce texte est d'abord paru dans la revue *Langages*, 31, 1973.
1. *Mythe et Épopée*, Paris, Gallimard 1968, p. 541-542.

Sans entrer pour l'instant dans l'examen détaillé des différentes prestations fournies par les objets magiques, sans s'interroger non plus sur la légitimité du dépassement de l'aire indo-européenne et de la généralisation des résultats acquis pour l'ensemble des faits narratifs, on peut noter, comme relevant d'une évidence naïve, une première distinction qui permet de diviser ces objets en deux classes selon qu'ils fournissent des *biens* ou des *services.* Si l'on entend par services les *vertus* des objets qui dispensent le héros de la possession des qualités dont il aurait besoin pour accomplir ses hauts faits – le don de déplacement immédiat et illimité que fournit le tapis volant, le don d'invisibilité et d'omniscience que l'on acquiert en se coiffant d'un couvre-chef particulier ou le pouvoir de mater ses ennemis en donnant des instructions à un bâton magique –, on peut aisément considérer les objets appartenant à cette classe comme des adjuvants modaux dont les sphères de compétence correspondent aux deux premières fonctions de la souveraineté.

Les objets magiques qui fournissent des biens apparaissent à leur tour, et peut-être plus nettement encore, comme des représentants « dégradés » de la troisième fonction dumézilienne, comme des médiateurs entre un destinateur mythique et l'homme auquel les biens sont destinés : l'objet magique – une calebasse, par exemple – n'est pas un bien en soi, mais un fournisseur de biens, c'est en se remplissant seulement qu'il offre de la nourriture abondante.

Il est inutile et impossible de procéder à la classification des objets magiques fournisseurs de biens : une telle classification relève de l'analyse sémantique dont les résultats apparaîtraient sous la forme d'une typologie présentant un certain nombre de constantes correspondant aux besoins élémentaires de l'homme, et autant de variables rendant compte des relativités socioculturelles. Au niveau de la littérature ethnique, on peut ainsi distinguer, d'une part, des *biens consommables* (= nourritures abondantes) et de l'autre, des *biens thésaurisables* (= richesses, or). D'autres oppositions apparaissent à la suite d'examens plus attentifs, telle la répartition des adjuvants selon les modes de production :

fruits de la *cueillette*   vs   fruits de l'*agriculture* [1],

ou selon l'outillage employé lors de la production :

un couteau aux *chasseurs*   vs   une houe aux *agriculteurs* [2].

1. C. Calame-Griaule, citée par Denise Paulme, *Alliés animaux,* p. 102.
2. D. Paulme, « Échanges successifs », in *Alliés animaux, op. cit.,* p. 137.

Que les objets magiques soient remplacés dans ce rôle de fournisseurs par des animaux secourables [1] ne change rien à cet inventaire relativement simple et stable des valeurs désirables. Ce n'est que l'extension du corpus englobant des récits de plus en plus complexes qui permettrait de dresser l'inventaire, sinon exhaustif, du moins représentatif, des valeurs élémentaires – amour, santé, beauté, fécondité – placées par les Indo-Européens sous la protection des divinités de la troisième fonction.

1.2. OBJET ET VALEUR.

Tant qu'on parle d'objets de manque ou de désir, tels, par exemple, la nourriture ou l'or, en se référant aux seuls récits folkloriques, on a tendance à confondre les notions d'*objet* et de *valeur* : la forme figurative de l'objet cautionne sa réalité et la valeur s'y identifie avec l'objet désiré. Les choses, même à ce niveau, ne sont en fait pas si simples. Lorsque quelqu'un, par exemple, se porte acquéreur, dans notre société d'aujourd'hui, d'une voiture automobile, ce n'est peut-être pas tellement la voiture en tant qu'objet qu'il veut acquérir, mais d'abord un moyen de déplacement rapide, substitut moderne du tapis volant d'autrefois; ce qu'il achète souvent, c'est aussi un peu de prestige social ou un sentiment de puissance plus intime. L'objet visé n'est alors qu'un prétexte, qu'un lieu d'investissement des valeurs, un ailleurs qui médiatise le rapport du sujet à lui-même.

Le problème ainsi posé ne relève pas de la seule psychologie, il concerne aussi le lexicographe soucieux de fournir une définition appropriée aux lexèmes de son dictionnaire, il constitue un préalable à l'analyse sémantique en rendant toute description exhaustive aléatoire. Il est évident, par exemple, que la définition du lexème *automobile* qui se voudrait exhaustive devrait comprendre :

(a) non seulement une composante *configurative,* décomposant l'objet en ses parties constitutives et le recomposant comme une forme,

(b) et une composante *taxique,* rendant compte par ses traits

---

1. Cf. le type 554 d'Aarne-Thompson, étudié par D. Paulme, in *Alliés animaux, op. cit.*

différentiels de son statut d'objet parmi les autres objets manufac-
turés,

(c) mais aussi sa composante *fonctionnelle* tant pratique que
mythique (prestige, puissance, évasion, etc.).

Le lexème qui est un objet linguistique apparaît ainsi comme un
ensemble de virtualités, ensemble dont l'organisation interne – s'il en
existe une – n'est point évidente, virtualités dont les réalisations
éventuelles ne se trouvent précisées que grâce à des parcours
syntaxiques s'établissant lors de la manifestation discursive.

Le mise en évidence de ce caractère indéfinissable du lexème ne fait
que rejoindre nos préoccupations antérieures [1] lorsque, nous interrogeant sur les conditions de l'apparition de la signification, nous avons
été amené à postuler :

(a) que tout objet n'est connaissable que par ses déterminations et
non en soi;

(b) que ses déterminations ne pouvaient être appréhendées que
comme des différences se profilant sur l'objet, ce caractère différentiel
leur conférant le statut de valeur linguistique;

(c) que l'objet, tout en restant inconnaissable en tant que tel, était
néanmoins présupposé, comme une sorte de support, par l'existence des
valeurs.

En utilisant une métaphore logique, on pourrait dire que l'objet est
comparable au concept dont on ne peut manipuler que la compréhension, étant entendu que celle-ci n'est constituée que de valeurs
différentielles. L'objet apparaît ainsi comme un espace de fixation,
comme un lieu de réunion occurrentielle de déterminations-
valeurs.

Parler d'objets en soi n'a donc pas de sens, et même le traitement
taxinomique d'une classe d'objets – telle cette organisation du champ
des sièges popularisé par B. Pottier – n'opère qu'avec des catégories
sémiques, c'est-à-dire avec les seules valeurs : il reste toujours une
distance entre le paquet de sèmes organisant méta-linguistiquement la
représentation du *fauteuil* et le lexème terminal *fauteuil*. Seule la mise
en scène syntaxique peut rendre compte de la rencontre de l'objet et
des valeurs qui s'y trouvent investies. En prenant la syntaxe pour ce
qu'elle est, c'est-à-dire pour la représentation imaginaire, mais
aussi la seule manière d'imaginer la saisie du sens et la manipulation

---

1. *Sémantique structurale,* Paris, Larousse, 1966, chap. III, « La structure élémentaire de la signification ».

des significations, on peut comprendre que l'objet est un concept syntaxique, un terme-aboutissant de notre relation au monde, mais en même temps un des termes de l'énoncé élémentaire qui est un simulacre sémiotique représentant, sous la forme d'un spectacle, cette relation au monde. Cependant, la saisie du sens, on l'a vu, ne rencontre sur son chemin que des valeurs déterminant l'objet, et non l'objet lui-même : dès lors, le lexème qui se dresse en trompe l'œil à la place indiquée pour l'objet n'est lisible qu'en certaines de ses valeurs.

C'est dans le déroulement syntagmatique que la syntaxe rejoint la sémantique : l'objet syntaxique qui n'est que le projet du sujet ne peut être reconnu que par une ou plusieurs valeurs sémantiques qui le manifestent. La reconnaissance d'une valeur permet donc de présupposer l'objet en tant que lieu syntaxique de sa manifestation. L'énonciation produisant un énoncé fait surgir une valeur manifestant et déterminant un objet, et ceci indépendamment du mode de lexicalisation de la valeur elle-même.

1.3 SUJET ET VALEUR.

Jusqu'à présent, nous n'avons utilisé le terme de *valeur* que dans son acception linguistique comme un terme arbitrairement dénommé recouvrant une structure sémantique indicible et qui ne peut être définie que négativement, comme un champ d'exclusion par rapport à ce qu'il n'est pas et fixé toutefois en un lieu syntaxique nommé objet. Toutefois, une telle définition de la valeur qui la rend opérationnelle en sémiotique n'est pas très éloignée de son interprétation axiologique, ne serait-ce que parce que, fixée en ce lieu-dit dénommé objet et présente pour le manifester, la valeur se trouve en relation avec le sujet. En effet, dans la mesure où l'énoncé élémentaire peut se définir comme relation orientée engendrant ses deux termes-aboutissants – le sujet et l'objet –, la valeur qui s'investit dans l'objet visé sémantise en quelque sorte l'énoncé tout entier et devient du coup la valeur du sujet qui la rencontre en visant l'objet, et le sujet se trouve déterminé dans son existence sémantique par sa relation à la valeur. Il suffira donc, dans une étape ultérieure, de doter le sujet d'un *vouloir-être* pour que la *valeur du sujet,* au sens sémiotique, se change en *valeur pour le sujet,* au sens axiologique de ce terme.

Un problème pratique se trouve ainsi provisoirement résolu : dans un univers sémantique quelconque, rempli d'innombrables objets potentiels que sont les lexèmes, seuls compteront et seront pris en considération les lexèmes, qui pourront être inscrits sur l'axe syntaxique

$$\text{sujet} \longrightarrow \text{objet}$$

car seul le réseau syntaxique sous-jacent est susceptible de sélectionner les lexèmes pour en extraire les valeurs, en transformant en même temps la manifestation logomachique en une organisation discursive du sens.

1.4. VALEURS OBJECTIVES ET VALEURS SUBJECTIVES.

Ces quelques précisions apportées au statut de la *valeur* – qui ne devient lisible qu'une fois inscrite dans la structure syntaxique – doivent être complétées par un rapide examen des rapports que l'on peut concevoir entre la syntaxe sémiotique et ses différentes manifestations dans les langues naturelles.

Revenons à la recherche d'un point de départ, à la source habituelle de notre inspiration qu'est le folklore. On a vu que la quête et l'acquisition des richesses y sont un des thèmes favoris et quasi universels. Les *richesses* peuvent être présentes dans les récits de différentes manières et d'abord sous la forme figurative, comme, par exemple :

(1) Jean possède un pot plein d'écus d'or

L'analyse d'un tel « fait » sémiotique permet d'interpréter le statut de l'objet à trois niveaux différents :

Niveau syntaxique	: actant : objet
Niveau sémantique	: valeur : sème *richesse*
Mode de manifestation	: acteur : objet figuratif *pot plein d'écus*

Mais la figurativité n'est qu'un des modes de la manifestation parmi d'autres et la possession des richesses peut être rendue dans une langue naturelle tel le français par un énoncé linguistique du genre :

(2) Jean a une grande fortune

où l'on reconnaîtra les deux premiers niveaux identiques à ceux de l'exemple (1), tandis que :

Mode de manifestation : acteur : objet non figuratif *grande fortune.*

Un troisième mode de manifestation apparaît enfin avec les énoncés linguistiques du type :

(3) Jean est riche

où l'on reconnaît facilement la présence de la valeur *richesse* qui, comme on l'a dit plus haut, présuppose nécessairement celle de l'objet syntaxique, mais dont le mode de manifestation *attributif* fait problème.

Nous avons à plusieurs reprises [1] cherché à rendre compte de cette double manifestation linguistique d'un même fait narratif par l'opposition des verbes *avoir* (et ses parasynonymes) vs *être* utilisés pour traduire la même fonction logique de *conjonction* constitutive des énoncés d'état : tout en les considérant comme réalisant une seule et même fonction, nous avons cherché à y voir une source de différenciation permettant de distinguer les *valeurs objectives* (produites à l'aide d'énoncés avec *avoir*) des *valeurs subjectives* (produites par des énoncés avec *être*), distinction qui nous autoriserait à parler de l'*extériorisation* et de l'*intériorisation* des valeurs. Sans être fausse, une telle interprétation se situe encore trop près des langages de manifestation (la distribution des rôles d'*avoir* et d'*être* peut être différente d'une langue à l'autre; d'autres moyens de manifestation linguistique, les possessifs, par exemple, peuvent troubler la dichotomie postulée; etc.), tout en ne rendant pas compte de ce qui est justement propre à toute manifestation discursive, indépendamment de telle ou telle langue naturelle utilisée : la forme actorielle de la manifestation d'actants.

En effet, si dans les exemples (1) et (2) aux deux actants – sujet et objet – correspondaient chaque fois deux acteurs manifestés –

1. Cf. dernièrement dans « Éléments de grammaire narrative », in *Du Sens*, Paris, Éd. du Seuil, 1970.

Jean et « pot rempli d'écus » / « grande fortune » –, dans le cas de l'exemple (3) les deux mêmes actants se manifestent à l'intérieur d'un seul acteur Jean. Autrement dit, un seul énoncé sémiotique du type

$$S \cap O$$

peut être postulé comme subsumant une grande variété de manifestations linguistiques d'une même relation de conjonction entre le sujet et l'objet, quitte à prévoir ultérieurement une typologie structurale de la manifestation et, à sa suite, des règles d'engendrement d'énoncés correspondant à des niveaux grammaticaux plus superficiels.

La reconnaissance du principe de non-concomitance positionnelle des *actants sémiotiques* et des *acteurs discursifs* (qui ne doivent pas, à leur tour, être confondus avec les actants linguistiques phrastiques) et de la distance qui sépare les uns des autres garantit ainsi l'autonomie de la syntaxe narrative et l'instaure comme une instance organisatrice et régulatrice de la manifestation discursive. Dans le cas qui nous préoccupe en ce moment, le *syncrétisme des actants,* si l'on peut appeler ainsi, du point de vue de la structure actorielle, la présence de deux ou plusieurs actants dans un seul acteur discursif, pourrait être interprété dans le cadre général de la réflexivité.

Ainsi, en parlant toujours du même Jean, on peut dire non seulement qu'il est riche, mais aussi que

(4) Jean se torture tout le temps

L'analyse superficielle de cet énoncé linguistique nous révèle qu'à l'intérieur d'un acteur dénommé *Jean* et considéré comme un lieu où se produisent des événements syntaxiques, *Jean,* en sa qualité d'actant sujet, torture le même *Jean* pris comme l'actant objet. On voit que le statut de ce que l'on appelle *l'énoncé réfléchi* s'interprète aisément par l'inscription d'un énoncé syntaxique quelconque dans le lieu-dit acteur syncrétique, et peu importe qu'il s'agisse d'un *énoncé de faire* (en cas de torture) ou d'un *énoncé d'état* (où la richesse peut devenir une qualification taxique et axiologique régissant un type de comportements prévisibles).

S'il en est ainsi, on voit que c'est le type des rapports entretenus entre la structure actancielle et la structure actorielle qui détermine, comme des cas limites, tantôt *l'organisation réflexive* des univers individuels, tantôt l'*organisation transitive* des univers culturels, et qu'une même syntaxe est susceptible de rendre compte et de la narrativisation *psycho-sémiotique* (« la vie intérieure ») et de la narrativisation *socio-sémiotique* (mythologies et idéologies), la forme de la narrativité la plus fréquente étant toutefois une forme mixte, à la fois psycho- et socio-sémiotique (correspondant à l'ensemble des pratiques inter-individuelles).

2. LE STATUT NARRATIF DES VALEURS

2.1. LA NARRATIVISATION DES VALEURS.

Qu'il s'agisse de nous-mêmes qui, immergés dans l'univers sémantique, nous trouvons entourés d'une infinité d'objets sémiotiques susceptibles de se révéler comme des valeurs ou qu'il s'agisse de nos discours que nous peuplons, suivant la procédure de débrayage actantiel, de sujets en possession ou en quête de valeurs – le schéma syntaxique élémentaire guide le sujet et sélectionne, dans un cas comme dans l'autre, les valeurs en position d'objet, appelant ainsi, par cette relation sous-tendue, les sujets et les objets quelconques à une *existence sémiotique.* Seule, en effet, l'inscription de la valeur dans un énoncé d'état dont la fonction établit la relation jonctive entre le sujet et l'objet nous permet de considérer ce sujet et cet objet comme sémiotiquement existants l'un pour l'autre. Une telle assertion, loin d'être une envolée métaphysique, poursuit, au contraire, un but éminemment pratique : *a)* en définissant l'existence sémiotique comme une relation structurelle, elle exclut de nos considérations la problématique ontologique du sujet et de l'objet ; *b)* en formulant cette relation comme constitutive d'un énoncé canonique d'état, elle fournit le cadre formel et les critères de reconnaissance des faits sémiotiques pertinents pour toute analyse.

Le statut sémiotique des valeurs étant ainsi précisé, on peut concevoir la narrativisation comme leur mise en place syntagmatique, comme une organisation discursive qui manipule les éléments constitutifs de l'énoncé canonique

(a) soit en opérant des substitutions de sujets,

(b) soit en substituant les objets-valeurs les uns aux autres,

(c) soit en procédant à des transformations de la fonction.

Notre réflexion étant la quête des formes élémentaires de la narrativité, il faut nous envisager d'abord les cas les plus simples : aussi, considérant le sujet et l'objet de l'énoncé d'état comme des constantes, n'examinerons-nous en premier lieu que des transformations de la fonction constitutive de l'énoncé.

Or, on peut définir cette fonction comme une *jonction* qui, en tant que catégorie sémique, s'articule en deux termes contradictoires : *conjonction* et *disjonction,* donnant ainsi lieu à deux types d'*énoncés d'état* :

$$\textit{Énoncés conjonctifs} = S \cap O$$
$$\textit{Énoncés disjonctifs} = S \cup O$$

étant entendu que le passage d'un énoncé à l'autre ne peut se faire que par la sommation d'un méta-sujet opérateur, dont le statut formel ne s'explicite que dans le cadre d'un *énoncé de faire* de type :

$$F \text{ transformation } (S_1 \longrightarrow O_1)$$

où S_1 est le sujet opérant la transformation et O_1 est l'énoncé d'état auquel aboutit la transformation.

Ceci une fois posé, on comprendra notre définition provisoire de la narrativité qui consiste en une ou plusieurs transformations dont les résultats sont des jonctions, c'est-à-dire soit des conjonctions, soit des disjonctions des sujets d'avec les objets.

En appliquant ces définitions à la syntagmatisation des valeurs, nous appellerons *réalisation* la transformation qui établit la conjonction entre le sujet et l'objet :

$$\textit{Real} = F \text{ trans } [S_1 \longrightarrow O_1 \ (S \cap O)]$$

On pourra ensuite appeler *valeur réalisée* la valeur investie dans l'objet au moment (= dans la position syntaxique) où celui-ci se trouve en conjonction avec le sujet.

Or, les relations de conjonction et de disjonction étant contradictoires, toute transformation portant sur un état de conjonction ne peut que produire une disjonction entre le sujet et l'objet. La disjonction étant la dénégation de la conjonction n'est pas l'abolition de toute relation entre les deux actants : autrement, la perte de toute relation entre sujets et objets aboutirait à l'abolition de l'existence sémiotique et renverrait les objets au chaos sémantique originel. La dénégation maintient donc le sujet et l'objet dans leur statut d'*étants* sémiotiques, tout en leur conférant un mode d'existence différent de l'état conjonctif. Nous dirons que la disjonction ne fait que virtualiser la relation entre le sujet et l'objet, en la maintenant comme une possibilité de conjonction.

Il nous est permis dès lors de désigner du nom de *virtualisation* la transformation qui opère la disjonction entre le sujet et l'objet et de considérer comme *valeur virtuelle* une valeur quelconque investie dans l'objet disjoint du sujet :

$$Virt = \text{F trans } [S_1 \longrightarrow O_1 (S \cup O)]$$

A ne considérer, par conséquent, que des transformations portant sur des fonctions constitutives d'énoncés d'état, la narrativité, dans sa forme simplifiée à l'extrême, apparaît comme un enchaînement syntagmatique de virtualisations et de réalisations. Sans oublier le caractère arbitraire des dénominations que nous venons de mettre en place, il faut tenir compte du fait qu'elles recouvrent des formes syntaxiques définies : ceci nous permet d'utiliser une terminologie d'apparence métaphorique, de parler du sujet qui, pour être *réalisé,* doit d'abord être instauré comme *sujet virtuel* [1] en possession de valeurs dont la *réalisation* annulera leur statut de valeurs *virtuelles,* etc., sans que notre discours cesse de satisfaire aux conditions de scientificité.

2.2. ORIGINE ET DESTINATION DES VALEURS.

Le fait de considérer le récit comme une chaîne de virtualisations et de réalisations de valeurs ne manque pas de poser le problème de leur origine et de leur destination : d'où viennent-elles au moment où elles surgissent pour la première fois comme valeurs virtuelles pour être par la suite conjointes avec les sujets ? où disparaissent-elles

---

1. Par souci de simplification, nous écartons ici toute problématique du sujet en remettant à plus tard son instauration comme un *voulant-être* en relation avec l'objet considéré comme *étant-voulu*.

lorsqu'elles sont irrémédiablement disjointes des sujets qui les possédaient?

Trouver et *perdre* apparaissent, à première vue, comme des formes extrêmes de conjonction et de disjonction gratuites. Trouver un objet, c'est l'appréhender comme valeur venant de nulle part et établir la relation première entre lui et le sujet. Perdre un objet, par accident, destruction ou oubli, ce n'est pas seulement se disjoindre de lui, c'est abolir toute relation avec lui, en détruisant en même temps le sujet dans son statut d'étant sémiotique.

Et pourtant, lorsqu'on cherche des exemples pouvant illustrer ces cas extrêmes de surgissements et de disparitions de valeurs, on se heurte à des ambiguïtés embarrassantes. Maître Hauchecorne trouve bien un bout de ficelle dans le célèbre récit de Maupassant. Mais la société ne manque pas de le mettre aussitôt en accusation : selon sa logique à elle, en effet, *trouver* présuppose tout naturellement *perdre* qui postule un sujet de disjonction autre, ce qui revient à nier la possibilité de l'apparition *ex nihilo* des valeurs. Le lecteur, de son côté, lui qui *sait* qu'il s'agit bien d'une ficelle « sans valeur », ne peut s'empêcher d'invoquer « la fatalité » qui l'a posée sur le chemin de Maître Hauchecorne, en postulant ainsi, sous la forme d'un destinateur non figuratif, l'existence d'un sujet antérieur autre. La calebasse qui fournit une nourriture abondante à la famille africaine naguère affamée se casse-t-elle d'elle-même et se trouve-t-elle définitivement perdue? la perte s'explique par la transgression d'un interdit et apparaît comme une disjonction opérée par un sujet implicite autre, se posant en gardien de la loi. Tout se passe comme si, à l'intérieur d'un univers axiologique donné, les valeurs circulaient en vase clos et que les apparences de *trouver* et de *perdre* recouvraient en réalité les conjonctions et les disjonctions absolues par lesquelles cet *univers immanent* communique avec un *univers transcendant,* source et dépositaire des valeurs hors circuit.

En rencontrant, lors de son analyse des aventures de *Pinocchio,* le problème du *trésor caché,* P. Fabbri en a proposé [1] une interprétation sociologique : la société agricole toscane, comme probablement toutes les sociétés autarciques, conçoit les richesses comme disponibles en quantité limitée, de telle sorte qu'à une communauté fermée sur elle-même correspond un univers de valeurs clos. La circulation des richesses s'y fait en circuit fermé, et les parcours syntaxiques des valeurs s'établissent de manière qu'à chaque acquisition effectuée

1. Il s'agit d'un exposé fait dans le cadre de notre séminaire.

par un membre de la société corresponde nécessairement une perte subie par un autre membre. Le mythe de la quête du trésor caché introduit, au contraire, des valeurs qui ne relèvent plus de cet univers clos, et ceci à un double point de vue :

(a) aux biens considérés comme le résultat du travail s'opposent les richesses trouvées, imméritées, condamnables et désirables à la fois : par rapport aux valeurs positives, ces richesses apparaissent comme des anti-valeurs ou *valeurs négatives* relevant d'un anti-univers axiologique; la preuve en est que ces valeurs, une fois réalisées, au cas où certaines règles de comportement n'auraient pas été observées lors de la prise de possession, sont susceptibles de se transformer en ce qu'elles sont réellement, en crottin de cheval, par exemple, ou en écorce de bouleau (folklore lituanien);

(b) ce trésor est souvent gardé et parfois donné sous certaines conditions par un être surnaturel, n'appartenant pas à la société dont relève le sujet de la quête; gardien ou donateur, ce personnage joue le rôle de médiateur entre l'univers de valeurs transcendantes et l'univers immanent auquel de nouvelles valeurs sont versées pour être mises en circulation.

Ce bref examen, situé au niveau de la littérature ethnique, nous permet de distinguer divers cas de manipulation des valeurs :

(1) le premier cas, le plus simple, concerne la circulation des valeurs constantes (ou équivalentes) entre sujets égaux dans un univers isotope et fermé;

(2) le second cas pose le problème de l'entrée et de la sortie de ces valeurs immanentes à l'univers donné, présupposant l'existence d'un univers de *valeurs transcendantes* qui englobe et clôture le premier de telle sorte que les sujets possesseurs des *valeurs immanentes* paraissent comme des destinataires par rapport aux destinateurs-sujets relevant de l'univers transcendant;

(3) à ces deux premiers cas qui mettent en question la qualité et le nombre des sujets engagés dans la manipulation des valeurs s'oppose une problématique de la transformation des valeurs elles-mêmes, c'est-à-dire du mode d'organisation des valeurs en micro-univers polarisés permettant de déterminer les relations existant entre les *valeurs positives* et les *valeurs négatives* et de prévoir leur narrativisation sous la forme de valeurs posées et de valeurs inversées.

Afin de sérier les difficultés, nous allons examiner d'abord le premier de ces cas.

3. LA COMMUNICATION À UN SEUL OBJET

3.1. L'ÉNONCÉ DE JONCTION COMPLEXE.

Essayons, par conséquent, de nous représenter et d'analyser les seules relations qui existent entre les sujets et les objets dans le cadre d'un univers axiologique fermé où les valeurs, acceptées par tous et jamais déniées, circulent de manière uniforme en passant d'un sujet à l'autre, en prenant pour modèle la société toscane invoquée par P. Fabbri à propos de *Pinocchio* où l'univers axiologique comparable dans lequel s'inscrit le jeu méditerranéen *Mors tua, vita mea,* analysé par A. Cirese [1]. La narrativisation d'un tel univers, obligée qu'elle est de donner la forme d'enchaînement syntagmatique au jeu des conjonctions et des disjonctions de valeurs, ne manquera pas de mettre en place, pour chaque opération, deux sujets orientés vers un seul objet, en manifestant ainsi une des formes peut-être les plus primitives du récit, telles qu'elles sont décrites, par exemple, par Heda Jason, où deux personnages, à tour de rôle fripon et dupe, s'approprient successivement un objet de valeur qui peut passer ainsi de l'un à l'autre, indéfiniment.

On se trouve ainsi en présence de deux sujets simultanément présents et également intéressés par un seul et même objet. Une telle situation peut être considérée comme typique d'une narrativité élémentaire, car elle satisfait à l'hypothèse que nous avons formulée précédemment et selon laquelle il n'existe pas de valeurs trouvées ou perdues absolument : dans la mesure où les destinateurs, source transcendante des valeurs, ne sont pas explicités dans le récit, le sujet S_1, en disjonction avec l'objet, ne peut être considéré comme sujet virtuel que si cet objet est déjà en conjonction avec le sujet S_2; autrement dit, le sujet n'attribue quelque valeur à un objet que si celui-ci appartient déjà à autrui.

Un état narratif de ce type peut être décrit, on le voit, à l'aide de deux énoncés d'état :

$$(S_1 \cup O) \; \asymp \; (S_2 \cap O)$$

1. Actes du Colloque international de Palerme sur *Structures et genres de la littérature ethnique.*

32

qui se trouvent réunis par une relation de présupposition réciproque : si S_1 est disjoint de O, alors S_2 est conjoint avec O, de telle sorte que tout changement dans le statut de l'un des énoncés aura des répercussions prévisibles et nécessaires sur le statut de l'énoncé solidaire. Si, à la suite d'une transformation, S_1 se conjoignait avec O, S_2 s'en trouverait disjoint.

Bien plus. La solidarité, terme que nous utilisons pour dénommer la présupposition réciproque entre les deux énoncés, est paradigmatiquement une relation entre deux relations connues : la conjonction et la disjonction, relation par laquelle on définit la contrariété entre deux termes de la catégorie sémique [1] (contrariété qui, dans le cas des catégories binaires – comme c'est le cas ici –, s'identifie avec la contradiction qui n'est par conséquent qu'un cas particulier de la première). Si l'on se souvient que nous avons défini l'énoncé élémentaire par et comme une relation qui projette les actants comme ses termes-aboutissants en la dénommant fonction, on voit que la solidarité peut à son tour être considérée cömme une fonction s'établissant entre deux fonctifs (c'est-à-dire, entre fonctions considérées comme termes, selon la terminologie de Hjelmslev). On peut dès lors utiliser le nom de *jonction,* comme désignant la catégorie dont les termes sémiques sont la conjonction et la disjonction, pour définir la fonction dont l'établissement a pour résultat l'apparition concomitante de deux énoncés solidaires :

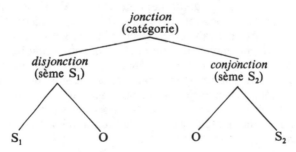

Les deux termes de la catégorie sémique de jonction constituent l'investissement sémique des fonctions constitutives de deux énoncés d'état, la catégorie elle-même, désignée comme jonction, apparaît comme une méta-fonction subsumant les deux énoncés. L'existence d'un objet O, commun aux deux énoncés, nous autorise, d'autre part, à

---

1. V. « Jeu des contraintes sémiotiques », en collaboration avec F. Rastier, in *Du Sens,* Paris, Éd. du Seuil, 1970.

en modifier légèrement la notation en donnant à cette sorte de méta-énoncé la forme d'un *énoncé complexe à trois actants* :

$$Enoncé \ de \ jonction = (S_1 \cup O \cap S_2)$$

3.2. JONCTIONS SYNTAGMATIQUES ET JONCTIONS PARADIGMATIQUES.

Cette nouvelle définition de *jonction* nous oblige à introduire certaines précisions supplémentaires. On se souviendra que nous avons utilisé la dénomination de jonction, dans un premier temps, pour désigner d'un nom commun les deux types de fonctions constitutives des énoncés d'état. C'était considérer les deux relations du point de vue typologique, comme des termes en système, indépendamment de leur réalisation dans le procès discursif : la catégorie sémique de jonction subsume, en effet, ses deux termes contradictoires de conjonction et de disjonction. L'énoncé de jonction que nous venons de formuler représente, au contraire, un *état narratif complexe* qui met en jeu, à un moment de déroulement discursif, deux sujets en présence d'un objet de valeur.

Nous proposons donc de désigner du nom de *jonction paradigmatique* la concomitance logiquement nécessaire de deux énoncés de conjonction et de disjonction, affectant deux sujets distincts. Cependant, la narrativité pouvant être considérée comme un enchaînement d'états narratifs, un énoncé de conjonction présupposant un énoncé de disjonction concernant un seul et même sujet, et inversement, on peut réserver le nom de *jonction syntagmatique* à une suite de deux énoncés jonctifs (conjonction et disjonction, ou inversement) ayant le même sujet et liés par une relation de présupposition simple. Le fonctionnement d'un récit simple paraît ainsi caractérisé par un double enchaînement :

	jonction syntagmatique	
jonction paradigmatique	$(S_1 \cup O) \longrightarrow (S_1 \cap O) \longrightarrow$	
	$(S_2 \cap O) \longrightarrow (S_2 \cup O) \longrightarrow$	

Une narrativisation aussi simple que celle que nous examinons en ce moment fait apparaître, on le voit, l'existence, non pas d'un seul programme, mais de *deux programmes narratifs* dont la solidarité est garantie par la concomitance des fonctions, en relation contradictoire, définissant les deux sujets, promoteurs chacun d'une chaîne syntagmatique autonome et corrélée. L'existence de deux programmes narratifs corrélés rend compte de la possibilité de manifester *discursivement,* c'est-à-dire de raconter ou d'entendre le même récit, en explicitant soit l'un soit l'autre des deux programmes, tout en gardant implicite le programme concomitant, mais inversé.

Une telle interprétation, quoique encore trop restreinte par son champ d'application, peut servir néanmoins de point de départ pour une formulation structurale de ce qu'on appelle parfois la *perspective.* Quoi qu'il en soit, centré sur l'objet unique (ou sur une série de valeurs démultipliées, mais isotopes et syntagmatiquement distribuées), le récit manifeste ainsi sa double nature syntagmatique et paradigmatique, jouant simultanément sur les deux types de discontinuités.

3.3. TRANSFERTS D'OBJETS ET COMMUNICATION ENTRE SUJETS.

Toutefois la description du déroulement syntagmatique des états narratifs ne doit pas faire oublier l'existence d'un faire transformateur qui assure le passage d'un état à l'autre et, surtout, celle du sujet de ce faire producteur des énoncés d'état. Ce troisième sujet est, on l'a vu, méta-taxique par rapport aux sujets des énoncés d'état, lui seul permet de rendre compte de la dynamique du récit, c'est-à-dire de son organisation syntaxique. Aussi, en faisant provisoirement abstraction des problèmes de l'énonciation et de son sujet qui, dans son rôle de narrateur situé en dehors du discours, dispose à sa guise de différents sujets de son énoncé-récit, et en ne considérant que le sujet transformateur délégué et installé dans le discours narratif, pouvons-nous attribuer à chaque énoncé de jonction un énoncé de faire qui le produit et le régit.

A première vue, deux possibilités s'offrent alors à nous :

(a) ou bien le sujet transformateur que nous désignons comme S_3 s'identifie avec S_1, sujet virtuel, en disjonction avec l'objet de valeur;

(b) ou bien S_3 s'identifie avec S_2, sujet réalisé, en conjonction avec l'objet de valeur;

Remarque : L'identification peut être considérée comme une forme de syncrétisme caractérisée par la présence de deux actants dans un seul acteur.

Dans un cas comme dans l'autre, la transformation qui va s'opérer aura pour résultat l'inversion de la fonction de l'énoncé d'état concerné : parallèlement, le sujet virtuel sera conjoint avec son objet, et le sujet réel, disjoint, deviendra virtuel. Dans un cas comme dans l'autre, et à ne considérer que l'objet, on constatera qu'il s'agit là d'une opération de *transfert de valeurs.* Et au contraire, si l'on considère, non pas l'objet, mais les sujets concernés dans la transformation et que l'on observe que l'un des sujets concernés, du fait qu'il est en même temps sujet du faire, affecte d'une certaine manière un autre sujet, on est en droit de désigner une telle procédure comme un *acte de communication,* en employant ce terme de communication dans un sens très large lui permettant de recouvrir la totalité des relations entre sujets humains (ou « humanisés », c'est-à-dire considérés comme s'ils étaient humains dans des situations données). Du même coup, la *valeur,* dans la mesure où elle est investie dans un objet de communication, reçoit, à côté des définitions linguistique et axiologique déjà proposées, le statut de *valeur d'échange.* Vu sous cet angle, le discours narratif apparaît comme une mise en représentation d'une suite d'actes de communication.

Remarque : On voit que la *communication verbale* n'est, dans cette perspective, qu'un cas d'espèce de la communication par tous les moyens et peut être décomposée en un *faire-savoir,* c'est-à-dire en un faire produisant le transfert d'un objet de savoir.

Une représentation topologique de la narrativité rendant compte de transferts d'objets n'est pas contradictoire, on le voit, avec son interprétation comme organisation syntagmatique d'actes de communication.

3.4. LES TRANSFORMATIONS NARRATIVES.

Examinons maintenant les deux cas de syncrétisme du sujet de faire avec les sujets d'état que nous avons déjà distingués. Étant donné que

(a) le sujet de transformation peut s'identifier soit avec le sujet S_1, soit avec le sujet S_2, et que

(b) **chacun** de ces deux sujets peut être, antérieurement à la transformation, soit un sujet virtuel (en disjonction avec O), soit un sujet réel (en conjonction avec O),
quatre types de transformation peuvent être discernés :

(1) si
$$S_3 \text{ trans} = S_1 \text{ virtuel,}$$
alors
$$F \text{ trans } [(S_3 = S_1) \longrightarrow (S_1 \cap O)]$$

La transformation peut dans ce cas être appelée *réalisation réfléchie;* sur le plan figuratif, elle apparaîtra comme une *appropriation* (de l'objet).

(2) si
$$S_3 \text{ trans} = S_2 \text{ réel,}$$
alors
$$F \text{ trans } [(S_3 = S_2) \longrightarrow (S_1 \cap O)]$$

La transformation est dans ce cas une *réalisation transitive;* sur le plan figuratif, elle consistera en une *attribution* (de l'objet).

Ces deux transformations sont des *transformations conjonctives* donnant lieu à deux modes – réfléchi et transitif – de *réalisation du sujet.*

(3) si
$$S_3 \text{ trans} = S_1 \text{ réel,}$$
alors
$$F \text{ trans } [(S_3 = S_1) \longrightarrow (S_1 \cup O)]$$

La transformation sera dite *virtualisation réfléchie;* sur le plan figuratif, elle pourra être appelée *renonciation* (à l'objet).

(4) si
$$S_3 \text{ trans} = S_2 \text{ virtuel}$$
alors
$$F \text{ trans } [(S_3 = S_2 \longrightarrow (S_1 \cup O)]$$

La transformation apparaît comme une *virtualisation transitive* et pourra être appelée, sur le plan figuratif, *dépossession* (de l'objet).

Les deux dernières transformations sont des *transformations disjonctives* donnant lieu à deux types – réfléchi et transitif – de *virtualisation du sujet.*

3.4.1. *Le point de vue syntagmatique.*

On voit de ce qui précède qu'il existe, pour un seul sujet, deux modes – réfléchi et transitif – de *réalisation* auxquels correspondent, sur le plan figuratif, deux modes d'acquisition des objets de valeur : l'*appropriation,* quand le sujet cherche à les acquérir par lui-même, et l'*attribution,* quand ils lui sont conférés par un autre sujet. Parallèlement, il existe deux modes – réfléchi et transitif – de *virtualisation* auxquels correspondent, sur le plan figuratif, deux modes de *privation* de valeurs : la *renonciation,* quand c'est le sujet lui-même qui se sépare des valeurs, et la *dépossession,* quand il en est privé par un autre sujet.

Il ne sera peut-être pas inutile de faciliter cette mise en place terminologique en la présentant, de manière redondante, sous la forme d'un schéma :

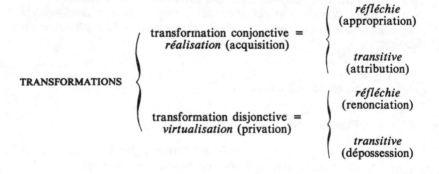

Ces quatre types de transformations peuvent concerner un seul sujet (S_1 ou S_2) en relation avec un seul objet O et, faisant ainsi partie de son programme narratif, constituer sa syntagmatique élémentaire.

3.4.2. *Le point de vue paradigmatique.*

Étant donné que la narrativisation, dans le cas que nous étudions, consiste dans le déroulement concomitant et solidaire de deux programmes narratifs impliquant deux sujets à la fois, on voit qu'à chaque acquisition caractérisant l'un des sujets correspondra, dans le programme parallèle, une privation affectant l'autre sujet, de telle sorte qu'il y aura concomitance entre

appropriation et *dépossession*
attribution et *renonciation*

Si l'on désigne du nom d'*épreuve* la transformation donnant lieu à une appropriation et à une dépossession concomitantes, et du nom de *don* celle qui produit solidairement une attribution et une renonciation, on obtient les deux principales figures par lesquelles se manifeste, à la surface, la communication des valeurs. Un tableau fort simple peut illustrer ces relations paradigmatiques simples du récit :

	acquisition	*privation*
épreuve	appropriation	dépossession
don	attribution	renonciation

La solidarité de la *renonciation* et de l'*attribution* que l'on vient de postuler souffre cependant d'une exception d'importance sur laquelle nous aurons à nous interroger : il s'agit du statut particulier du destinateur, susceptible, dans des cas à déterminer, d'effectuer des attributions sans pour autant renoncer aux valeurs qu'il continue à posséder.

4. LA COMMUNICATION À DEUX OBJETS

4.1. LE DON RÉCIPROQUE.

L'épreuve et le *don* peuvent paraître, selon l'un ou l'autre programme narratif envisagé, tantôt comme deux modes de réalisation du sujet, tantôt comme deux modes de sa virtualisation.

La virtualisation du sujet, lorsqu'elle se manifeste sous la forme de *dépossession* correspondant au « manque » proppien, comporte un aspect positif : elle constitue une des conditions nécessaires de la promotion du sujet virtuel en sujet du vouloir. La *renonciation,* au contraire, étant une virtualisation générale, ne conduit pas le sujet vers une augmentation de ses potentialités. Les deux « situations de manque », tout en étant comparables, ne sont pas identiques, parce que les *positions syntagmatiques* des sujets dans la narration ne le sont pas : dans le premier cas, le faire peut suivre la virtualisation du sujet, dans le second, il la précède.

C'est dans ce dernier contexte qu'apparaît, comme une réponse attendue, une unité narrative souvent appelée *contre-don* : elle peut être formulée en termes identiques à ceux du *don,* à cette différence près que le sujet opérateur du contre-don sera en syncrétisme avec le sujet du programme narratif opposé. L'objet des deux opérations de transfert restant le même (comme c'est le cas, par exemple, de la fille du roi que le héros renvoie à son père pour la recevoir ensuite en mariage), le contre-don se présente comme le rétablissement du *statu quo ante* : à la suite de la renonciation de S_1, la transformation d'état

$$(S_1 \cap O \cup S_2) \implies (S_1 \cup O \cap S_2)$$

se trouve annulée par le faire transformateur de S_2 :

$$(S_1 \cup O \cap S_2) \implies (S_1 \cap O \cup S_2)$$

Une suite syntagmatique composée de deux renonciations impliquant deux attributions réciproques d'un même objet, ou, en d'autres termes, de deux transformations dont la seconde annule les effets de la première et rétablit l'équilibre antérieur, peut être désignée comme un *don réciproque.* Quelle que soit sa signification narrative, elle ne constitue, sur le plan formel, que le cadre général de la communication bi-polaire, sans pour autant pouvoir être identifiée avec la structure de l'*échange.*

4.2. L'ÉCHANGE VIRTUEL.

La mise en place de la structure de l'échange exige, contrairement aux situations que nous avons examinées jusqu'à maintenant, la présence de deux objets de valeur O_1 et O_2 : l'objet auquel un des sujets renonce (O_1) et un autre objet (O_2) que le même sujet convoite et qu'il se verra attribué, et inversement, lorsqu'il s'agit du second sujet. Chacun des deux sujets pris séparément est par conséquent, antérieurement au déclenchement de la transformation, à la fois sujet réel et virtuel, conjoint par rapport à l'un des objets et disjoint par rapport à l'autre. La transformation appelée figurativement *échange* sera, dans cette perspective, une nouvelle réalisation et une nouvelle virtualisation de chacun des sujets.

Toutefois le fait que chacun des sujets S_1 et S_2 est en relation avec deux objets O_1 et O_2 à la fois nous oblige à considérer séparément les programmes narratifs des deux sujets et à formuler d'abord l'*état narratif* résumant la situation de chacun d'eux sous la forme d'un *énoncé à trois actants* :

$$(O_1 \cap S \cup O_2)$$

On voit que l'énoncé complexe ainsi construit est – tout comme l'énoncé de jonction analysé plus haut : $(S_1 \cap O \cup S_2)$ – la réduction en un seul énoncé complexe de deux énoncés élémentaires, réduction rendue possible grâce à l'identification tantôt de deux objets faisant partie de deux énoncés, tantôt de deux sujets rencontrés séparément. En effet, le sujet étant défini par sa relation d'objet et par elle seule, la présence de deux objets O_1 et O_2 nous oblige à postuler, dans un premier temps, l'existence d'un sujet distinct pour chacun des objets; ce n'est qu'ensuite que l'identification des deux sujets du fait du syncrétisme actoriel permet la réduction de deux énoncés élémentaires en un énoncé complexe. Ceci nous permet par conséquent de distinguer deux sortes d'énoncés de jonction à structure comparable : des *énoncés joncteurs de sujets* et des *énoncés joncteurs d'objets*.

L'échange peut alors être décrit comme une double transformation de deux énoncés joncteurs d'objets, transformation opérée, de manière concomitante, par deux sujets du faire à la fois. Si la première transformation, effectuée par le sujet du faire identifié avec S_1, peut s'écrire comme

$$(O_1 \cap S_1 \cup O_2) \Rightarrow (O_1 \cup S_1 \cap O_2)$$

la seconde transformation, qui est produite par le sujet du faire identifié avec S_2, est solidaire de la première et caractérisée par la simple inversion des fonctions de conjonction et de disjonction :

$$(O_1 \cup S_2 \cap O_2) \Rightarrow (O_1 \cap S_2 \cup O_2)$$

L'*échange* en tant qu'unité de communication des valeurs peut alors être défini comme

$$F \text{ trans } [S_1 \to (O_1 \cup S_1 \cap O_2)] \; \mathfrak{X} \; F \text{ trans } [S_2 \to (O_1 \cap S_2 \cup O_2)]$$

étant entendu que, dans la première transformation, le S trans = S_1, et que, dans la seconde, le S trans = S_2.

Tout se passe ici comme si, à la suite de ces deux transformations concomitantes et solidaires, les deux sujets concernés se retrouvaient de nouveau à la fois réalisés et virtuels, c'est-à-dire comme si, ayant chacun acquis un objet d'échange, ils restaient néanmoins « attirés » par l'objet auquel ils viennent de renoncer. Nous préférons dire que, dans ce cas, l'échange en tant que tel n'est pas complètement *réalisé*, qu'il est sujet à des rebondissements, et le désigner du nom d'*échange virtuel*.

4.3. L'ÉCHANGE RÉALISÉ.

L'échange ne peut donc être considéré comme *réalisé* que si la relation de disjonction qui relie chacun des sujets à l'objet renoncé cesse d'être une virtualité de réalisation, autrement dit, que si, toute relation annulée, la valeur relevant de S_1 cesse d'être une valeur pour S_2 et inversement. La formule de l'*échange réalisé* devrait donc s'écrire comme

$$F \text{ trans } [S_1 \to (S_1 \cap O_2)] \; \mathfrak{X} \; F \text{ trans } [S_2 \to (O_1 \cap S_2)]$$

Cette formule ne peut être considérée comme correcte qu'à condition de pouvoir rendre compte de l'annulation ou, du moins, de la suspension des relations virtuelles attachant les sujets aux valeurs abandonnées.

L'interprétation que nous voulons proposer consiste à faire admettre une *équivalence* possible entre les valeurs réalisées et les valeurs virtualisées et, du même coup, leur substituabilité. On pourrait dire, par exemple, que l'échange n'est définitivement réalisé (c'est-à-dire sans arrière-pensées de récupération des valeurs auxquelles on a renoncé) que si

$$O_1 \simeq O_2$$

ou, autrement dit, que si O_1 et O_2 sont considérés comme des occurrences substituables de la classe d'objets O.

On voit que, dans ce cas, la structure de l'échange réalisé rejoint, toutes proportions gardées, celle du don réciproque, à ceci près que les objets inscrits dans les énoncés rendant compte du don et du contre-don sont considérés comme *identiques,* alors qu'ils ne sont considérés que comme *équivalents* dans les énoncés constitutifs de l'échange.

Toutefois l'établissement de l'équivalence entre les valeurs d'échange présuppose un *savoir* préalable relatif à la « valeur » des valeurs et l'échange équilibré repose de ce fait sur une confiance réciproque, autrement dit, sur un *contrat fiduciaire,* implicite ou explicite, entre les participants à l'échange. Il en résulte que si l'échange, considéré comme une des formes de la communication des valeurs, possède bien une structure définie, son interprétation dépend essentiellement de la forme du contrat qui le précède et l'encadre, forme qui admet toutes les manipulations de la catégorie de l'*être* et du *paraître.*

On ne sera pas étonné alors de voir que les récits folkloriques simples qui exploitent presque exclusivement la structure de l'échange [1] paraissent construits sur l'ignorance ou la naïveté, vraies ou simulées, de l'un des sujets (ou de chacun des deux sujets par intermittence et sans justification psychologique) et que les enchaînements syntagmatiques réalisés se présentent comme des crescendo ou des decrescendo des valeurs allant de la possession de l'aiguille à l'acquisition du bœuf, et inversement. Introduit comme une séquence narrative semi-autonome dans un récit plus large, l'échange ainsi déséquilibré par les modalités du contrat selon le savoir qu'il sous-entend apparaît souvent, par exemple, comme une duperie où seul le sujet décepteur se réalise en se conjoignant avec l'objet de valeur, n'offrant au sujet dupé qu'une non-valeur : un tel échange ne se distingue guère, dans ses conséquences – qui seules sont prises en considération lors de l'établissement du schéma narratif des transferts –, de l'appropriation résultant de

---

1. Cf. notamment l'étude que Denise Paulme a consacrée aux « Échanges successifs », art. cité.

l'épreuve, et la formulation des transformations opérées serait appelée à utiliser, pour rendre compte de la non-réciprocité, le concept de *suspension* de la transformation qui n'est effectuée que sur le mode du paraître par le sujet décepteur. Un jeu stylistique de *conversions* qui consiste dans la manifestation de certaines unités narratives de surface à la place d'autres unités, requises par la syntaxe narrative, s'institue ainsi, et seule l'inscription de l'échange dans un contexte syntagmatique plus vaste permet de désambiguïser la narration.

5. LA COMMUNICATION PARTICIPATIVE

En essayant de rendre compte des transferts des objets et des communications des sujets dans un univers axiologique réduit à sa plus simple expression, dans un univers des valeurs déjà existantes et reconnues comme telles, nous avons été obligé de le fermer à l'aide de garde-fous qui sont les destinateurs, garants de la circulation des valeurs en vase clos et médiateurs entre cet *univers immanent* et l'*univers transcendant* dont ils manifestent la présence sous la forme d'actants d'une syntaxe d'inspiration anthropomorphe. Nous avons déjà vu à quel point la pensée mythique – et probablement notre imaginaire de façon très générale – répugnait à reconnaître le statut *ex nihilo* aux valeurs ambiantes, préférant lui substituer un ailleurs axiologique et postulant la possibilité d'une certaine communication entre ces deux univers. Il s'agit donc de donner ici une représentation, au moins sommaire, de ce type particulier de communication. Étant donné que les destinateurs, en leur qualité de possesseurs de valeurs transcendantes, peuvent être considérés comme des *sujets à la fois réels et transcendants,* il est possible d'imaginer leur communication avec les destinataires opérant pour leur propre compte dans l'univers immanent, en qualité par conséquent de *sujets immanents et virtuels,* du moins dans leur premier état originel. C'est en tant que sujets qu'ils peuvent être mis en communication et que leur statut peut être décrit sous la forme d'énoncés canoniques.

La difficulté de décrire cette transsubstantiation des valeurs transcendantes en valeurs immanentes en utilisant la structure de la communication vient, en premier lieu, du fait que la définition même de la communication, entendue comme une transformation opérant solidairement la disjonction de l'objet avec un des sujets et sa conjonction avec le second sujet, ne s'applique pas toujours aux relations entre le destinateur et le destinataire. L'existence d'une relation de présupposition unilatérale entre le destinateur-terme présupposé et le destinataire-terme présupposant rend la communication entre eux asymétrique : ainsi, le statut paradigmatique du destinateur par rapport au destinataire se définit par la relation hyperonymique, tandis que celui du destinataire par rapport au destinateur se caractérise par la relation hyponymique, cette asymétrie ne pouvant que s'accentuer lors de la syntagmatisation des deux actants, considérés comme sujets intéressés par un seul objet. Pour ne prendre que le cas du destinateur qui, en tant que sujet transformateur, opère un *don* adressé au destinataire : si la transformation a pour conséquence l'*attribution* d'une valeur au destinataire, cette attribution n'est pas pour autant solidaire, comme il aurait fallu s'y attendre, de la *renonciation* de la part du destinateur. Autrement dit, la transformation, au lieu de s'opérer, comme prévu :

$$(\text{Dr} \cap \text{O} \cup \text{Dre}) \Rightarrow (\text{Dr} \cup \text{O} \cap \text{Dre})$$

aboutit, au contraire, à :

$$(\text{Dr} \cap \text{O} \cup \text{Dre}) \Rightarrow (\text{Dr} \cap \text{O} \cap \text{Dre})$$

L'objet de valeur, tout en étant attribué au destinataire, reste en conjonction avec le destinateur.

Les exemples pouvant illustrer ce phénomène insolite sont nombreux. Ainsi, lors de la communication verbale, le *savoir* du destinateur, une fois transféré au destinataire, est « partagé » avec lui sans que le destinateur s'en trouve privé. La reine d'Angleterre a beau déléguer, un à un, tous ses *pouvoirs* aux corps constitués, elle n'en reste pas moins la souveraine toute-puissante : une belle fiction, dira-t-on, sans laquelle pourtant le concept de souveraineté ne peut pas être fondé.

Les transferts de ce genre ne se limitent pas aux modalités seules : la multiplication du pain dans les Évangiles ne s'explique que par le caractère inépuisable des possessions du destinateur; les divinités lituaniennes appelées *kaukai* ne fournissent pas directement des richesses à ceux dont elles prennent soin, elles ne font que rendre les biens inépuisables et leur consommation n'en diminue pas la quantité.

En présence de telles conceptions universellement répandues, le sémanticien n'a pas à s'interroger sur la réalité des pouvoirs de la reine ni sur l'efficacité des *kaukai*, il doit se contenter d'en proposer une description appropriée. Nous dirons donc qu'il s'agit là d'un type spécifique de la communication, en proposant de la désigner comme une *communication participative*, et ceci en nous référant aux relations structurales particulières entre le destinateur et le destinataire que nous interprétons dans le cadre général de la formule *pars pro tota*.

Quoi qu'il en soit, il est difficile, à ce stade de la mise en place des structures élémentaires de la narrativité, d'aller plus loin dans l'examen de la communication participative sans engager à fond notre conception de la structure actantielle, sans avoir décrit, surtout, la structure de la communication verbale et, de façon plus générale, celle de la transmission et de la manipulation sémiotique du savoir qui constitue à elle seule un niveau autonome de la narrativité : aussi le peu que nous en avons dit devrait être considéré comme un aide-mémoire, comme une boîte noire dont l'emplacement est prévu mais dont le contenu reste à explorer.

Ce chapitre est destiné à présenter, tout d'abord, les *valeurs culturelles* – peu importe qu'elles participent des univers sémantiques sociaux ou qu'elles soient intégrées dans des univers individuels – en les distinguant des *valeurs modales,* qui, bien que de nature sémantique, sont exploitées en vue de la construction de la grammaire. Les possibilités de définitions linguistique, axiologique et sociologique de la valeur ont été explorées dans le seul but de montrer leur caractère complémentaire et non contradictoire, condition de la pertinence du projet sémiotique. L'univers des valeurs, sémantique au sens strict du terme, a pu ainsi être encadré par des structures syntaxiques élémentaires qui assurent leur saisie et rendent compte de leur narrativisation.

6. RAPPEL

La narrativité, considérée comme l'irruption du discontinu dans la permanence discursive d'une vie, d'une histoire, d'un individu, d'une culture, la désarticule en états discrets entre lesquels elle situe des transformations : ceci permet de la décrire, dans un premier temps, sous la forme d'énoncés de faire affectant les énoncés d'état, ces derniers étant les garants de l'existence sémiotique des sujets en jonction avec les objets investis de valeurs. La syntaxe événementielle que nous nous efforçons de construire est, qu'on le veuille ou non, d'inspiration anthropomorphe, projection qu'elle est des relations fondamentales de l'homme au monde, ou, peut-être, inversement, peu importe.

A la recherche des situations simples et des structures syntaxiques élémentaires, nous avons pris comme point de départ une configuration syntaxique simple représentant deux sujets intéressés par un seul et même objet de valeur : son examen nous a permis de reconnaître quelques états narratifs simples susceptibles d'être formalisés en énoncés de jonction, syntagmatiques et paradigmatiques, de montrer, aussi, que chaque sujet est en mesure de dérouler son propre programme narratif. Complétant une interprétation topologique du récit selon laquelle les déplacements des objets suffisaient à eux seuls à rendre compte de son organisation, les sujets n'étant que les lieux de leurs transferts, nous avons cherché à montrer que la communication des sujets, régis par des opérateurs de transformation, constituait elle aussi une dimension explicative satisfaisante, permettant l'établissement d'une première typologie des transformations élémentaires manifestées, à un niveau plus superficiel, comme des actes de communication.

À partir de cette typologie, l'exploration a pu être poussée dans deux directions différentes : vers la représentation syntaxique de la structure de l'échange, d'une part, qui nécessite l'introduction, à côté de deux sujets, de deux objets de valeur distincts : l'équivalence des valeurs investies dans ces objets, et que nous avons été amené à postuler, a laissé apparaître l'existence présupposée d'un contrat fiduciaire antérieur, arrêtant là notre investigation; vers l'interrogation sur le statut particulier de la communication entre destinateur et destinataire, d'autre part, caractérisée, assez curieusement, par une attribution de l'objet sans renoncement concomitant : les conséquences à tirer de l'enregistrement de cette forme de communication participative ne pouvaient pas non plus être développées en cet endroit à défaut de l'appareil conceptuel non encore mis en place. La dernière forme narrative simple rendant compte de la transformation des valeurs positives en valeurs négatives, ou inversement, ne pouvait même pas être esquissée : son examen nous aurait obligé de postuler l'existence d'un anti-sujet et d'un anti-destinateur, existence qui intuitivement paraît évidente, mais dont l'établissement – dans le cadre d'un projet qui se voudrait scientifique ne serait-ce que par la cohérence interne qui exige l'interdéfinition de tous les concepts utilisés – ne va pas de soi.

Il est évident que l'examen des investissements axiologiques et de leur narrativisation ne constitue qu'un chapitre relativement peu important de la sémiotique narrative : les valeurs culturelles, si elles occupent une place de choix dans les récits mythiques et surtout folkloriques, ont tendance à se réduire à peu de chose dans la littérature dite moderne, par exemple. L'organisation narrative des valeurs n'en constitue pas moins le fondement de la narrativité, car son « effacement » n'est pas moins significatif que sa présence.

Les actants, les acteurs
et les figures *

1. STRUCTURES NARRATIVES

1.1. ACTANTS ET ACTEURS.

La réinterprétation linguistique des *dramatis personae* que nous avons proposée à partir de la description proppienne du conte merveilleux russe a cherché à établir, en premier lieu, une distinction entre les *actants* relevant d'une syntaxe narrative et les *acteurs* reconnaissables dans les discours particuliers où ils se trouvent manifestés. Cette distinction que nous continuons à considérer comme pertinente – ne serait-ce que parce qu'elle a permis de séparer nettement les deux niveaux autonomes où peut se situer la réflexion sur la narrativité – n'a pas manqué de soulever dès le début de nombreuses difficultés montrant par là même la complexité de la problématique narrative. On s'est aperçu, par exemple, que la relation entre *acteur* et *actant,* loin d'être un simple rapport d'inclusion d'une occurrence dans une classe, était double :

que si un actant(A_1) pouvait être manifesté dans le discours par plusieurs acteurs (a_1, a_2, a_3), l'inverse était également possible, un seul acteur (a_1) pouvant être le syncrétisme de plusieurs actants (A_1, A_2, A_3).

* Ce texte a été publié dans le recueil *Sémiotique narrative et textuelle,* Paris, Larousse, 1973, C. Chabrol et J.-C. Coquet, éd.

Des recherches ultérieures ont permis de voir un peu plus clair dans l'organisation actantielle des « personnages du récit », d'envisager même la possibilité d'une grammaire narrative indépendante des manifestations discursives. L'organisation actorielle, au contraire, n'a été que très peu concernée par ces recherches : c'est une défaillance qui s'explique aisément par l'absence d'une théorie cohérente du discours.

Profitant du fait que les recherches narratives semblent, en un certain sens, marquer le pas, nous avons pensé qu'il ne serait pas inutile de procéder à une mise au point à la fois terminologique et didactique, et ceci dans un double but : pour inventorier ce qui, dans ce domaine, peut mettre l'accent sur le nombre toujours croissant – du fait, notamment, du déplacement progressif du centre d'intérêt de la littérature orale à la littérature écrite – des problèmes qu'il est urgent de résoudre, des directions qu'il est souhaitable d'emprunter.

1.2. STRUCTURE ACTANTIELLE.

La structure actantielle apparaît de plus en plus comme étant susceptible de rendre compte de l'organisation de l'imaginaire humain, projection tout aussi bien d'univers collectifs qu'individuels.

1.2.1. *Disjonctions syntagmatiques.*

Si l'on considère le récit comme un *énoncé global,* produit et communiqué par un sujet narrateur, cet énoncé global peut être décomposé en une suite d'*énoncés narratifs* (= les « fonctions » de Propp) concaténés. En attribuant au verbe-prédicat de l'énoncé le statut de *fonction* (au sens logique de relation formelle), on peut définir l'énoncé comme une relation entre les actants qui le constituent. Deux sortes d'énoncés narratifs peuvent se rencontrer :

ou, dans la notation empruntée à la logique :

$$F (S \rightarrow O) \quad F (D_1 \rightarrow O \rightarrow D_2)$$

Quelle que soit l'interprétation que l'on donnera à ces structures syntaxiques : *(a)* sur le plan social, la relation de l'homme au travail produisant des valeurs-objets et les mettant en circulation dans le cadre d'une structure d'échange, ou *(b)* sur le plan individuel, la relation de l'homme avec l'objet de son désir et l'inscription de celui-ci dans les structures de la communication inter-humaine, les disjonctions opérées par ces schémas élémentaires paraissent suffisamment générales pour fournir des bases d'une première articulation de l'imaginaire. Verbalisations des structures « réelles » antérieures au faire linguistique ou projections de l'esprit humain organisant un monde sensé – peu importe : elles se présentent comme des *positions* formelles permettant l'éclosion et l'articulation du sens.

1.2.2. *Disjonctions paradigmatiques.*

Le concept de structure, postulat implicite à tout notre raisonnement, présuppose l'existence d'un réseau relationnel de type paradigmatique sous-entendu aux actants tels qu'ils paraissent dans les énoncés narratifs. Tout se passe, en effet, comme si le sujet – destinateur ou destinataire de la narration –, lorsqu'il se met en état de produire ou de lire les messages narratifs, disposait au préalable d'une structure élémentaire qui articule la signification en ensembles isotopes dont le carré sémiotique

peut servir de modèle et qui distingue, en tout cas, la *deixis positive* $(S_1 + \bar{S}_2)$ de la *deixis négative* $(S_2 + \bar{S}_1)$. Il en résulte au moins un dédoublement de la structure actantielle où chaque actant peut être référé à l'une des deux deixis donnant lieu aux distinctions suivantes :

sujet positif	VS	*sujet négatif* (ou anti-sujet)
objet positif	VS	*objet négatif*
destinateur positif	VS	*destinateur négatif* (ou anti-destinateur)
destinataire positif	VS	*destinateur négatif* (ou anti-destinataire)

S'il reste entendu que les termes de positif et de négatif sont de pures dénominations et n'impliquent aucun jugement de valeur, la confusion ne tarde pas néanmoins à s'installer rapidement dans certains cas. Il en est ainsi, par exemple, dans la littérature ethnique caractérisée très souvent par une *moralisation* dualiste rigide où l'opposition *positif* vs *négatif* se trouve investie de contenus *bon* vs *mauvais,* donnant lieu à des couples de héros et de traître, d'adjuvant et d'opposant, etc.

Un tel investissement moralisant n'est cependant ni nécessaire ni suffisamment général : on le voit facilement remplacé par un investissement *esthétisant,* par exemple, ou distribué non pas simplement sur les deux deixis opposées, mais sur des termes plus nombreux du carré sémiotique, quand les « personnages » cessent d'être uniquement « bons » ou « mauvais ». Aussi suffira-t-il de maintenir le principe même de disjonction paradigmatique des actants en expliquant leur dichotomisation par leur *conformité* ou *non-conformité* aux deixis considérées, quitte à envisager ensuite la possibilité de définir telle ou telle classe de récits par des investissements *valorisants* spécifiques.

> *Remarque :* Dans cette perspective, la disjonction paradigmatique des actants peut être généralisée, applicable même à des récits minimaux à un seul actant : dans la mesure où celui-ci rencontre, dans son faire, un obstacle quelconque, cet obstacle sera interprété comme la représentation métonymique de l'anti-actant relevant de la deixis non conforme au champ d'activité de l'actant manifesté.

1.3. RÔLES ACTANTIELS.

A côté des disjonctions structurales qui rendent compte de la dramatisation de la narration et des disjonctions syntaxiques qui, en tant que projections du faire humain virtuel, permettent de donner la représentation de son déroulement, d'autres catégories entrent en jeu pour diversifier la structure actantielle. Toutefois, contrairement aux disjonctions que nous venons d'invoquer et qui décomposent l'espace imaginaire en autant de lieux distincts qui, lors de leur projection ou de leur saisie, se maintiennent en un certain équilibre, de nouvelles catégories surdéterminent les actants dans leur progression syntagmatique.

1.3.1. *Compétences et performances.*

Le concept de *performance* que nous avons proposé d'introduire dans la terminologie narrative pour le substituer aux notions trop vagues d'«épreuve», de «test», de «tâche difficile» que le héros est censé accomplir et afin de donner une définition simple du sujet (ou de l'anti-sujet) dans son statut de *sujet de faire* – ce faire étant réduit à une suite canonique d'énoncés narratifs –, en appelle naturellement à celui de *compétence.*

Sur le plan narratif, nous proposons de définir la *compétence* comme le *vouloir et/ou pouvoir et/ou savoir-faire du sujet* que présuppose son faire performanciel. Il est en effet devenu presque banal de dire que, pour tout système sémiotique, l'exercice de la «parole» présuppose l'existence d'une «langue» que la performance du sujet signifiant présuppose sa compétence de signifier. Si tout énoncé manifesté sous-entend, chez le sujet de l'énonciation, la faculté de former les énoncés, celle-ci reste toutefois, de façon générale, implicite. La narration, au contraire, dans la mesure même où elle est la projection, imaginaire, des situations «réelles», se fait fort d'expliciter ces présupposés en manifestant successivement et les compétences et les performances du sujet. Elle fait même plus. Si, par exemple, la compétence du sujet parlant peut être conçue comme le syncrétisme des modalités du vouloir + pouvoir + savoir-dire, la narration, tout en manifestant ces diverses compétences comme des compétences d'un faire sémiotique, peut les disjoindre en même temps, soit en attribuant les modalités du savoir-faire ou du pouvoir-faire à des actants différents, soit en faisant acquérir ces différentes modalités séparément et successivement par un seul actant au cours d'un même programme narratif.

C'est à cela que nous voulions en venir : si le *sujet compétent* est différent du *sujet performant,* ils ne constituent pas pour autant deux sujets différents, ils ne sont que deux instances d'un seul et même actant. Selon la *logique motivante (post hoc, ergo propter hoc),* le sujet doit d'abord acquérir une certaine compétence pour devenir performateur; selon la *logique des présuppositions,* le faire performateur du sujet implique au préalable une compétence du faire.

Nous dirons donc que l'actant sujet peut assumer, dans le programme narratif donné, un certain nombre de *rôles actantiels.* Ces rôles sont définis à la fois par la *position* de l'actant dans l'enchaînement logique de la narration (sa définition syntaxique) et par son *investissement modal* (sa définition morphologique), rendant ainsi possible la réglementation grammaticale de la narrativité.

Une terminologie des rôles actantiels devrait pouvoir être constituée, permettant de distinguer nettement les *actants* eux-mêmes des *rôles actantiels* qu'ils sont appelés à assumer dans le déroulement du récit. Ainsi, on pourrait distinguer le *sujet virtuel* du *sujet du vouloir* (ou sujet instauré); celui-ci, du *héros selon le pouvoir* (Ogre, Roland) ou du *héros selon le savoir* (le Petit Poucet, Renard), etc.

1.3.2. *Véridiction.*

La stratégie des rôles actantiels qui sont acquis ou échangés tout le long du récit ne se limite pas aux jeux de compétences et performances. On ne doit pas oublier, en effet, que, par exemple, rien que dans le cadre du conte populaire, la *compétence* du sujet (= sa *qualification*) ne peut être acquise qu'à l'aide d'une performance *simulée*. Or, en disant qu'elle est *simulée,* on sous-entend qu'elle est accomplie pour *paraître vraie,* mais qu'elle ne l'*est* pas « en réalité ».

Le problème de la véridiction dépasse ainsi largement le cadre de la structure actantielle. Il s'agit pour le moment de montrer, en introduisant dans le cadre que nous nous sommes tracé la catégorie de l'*être* et du *paraître,* comment celle-ci, tout en compliquant davantage le jeu narratif, augmente considérablement le nombre de rôles actantiels. En proposant l'interprétation sémiotique de la catégorie de *vrai* vs *faux* selon les articulations du carré

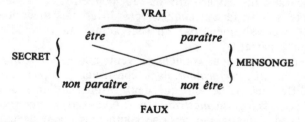

nous cherchons non seulement à libérer cette catégorie modale de ses rapports avec le référent non sémiotique, mais aussi et surtout à suggérer que la véridiction constitue une isotopie narrative indépendante, susceptible de poser son propre niveau référentiel et d'en typologiser les écarts et les déviations, instituant ainsi « la vérité intrinsèque du récit ».

La surdétermination des actants selon cette catégorie de l'*être* et du *paraître* rend compte de cet extraordinaire « jeu de masques » fait d'affrontements des héros cachés, méconnus ou reconnus et des traîtres travestis, démasqués et punis, qui constitue un des axes essentiels de l'imaginaire narratif. Cependant, ce que l'on retiendra pour l'instant de tout ceci, c'est la possibilité de nouvelles diversifications de programmes narratifs : ainsi – et pour ne s'en tenir qu'à l'exemple du conte populaire – le sujet instauré (doté de la modalité du vouloir) éclate immédiatement, on l'a vu, en un sujet et un anti-sujet, susceptibles chacun d'acquérir des compétences selon le pouvoir ou le savoir (ou les deux successivement), offrant de cette manière au moins quatre (ou huit) *rôles actantiels* et autorisant déjà une typologie des sujets compétents (héros ou traîtres) qui permet, à son tour, de déterminer des parcours narratifs différents; la surdétermination de ces divers sujets compétents par des modalités de *vrai* vs *faux* et de *secret* vs *mensonge* multiplie d'autant le nombre de rôles actantiels, diversific les parcours syntaxiques qu'empruntent les sujets, mais aussi – et ceci est important – permet de calculer, grâce à des additions, soustractions et surdéterminations des modalités qui définissent les rôles, des transformations narratives qui se produisent dans le cadre d'un programme déterminé.

Autrement dit, l'introduction, à partir des structures actantielles élémentaires, du concept de *rôle actantiel* permet d'envisager avec plus d'assurance la possibilité de la construction d'une syntaxe narrative.

1.4. STRUCTURE ACTORIELLE.

Pour être présente dans le discours narratif, la structure actantielle a besoin de la médiation de la typologie des rôles actantiels qui, définis à la fois par leurs charges modales et leurs positions syntagmatiques respectives, peuvent seuls recouvrir et dynamiser la totalité du discours. Ce n'est qu'ensuite que peut s'engager un *nouveau processus* menant à la manifestation discursive de la narrativité, processus aboutissant à une superposition de deux structures, actantielle et actorielle, et donnant lieu à des emboîtements d'actants en acteurs.

Aussi, sans chercher à préciser au préalable le statut structural d'*acteur,* et en se fiant uniquement à sa conception naïve comme celle d'un « personnage » qui reste d'une certaine manière permanent tout le long d'un discours narratif, on peut espérer que l'utilisation du concept de *rôle actantiel* peut apporter quelque lumière à la simple constatation de la non-adéquation entre actants et acteurs (selon laquelle un actant peut être manifesté par plusieurs acteurs et, inversement, un acteur peut représenter plusieurs actants à la fois) qui, si l'on s'en satisfaisait, ne serait qu'un constat d'échec pour une théorie qui se veut explicative. Quelques exemples permettront de situer plus aisément le problème de cette inadéquation.

(a) L'examen de l'actant objet nous a permis de distinguer par ailleurs deux sortes d'objets : ceux qui sont investis de « valeurs objectives » et ceux qui comportent des « valeurs subjectives ». Malgré l'imperfection terminologique flagrante, la distinction repose bien sur un critère structural, celui de leur mode d'attribution qui se fait, dans le premier cas, selon l'*avoir* et, dans le second, selon l'*être*. A ce premier critère, on doit cependant en ajouter un autre, celui de leur manifestation actorielle dans le discours : tandis que les objets investis de « valeurs objectives » sont présents dans le discours sous la forme d'acteurs individualisés et indépendants (nourriture ou enfants dans *le Petit Poucet*), les objets à valeur subjective sont manifestés par des acteurs qui sont conjointement et en même temps sujets et objets (le Petit Poucet est, en tant qu'acteur, en même temps sujet-héros et objet de consommation pour l'Ogre, fournisseur, à la fin, pour toute sa famille). Ainsi, les rôles actantiels peuvent être distribués de manière conjointe ou disjointe parmi les acteurs.

> *Remarque :* De même, les valeurs objectives peuvent être doublées ou triplées dans un même récit (nourriture et enfants) et se trouver être représentées par des *sous-acteurs* séparés, entretenant d'ailleurs entre eux des relations d'interdépendance syntaxique (l'absence de nourriture motive la perte d'enfants).

(b) Les rôles actantiels qui définissent la compétence du sujet peuvent être manifestés soit par le même acteur que le sujet lui-même, soit par des acteurs disjoints. Dans ce dernier cas, l'acteur individualisé sera dénommé, dans son statut d'auxiliant, et suivant qu'il est conforme à la deixis positive ou négative, tantôt *adjuvant,* tantôt *opposant*.

(c) Le destinataire peut être son propre destinateur (ainsi, le héros cornélien qui « se doit »). L'acteur, unique, sera alors chargé de subsumer les deux rôles actantiels.

(d) Le sujet et l'anti-sujet peuvent être réunis ensemble et mener, au sein d'un seul acteur, « une lutte intérieure » à mort (Faust).

Ces quelques exemples semblent suffisamment significatifs pour qu'on puisse dire que tout actant, tout rôle actantiel est susceptible de s'investir dans un acteur disjoint et autonome et qu'inversement, toutes les disjonctions opérées au niveau de la structure actantielle peuvent être, en un certain sens, neutralisées par des investissements conjoints dans des acteurs de plus en plus complexes. En polarisant ces constatations, on peut concevoir théoriquement deux types extrêmes de structures actorielles possibles : *(a)* la manifestation actorielle peut avoir une expansion maximale caractérisée par la présence d'un acteur indépendant pour chaque actant ou rôle actantiel (le masque, par exemple, est un acteur ayant la modalité du paraître pour rôle actantiel); nous dirons que la *structure actorielle* est, dans ce cas, *objectivée; (b)* la distribution actorielle peut avoir une expansion minimale et se réduire à un seul acteur ayant en charge tous les actants et rôles actantiels nécessaires (donnant lieu à une dramatisation intérieure absolue); la *structure actorielle* sera dite, dans ce cas, *subjectivée.*

Entre les deux extrêmes se situent les distributions actorielles à tendances objectivante et subjectivante qui représentent, on s'en doute, la majorité des cas. A supposer que l'inventaire des programmes narratifs soit établi (problèmes d'initiation et de passage groupés autour de l'épreuve qualifiante, problèmes de reconnaissance, autour de l'épreuve glorifiante, etc.) et que le calcul des rôles actantiels possibles pour chaque parcours narratif soit fait, la distribution actorielle de ces rôles pourrait être utilisée comme un critère typologique en vue de l'élaboration d'une théorie générale des genres.

2. STRUCTURES DISCURSIVES

2.1. COMMENT RECONNAÎTRE LES ACTEURS.

Ainsi, en partant des articulations élémentaires de l'imaginaire, en proposant les premières structures – paradigmatiques et syntagmatiques – de l'organisation, on est arrivé, petit à petit, en empruntant la voie déductive, à se représenter le discours narratif comme étant recouvert d'un réseau relativement dense de rôles actantiels manifestés, de manière tantôt disjointe, tantôt conjointe, par des acteurs qui, eux, peuvent déjà être considérés comme des éléments du discours. Il est impossible de nier l'importance de ces modèles actantiels. Pour des raisons théoriques, d'abord : ils constituent une tentative de rendre compte des instances et des parcours du sens, génératifs du discours. Mais pour des raisons pragmatiques, aussi : ils doivent être considérés comme des modèles de prévisibilité, comme des hypothèses présentées sous forme d'articulations logiques qui, une fois projetées sur des textes, peuvent en augmenter la lisibilité.

Il n'empêche que, se trouvant devant un texte nu, le chercheur est gêné de ne pas disposer de procédures objectives lui permettant d'opérer des choix nécessaires et de reconnaître les éléments du discours (dans notre cas, les acteurs) narrativement pertinents. L'écart entre ce qu'il croit savoir sur le mode d'existence des structures narratives et les techniques de lecture qu'il a en sa possession est encore trop considérable : l'impuissance relative de l'*analyse textuelle* qui prétend opérer en s'interdisant de faire valoir son savoir narratif implicite est ici tout aussi significative que les difficultés qu'éprouve le constructivisme déductif à rejoindre la manifestation discursive.

Aussi, abandonnant provisoirement la démarche déductive située dans le cadre de la narrativité, essaierons-nous de reprendre le problème à partir des considérations générales sur la manifestation linguistique.

2.2. FIGURES ET CONFIGURATIONS.

La faiblesse des résultats de l'analyse textuelle, lorsqu'elle cherche à établir les procédures de reconnaissance des acteurs du discours parmi d'innombrables actants syntaxiques de ses énoncés et à définir du même coup les acteurs dans leur permanence et leurs mutations, vient du fait, nous semble-t-il, qu'elle situe ses investigations au niveau très superficiel de la syntaxe des signes. Or, depuis Hjelmslev, nous savons que rien de bon ne peut se faire en linguistique tant qu'on ne dépasse pas ce niveau, tant qu'on ne se met pas à explorer, après avoir disjoint les deux plans du signifiant et du signifié, les unités à la fois plus petites et plus profondes de chacun des plans pris séparément, dénommées *figures*.

L'analyse narrative dont nous nous occupons se situe justement tout entière sur le plan du signifié et les formes narratives ne sont que des organisations particulières de la forme sémiotique du contenu dont la théorie de la narration essaie de rendre compte. La théorie du discours dont on invoque de toutes parts l'urgente nécessité aura donc pour tâche d'explorer les formes discursives et les différents modes de leur articulation avant de passer à la théorie linguistique *stricto sensu.* A l'heure actuelle, c'est cette médiation théorique entre les formes narratives et les formes linguistiques de dimensions phrastiques qui paraît être la plus difficile à établir.

Revenons donc, pour commencer, à des problèmes proprement sémantiques. En effet, si le concept d'*actant* est de nature syntaxique, celui d'*acteur* semble, à première vue du moins, ne pas relever de la syntaxe, mais de la sémantique ; un acteur ne fonctionne comme actant que lorsqu'il est pris en charge soit par la syntaxe narrative, soit par la syntaxe linguistique. Par rapport à ses emplois syntaxiques, il se trouve dans la situation comparable à celle d'un lexème nominal qui se plie à toutes les manipulations de la syntaxe.

L'examen sémantique d'un lexème (du lexème *tête,* par exemple, analysé dans *Sémantique structurale*) nous le montre doté d'un noyau relativement stable, d'une *figure* nucléaire à partir de laquelle se développent certaines virtualités, certains parcours sémémiques permettant sa mise en contexte, c'est-à-dire sa réalisation partielle dans le discours. Le lexème est, par conséquent, une organisation sémique virtuelle qui, à de rares exceptions près (lorsqu'il est mono-sémémique), n'est jamais réalisé tel quel dans le discours manifesté. Tout discours, du moment qu'il pose sa propre isotopie sémantique, n'est qu'une exploitation très partielle des virtualités considérables que lui offre le thésaurus lexématique ; s'il poursuit son chemin, c'est en le laissant parsemé de figures du monde qu'il a rejetées, mais qui continuent à vivre leur existence virtuelle, prêtes à ressusciter au moindre effort de mémorisation.

Les recherches portant sur l'exploration des « champs lexicaux » ont bien mis en évidence cette charge potentielle des figures lexématiques : qu'elles soient décrites dans le cadre du dictionnaire (comme le lexème *œil* analysé par Patrick Charaudeau) ou extraites d'un texte homogène (comme le *cœur* dans l'œuvre de Jean Eudes, étudié par Clément Légaré), on constate immédiatement que ces figures ne sont pas des objets fermés sur eux-mêmes, mais qu'elles prolongent à tout instant leurs parcours sémémiques en rencontrant et en accrochant d'autres figures apparentées, en constituant comme des constellations figuratives ayant leur propre organisation. Ainsi, pour prendre un exemple familier, la figure de *soleil* organise autour d'elle un champ figuratif comportant *rayons, lumière, chaleur, air, transparence, opacité, nuages,* etc.

Une telle constatation nous amène à dire que, si les *figures lexématiques* se manifestent, en principe, dans le cadre des énoncés, elles transcendent facilement ce cadre et dressent un réseau figuratif relationnel s'étalant sur des séquences entières et y constituant des *configurations discursives.*

La théorie du discours, dans la mesure où elle ne veut pas être un appendice de la linguistique phrastique, ne devrait pas sous-estimer l'importance de ce phénomène : les configurations dont il s'agit ne sont autre chose que des figures du discours (au sens hjelmslevien de ce terme); distinctes à la fois des formes narratives et des formes phrastiques, elles fondent de ce fait, du moins en partie, la spécificité du discours comme forme d'organisation du sens.

La reconnaissance et l'attribution d'un statut structural spécifique aux configurations discursives permet dès maintenant de regrouper sous une même rubrique un certain nombre de problématiques qui pouvaient paraître, à première vue, disparates.

On sait, par exemple, que l'analyse narrative des contes populaires laisse en suspens le problème des *motifs,* séquences mobiles, substituables les unes aux autres dans les mêmes fonctions narratives, susceptibles, aussi, d'assumer des fonctions différentes, de se présenter comme des variantes autonomes ou comme des récits indépendants. La distinction de deux niveaux d'organisation sémiotique – narratif et figuratif – permet de lever, théoriquement, cette difficulté, en expliquant, entre autres, la permanence structurelle des récits et les migrations intertextuelles des motifs.

Une meilleure connaissance des configurations discursives permet aussi de situer avec plus de précision le projet scientifique sur lequel repose l'œuvre de Georges Dumézil. Le tour de force opéré par ce grammairien comparatiste est l'élaboration d'*une mythologie comparée* : il consiste essentiellement dans la transposition des procédures méthodologiques du plan du signifiant à celui du signifié, dans l'élargissement, aussi, des dimensions des unités considérées, ce qui fait qu'à l'étude comparative des phonèmes pris dans des corpus de morphèmes réalisés, se trouve substituée celle des configurations discursives à l'intérieur des discours mythologiques. Le niveau discursif des recherches peut ainsi être situé dans le cadre de l'économie générale de la sémiologie.

Dans un domaine différent, celui de *la recherche thématique,* nombre de travaux allant de Gaston Bachelard à Jean-Pierre Richard relèvent du même souci d'exploration des parcours figuratifs traversant les discours. Tout au plus pourrait-on reprocher à Bachelard son postulat, plus ou moins implicite, de l'universalité des configurations qu'il cherche à décrire : tandis que les structures narratives peuvent être considérées comme caractéristiques de l'imaginaire humain en général, les configurations discursives – motifs et thèmes –, tout en étant susceptibles d'une très grande généralité et de migrations translinguistiques, sont soumises au filtrage relativisant qui les rattache aux aires et aux communautés sémio-culturelles.

Voici donc un ensemble de faits figuratifs – pour ne mentionner que les plus caractéristiques – qu'il s'agit de réunir et de réajuster afin de leur donner une formulation sémiotique homogène et – ce qui n'est pas le moins important pour nous – afin de la rendre conforme aux exigences de la grammaire narrative.

2.3. RÔLES THÉMATIQUES.

La reconnaissance de deux niveaux – narratif et discursif – autonomes et emboîtés rend bien compte de la démarche ambiguë du sujet de la narration, invité à poursuivre simultanément les deux parcours syntagmatiques qui lui sont imposés : d'une part, le programme narratif déterminé par la distribution des rôles actantiels et, de l'autre, le sentier privilégié établi par la configuration discursive où une figure, à peine posée, propose un enchaînement figuratif relativement contraignant.

Ces deux types de parcours cependant, tout en étant parallèles et prévisibles d'une certaine manière, sont de nature différente. Le premier est un programme délibérément choisi dans le cadre d'une grammaire narrative; le second relève d'un *dictionnaire discursif,* d'un inventaire fait de configurations constituées à partir d'univers collectifs et/ou individuels fermés. En effet, de même qu'un dictionnaire phrastique est une liste de figures lexématiques comportant chacune l'énumération de ses possibilités sémémiques de contextualisation en nombre fini, de même il est loisible de concevoir un dictionnaire discursif comme un stock de « thèmes » et de « motifs » constitué par et pour l'usage des participants d'un univers sémantique (et où l'originalité consisterait dans le tracé de parcours néologiques, possibles mais non encore réalisés).

Car il ne faut pas oublier que les configurations ne sont autre chose que des « formes du contenu » propres au discours : la manifestation discursive de la narrativité n'est donc, dans cette perspective, que l'intégration, dans les objets narratifs générés par la grammaire narrative, de sa *composante sémantique* présentée, il est vrai, dans sa forme syntagmatique et déjà élaborée comme forme, et non comme substance, du contenu. La conjonction des deux instances – narrative et discursive – a donc pour effet l'investissement des contenus dans les formes grammaticales canoniques de la narration et permet la délivrance des messages narratifs sensés.

Le fait que le discours apparaisse comme la forme élaborée du contenu se manifestant à l'aide de configurations de caractère syntagmatique ne manque pas de poser le problème de leur organisation structurale. Quelques exemples, disparates à première vue, permettront peut-être d'entrevoir, sinon la solution, du moins les directions de recherches à entreprendre.

C'est le concept de configuration discursive qui permet de rendre compte de la manière, par exemple, dont une isotopie culinaire unique se maintient dans le mythe bororo de l'origine du feu dont nous avons cherché par ailleurs à analyser l'organisation syntagmatique, et ceci malgré les variations isotopiques caractérisant chaque séquence : une seule configuration s'étale tout le long du discours mythique, mais en s'articulant – et en découpant du même coup des *séquences figuratives* – tantôt sur les acteurs-consommateurs de la nourriture, tantôt sur l'objet de consommation lui-même, tantôt, enfin, sur les producteurs du cuit et du cru *(feu* et *eau)*. On y voit la configuration discursive s'organiser selon le schéma canonique de l'énoncé (destinateur ⟶ objet ⟶ destinataire), chaque terme de ce schéma étant susceptible de produire un parcours figuratif autonome. Cette contribution des configurations à l'organisation syntagmatique des discours éclaire en partie un des chapitres de ce qu'on appelle parfois la *macrostylistique*.

Mais c'est une autre propriété structurale de ces configurations – la polysémie des figures qui les constituent – qui permet de comprendre, en se référant à d'autres textes, comment, par exemple, le choix d'une figure pluri-sémémique, proposant virtuellement plusieurs parcours figuratifs, peut donner lieu, à condition que les termes figuratifs émergeant lors de la réalisation ne soient pas contradictoires, à l'*organisation pluri-isotope du discours*.

Dans d'autres cas, au contraire, une légère hésitation dans le choix de telle ou telle figure la chargeant d'un rôle déterminé peut provoquer l'apparition de parcours figuratifs distincts, mais parallèles. La réalisation de ces parcours figuratifs introduit ainsi la problématique des *variantes :* que la figure chargée de représenter le sacré soit celle du prêtre, du sacristain ou du bedeau, le déroulement figuratif de toute la séquence s'en trouve affecté, les modes d'action, les lieux où celle-ci devra se situer, conformes chaque fois à la figure initialement choisie, seront différents, dans les mêmes proportions, les uns des autres. En polarisant les deux phénomènes, on peut dire que, dans le cas de la pluri-isotopie, une figure unique à l'origine donne lieu à des développements de signification superposés dans un seul discours; dans le cas de la pluri-variance, la diversification figurative, retenue et disciplinée par la présence implicite d'un rôle unique, n'empêche pas la poursuite d'une signification comparable, sinon identique, dans plusieurs discours manifestés.

L'importance de ce dernier exemple réside, on le voit, surtout dans l'apparition, sous des figurations différentes, d'un *rôle thématique* unique. Car le problème qui se pose dans le cadre de la théorie de la narrativité et, plus particulièrement, de sa composante actantielle, est de savoir si les configurations discursives peuvent être soumises à l'analyse structurale et si, en cas de réponse positive qui semble se préciser, cette analyse peut dégager des éléments nominaux discrets susceptibles d'être confrontés et ajustés terme à terme avec les rôles actantiels. Or, la réduction éventuelle des configurations à des rôles discursifs pourrait justement rendre le service souhaité.

Dans les exemples dispersés au hasard de ces réflexions – *œil, cœur, soleil, feu, sacristain* – tout se passe comme si les *figures nominales* (nominales, parce que dotées d'un sème « universel » qui permet de les considérer comme *objets* par opposition aux *procès*) étaient porteuses de virtualités qui laissent prévoir non seulement leurs réalisations sémémiques phrastiques, mais aussi les faisceaux possibles de leurs prédicats figuratifs, d'éventuels objets figuratifs qu'elles visent si elles se trouvent placées en position de sujets, ou d'éventuels sujets qui peuvent les manipuler comme objets. La projection de leurs virtualités sur une isotopie discursive quelconque, tout en permettant leur manifestation diffuse tout le long du discours (ou d'une tranche du discours), leur impose une certaine discipline en n'autorisant la réalisation que de certains parcours figuratifs à l'exclusion d'autres, suspendus. Toutes proportions gardées, la configuration discursive correspond, dans le cadre du discours, au rôle thématique comme le lexème correspond au sémème dans le cadre de l'énoncé.

La constatation est éclairante, mais non suffisante : la configuration englobe dans son sein toutes les figures – nominales, verbales, mais aussi circonstancielles, tels l'espace et le temps – qu'elle est susceptible d'associer; le rôle thématique n'est, lui, qu'une figure nominale. Si l'on peut prétendre qu'il subsume, dans un certain sens et dans des limites que lui prescrit l'isotopie du discours, toutes les figures non nominales de sa configuration, c'est en vertu d'une autre de ses propriétés structurales. En plus du *thème,* c'est aussi un *rôle* et, sur le plan linguistique, on peut lui trouver un équivalent structural dans le *nom d'agent* qui est à la fois un *nom* (= une figure nominale) et un *agent* (= un rôle para-syntaxique). Le lexème *pêcheur,* par exemple, est une construction de surface très condensée : il désigne celui qui possède une compétence limitée à un certain faire susceptible d'expansion qui, lorsqu'il est explicité, peut recouvrir une longue séquence discursive; mais il maintient, en même temps, à ce niveau du moins, son caractère sémantique; il peut occuper, dans les deux grammaires, linguistique et narrative, des positions actantielles diverses.

Un *rôle thématique* se définit dès lors par une double réduction : la première est la réduction de la *configuration discursive* à un seul *parcours figuratif* réalisé ou réalisable dans le discours; la seconde est la réduction de ce parcours à un agent compétent qui le subsume virtuellement. Toute *figure* rencontrée dans le discours, lorsque, dans des conditions qu'il s'agit de préciser, elle se trouve investie d'un rôle thématique, peut être analysée est décrite, pour les besoins de la cause, soit comme une configuration d'ensemble, soit comme un parcours figuratif enfermé dans l'univers discursif.

La figure du *pêcheur* se manifestant dans le discours sous la forme d'un rôle thématique (nous pensons notamment à *Deux Amis* de Maupassant) nous paraît un bon exemple permettant peut-être de franchir la limite qui sépare, à première vue, les figures du dictionnaire, établies par l'usage et théoriquement codifiables, des figures en voie de constitution que sont, par exemple, les personnages de roman. Le *pêcheur* porte en lui, évidemment, toutes les possibilités de son faire, tout ce que l'on peut attendre de lui en fait de comportement; sa mise en isotopie discursive en fait un rôle thématique utilisable par le récit. Le personnage de roman, à supposer qu'il soit introduit, par exemple, par l'attribution d'un nom propre qui lui est conféré, se construit progressivement par des notations figuratives consécutives et diffuses le long du texte, et ne déploie sa figure complète qu'à la dernière page, grâce à la mémorisation opérée par le lecteur. A cette mémorisation, phénomène d'ordre psychologique, peut être substituée la description analytique du texte (= sa *lecture* au sens du faire sémiotique) qui doit permettre de dégager les configurations discursives dont il est constitué et à les réduire aux rôles thématiques dont il est chargé. Il n'empêche que, en se plaçant du point de vue de la production du texte, on est obligé d'inverser les procédures et d'accorder la priorité logique aux rôles thématiques qui se saisissent des figures et les développent en parcours figuratifs, comportant implicitement toutes les configurations virtuelles du discours manifesté.

Dès lors, il est aisé de faire un dernier pas et de dire que la sélection des *rôles thématiques,* dont la priorité logique sur les configurations vient d'être reconnue, ne peut se faire qu'à l'aide des terminaux auxquels aboutit la mise en place des structures narratives, c'est-à-dire des *rôles actantiels.* C'est la prise en charge des rôles thématiques par des rôles actantiels qui constitue l'instance médiatrice aménageant le passage des structures narratives aux structures discursives.

> *Remarque :* Il est évident que l'introduction du concept de *rôle thématique* ne manque pas de soulever de nouvelles difficultés considérables, chaque discipline – la psychologie, la psychosociologie, la sociologie – offrant son propre répertoire de rôles. La distinction que nous avons proposée par ailleurs entre la « forme sémiotique » et la « forme scientifique » pourrait être utilisée ici pour distinguer les deux types de « rôles ». Les travaux de Claude Bremond méritent, dans ce sens, toute notre attention.

3. RÉCAPITULATIONS

Le retour que nous venons d'opérer à la démarche déductive permet de préciser, ne serait-ce qu'à titre provisoire, notre conception de la narrativisation du discours. La grammaire narrative génère des objets narratifs (= des « récits »), conçus comme des parcours narratifs choisis en vue de la manifestation. Ceux-ci sont définis par une distribution particulière de rôles actantiels dotés de modalités et déterminés par leurs positions respectives dans le cadre du programme narratif. L'objet narratif, en possession de sa structure grammaticale, se trouve investi, grâce à sa manifestation dans le discours, de son contenu spécifique. L'investissement sémantique se fait par la sélection, opérée par les rôles actantiels, des rôles thématiques qui, pour réaliser leurs virtualités, exploitent le plan lexématique du langage et se manifestent sous la forme de figures qui se prolongent en configurations discursives.

Le discours, considéré au niveau de sa surface, apparaît ainsi comme un déploiement syntagmatique parsemé de figures polysémiques, chargées de virtualités multiples, réunies souvent en configurations discursives continues ou diffuses. Certaines seulement de ces figures, susceptibles de tenir des rôles actantiels, se trouvent érigées en rôles thématiques : elles prennent alors le nom d'*acteurs*. Un acteur est ainsi le lieu de rencontre et de conjonction des structures narratives et des structures discursives, de la composante grammaticale et de la composante sémantique, parce qu'il est chargé à la fois d'au moins un rôle actantiel et d'au moins un rôle thématique qui précisent sa compétence et les limites de son faire ou de son être. Il est en même temps le lieu d'investissement de ces rôles, mais aussi de leur transformation, puisque le faire sémiotique, opérant dans le cadre des objets narratifs, consiste essentiellement dans le jeu d'acquisitions et de déperditions, de substitutions et d'échanges de valeurs, modales ou idéologiques. La structure actorielle apparaît dès lors comme une structure topologique : tout en relevant à la fois des structures narratives et des structures discursives, elle n'est que le lieu de leur manifestation, n'appartenant en propre ni à l'une ni à l'autre.

Pour une théorie des modalités *

1. LES STRUCTURES MODALES SIMPLES

1.1. L'ACTE.

Si l'on prend pour point de départ la définition provisoire de la modalisation selon laquelle celle-ci serait « une modification du prédicat par le sujet », on peut considérer que l'*acte* – et, plus particulièrement, l'*acte de langage –,* à condition que l'instance du sujet modalisateur soit suffisamment déterminée, est le lieu du surgissement des modalités.

Tout acte relève d'une réalité dépourvue de manifestation linguistique. Ainsi, l'acte de langage n'est manifesté que dans et par ses résultats, en tant qu'*énoncé,* alors que l'*énonciation* qui le produit ne possède que le statut de présupposition logique. L'acte en général ne reçoit la formulation linguistique que de deux manières différentes : ou bien lorsqu'il est décrit, de façon approximative et variable, dans le cadre du discours-énoncé, ou bien quand il est objet d'une reconstruction logico-sémantique utilisant les présupposés tirés de l'analyse de l'énoncé, dans le cadre d'un méta-langage sémiotique. Dans un cas comme dans l'autre, la seule manière correcte d'en parler consiste à en donner une représentation sémantique canonique.

La définition naïve – et la moins compromettante – de l'acte le présente comme « ce qui fait être ». Elle permet d'y reconnaître immédiatement une structure hypotaxique de deux prédicats :

faire vs *être*

* Ce texte parut d'abord dans *Langages,* 43, 1976.

1.2. LES ÉNONCÉS ÉLÉMENTAIRES.

La construction du simulacre linguistique de l'acte exige dès à présent une définition préalable du *prédicat,* laquelle, à son tour, ne peut que renvoyer à telle ou telle conception de la structure de l'*énoncé élémentaire* : choix définitif, parce qu'il décide de la forme que prendra la théroie linguistique dans son ensemble.

Nous postulons que le prédicat représente le noyau, c'est-à-dire la relation constitutive de l'énoncé, relation dont les termes-aboutissants sont des actants. Abstraction faite du sémantisme qui se trouve investi dans le prédicat et qui peut être « évacué » pour être traité séparément, le prédicat est susceptible d'être identifié avec la *fonction* logique et l'énoncé, de recevoir la forme canonique de :

$$F(A_1, A_2,...)$$

Nous postulons aussi que la fonction peut être investie d'un minimum sémantique, permettant d'établir la distinction entre deux fonctions-prédicats : *faire* et *être,* et de poser ainsi deux formes possibles d'énoncés élémentaires : *énoncés de faire* et *énoncés d'état.*

Afin de donner une représentation plus abstraite de ces deux énoncés, on peut désigner le prédicat *faire* comme la fonction nommée /*transformation*/ et le prédicat *être* comme la fonction /*jonction*/.

> *Remarque :* Toutefois, les termes *faire* et *être* pourront être employés dans la mesure où ils n'entraînent pas de polysémies fâcheuses.

1.2.1. *La transformation.*

La *transformation* peut être considérée, du point de vue paradigmatique, comme une *catégorie sémantique* (même si son investissement minimal la fait paraître comme un universel du langage) et projetée sur le carré dit sémiotique :

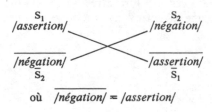

où $\overline{/négation/} = /assertion/$

et ceci donne lieu à la définition interne de la *contradiction* : s_1 et s_2 sont contradictoires, si $\bar{s}_2 = s_1$ et $\bar{s}_1 = s_2$; la contradiction apparaît ainsi comme un cas particulier de la *contrariété*.

Du point de vue syntaxique, c'est-à-dire du point de vue des opérations qui, effectuées sur le carré, se constituent en suites :

$$\overline{/négation/} \neq /assertion/$$

Ainsi l'exemple français de :

montre bien que *si* n'est pas une simple assertion, mais un lexème chargé de « mémoire » et qui présuppose un énoncé de négation qui lui est antérieur.

Le détour que nous venons d'effectuer a un double but. Il s'agit de justifier la projection, sur le carré, des catégories binaires (des contradictoires). Il s'agit aussi de marquer une différence de traitement entre la *logique* (qui est de nature phrastique et n'opère que par substitutions) et la *sémiotique discursive* (dont les énoncés possèdent, de plus, une signification *positionnelle).*

1.2.2. *La jonction.*

La *jonction,* prise comme axe sémantique, se développe à son tour en catégorie de :

Remarque : Ici aussi, la position de l'objet de valeur sur le parcours syntaxique permet de distinguer, par exemple, entre */disjonction/,* qui caractérise l'objet qu'on n'a jamais possédé, et $\overline{/conjonction/}$, état de l'objet auquel on a renoncé.

1.3. PERFORMANCE ET COMPÉTENCE.

On peut dire que la *jonction* est la relation qui détermine l'« état » du sujet par rapport à un objet de valeur quelconque, les déterminations seules, et non une « essence » du sujet, permettant de connaître quelque chose à propos du sujet et, notamment, de le considérer comme « existant ». En considérant la jonction, pour simplifier les choses, comme une catégorie binaire, on dira que le sujet peut être décrit à l'aide de deux énoncés d'état différents :

$$\text{soit } S_1 \cap O_1$$
$$\text{soit } S_1 \cup O_1$$

tandis que la *transformation* (assertion ou négation) rend compte de ce qui se passe lors du passage d'un état à l'autre. Constitutive d'énoncés de faire, la transformation aura pour objet syntaxique non plus une valeur quelconque, mais un énoncé d'état. Toute transformation produit donc une jonction, et tout énoncé de faire régit un énoncé d'état. La représentation canonique d'une telle organisation sera alors :

$$S_2 \longrightarrow O_2 \, (s_1 \cap O_1)$$

où

$\longrightarrow$ indique la transformation

$\cap$ indique la jonction.

Cette organisation hypotaxique de deux énoncés élémentaires (qui correspond, dans la langue naturelle, à l'expression *faire-être)* peut être dénommée *performance.*

La *performance* n'épuise pas encore, on le voit, la définition naïve de l'*acte,* car l'acte n'est pas un « faire-être », mais « *ce qui* fait être », le « ce qui... » constituant d'une certaine manière « l'être du faire » et pouvant être formulé comme un nouvel énoncé d'état, hiérarchiquement supérieur, qui rend compte de l'existence virtuelle, logiquement présupposée, de l'instance produisant le faire. Cet « être du faire », sur lequel nous aurons à revenir, peut dès lors être dénommé *compétence,* et l'*acte* lui-même défini comme une structure hypotaxique réunissant la compétence et la performance, la performance présupposant la compétence, mais non inversement.

Étant donné que toute modification d'un prédicat par un autre prédicat est définie comme sa modalisation, la performance tout comme la compétence doivent être considérées comme des *structures modales*.

> *Remarque :* Ainsi, tout prédicat qui régit un autre prédicat devient, de par sa position syntaxique, un *prédicat modal*. Celui-ci, tout en gardant son statut énoncif canonique (formateur soit d'un énoncé de faire, soit d'un énoncé d'état), peut alors recevoir, malgré l'identité des lexicalisations dans les langues naturelles, de nouvelles surdéterminations sémantiques.

1.4. LES MODALISATIONS TRANSLATIVES.

Les définitions de la performance et de la compétence ont pu être obtenues en exploitant deux organisations modales :

faire modalisant *être*
être modalisant *faire*

On s'aperçoit qu'il reste encore deux autres combinaisons possibles :

être modalisant *être*
faire modalisant *faire*

Les structures modales qu'on se propose d'examiner exigent la présence de deux instances modalisantes distinctes, le sujet modalisateur devant être nécessairement différent du sujet dont le prédicat est modalisé : on peut dire qu'on a affaire ici à des *modalisations translatives*.

1.4.1. *Les modalités véridictoires.*

Un énoncé modal d'état ayant pour sujet S_1 est susceptible de modifier tout autre énoncé d'état produit et présenté par le sujet S_2.

Un tel schéma présuppose, lorsqu'il s'agit d'*actes de langage*, l'existence de deux instances d'énonciateur et d'énonciataire, ce dernier étant censé être le sujet modalisateur qui sanctionne l'énoncé produit par l'énonciateur. Cette distinction, nécessaire sur le plan théorique, parce qu'elle permet de déterminer le mode de génération des modalités, peut s'effacer lorsque l'on ne considère que le fonctionnement pratique du discours : l'acteur « sujet parlant » est par intermittence l'actant énonciateur et l'actant énonciataire de ses propres énoncés.

Le prédicat modal peut être traité comme une catégorie et décomposé en :

La catégorie s'articule en deux *schémas :*

le schéma /p ↔ p̄/ est appelé *manifestation*
le schéma /e ↔ ē/ est appelé *immanence*

Elle comporte deux *axes* :

l'axe des contraires est appelé *vérité*
l'axe des subcontraires est appelé *fausseté*

On y trouve deux *deixis* :

la deixis positive /e + p̄/ est appelée *secret*
la deixis négative /ē + p/ est appelée *mensonge*

Un certain nombre de remarques s'imposent à propos de cette présentation de la modalité de l'*être*.

(1) Il est entendu que les termes employés sont des dénominations sémiotiques, sans aucun rapport avec les concepts ontologiques desquels ils peuvent être rapprochés.

(2) Les termes de *manifestation* vs *immanence* sont empruntés à Hjelmslev, mais ils peuvent être utilement comparés aux catégories *superficiel* vs *profond* en linguistique, *manifeste* vs *latent* en psychanalyse, *phénoménal* vs *nouménal* en philosophie, etc. Les langues naturelles modalisent, d'autre part, séparément le plan de la manifestation et celui de l'immanence (« il *est* nécessaire », « il *paraît* possible », etc.). L'efficacité de cette distinction nous paraît certaine lors de l'analyse des discours narratifs.

(3) La catégorie /vrai/ vs /faux/ se trouve située à l'intérieur du discours, et le jugement véridictoire fait ainsi l'économie de tout référent extérieur.

(4) Le lexème *être* se trouve employé dans la langue naturelle avec au moins trois acceptions différentes; nous avons cherché à le désambiguïser en lui substituant des dénominations appropriées :

(*a*) il correspond à *jonction,* relation constitutive de l'énoncé d'état;

(*b*) il est utilisé pour désigner la catégorie modale de la *véridiction*;

(*c*) il désigne en même temps le *terme positif* du schéma de l'immanence (noté généralement par le symbole *e*).

1.4.2. *Les modalités factitives.*

Tout énoncé modal ayant pour prédicat *faire* et pour sujet S_1 est susceptible de modifier tout autre énoncé de faire dont le sujet est S_2.

La projection sur le carré de cette modalisation du *faire* par le *faire* peut être présentée comme :

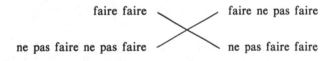

Une telle présentation – qui utilise les lexèmes de la langue naturelle – a ses avantages et ses inconvénients. Elle paraît suggestive lorsqu'il s'agit d'explorer un domaine peu habituel; elle ne considère toutefois les prédicats modal et descriptif que comme des catégories binaires, ce qui plus tard peut gêner la description des parcours discursifs des modalisations (cf.1.2.1.). Comme il ne s'agit pour l'heure que de poser l'existence d'un lieu autonome de la modalisation, et non d'en donner la représentation canonique définitive, nous considérons qu'une telle démarche est justifiée. De même, nous pensons que des dénominations plus ou moins motivées des positions modales (telles que, par exemple, « mandater » et « empêcher » pour l'axe des contraires) sont à ce stade prématurées.

Ces modalités, traditionnellement appelées *factitives,* se présentent à première vue comme des sortes d'impératifs rapportés, bien qu'elles ne soient pas nécessairement, comme ces derniers, en syncrétisme avec la modalité du /pouvoir/.

Elles sont à rapprocher et à distinguer de la *relation transitive* qui s'établit entre le sujet et l'objet des énoncés de faire et définit le prédicat descriptif; la *relation factitive,* elle, s'établit entre le sujet et un objet qui est déjà un énoncé de faire : elle apparaît de ce fait comme la relation entre deux sujets hiérarchiquement distincts, S_2, sujet modal, et S_1, sujet du faire. Ainsi,

faire faire un costume	$\simeq$ faire pour que S_1 fasse un costume
faire savoir	$\simeq$ faire de manière que S_1 apprenne quelque chose
faire croire (persuader)	$\simeq$ faire de sorte que S_1 porte un jugement de certitude à propos de quelque chose.

On voit que le champ d'exercice de la modalisation factitive, qu'il est difficile de cerner à ce stade d'examen, recouvre, totalement ou en partie, les concepts de communication, de représentation, de délégation, etc. Un examen plus approfondi ferait apparaître probablement cette catégorie modale comme un des universaux pouvant rendre compte de nombre de pratiques signifiantes humaines.

1.5. ENCHAÎNEMENT DES STRUCTURES MODALES SIMPLES.

À la caractéristique commune des modalisations factitive et véridictoire qui est leur *translativité,* il faut en ajouter une autre : elles ne se situent plus sur le plan *pragmatique,* cadre dans lequel nous avons cherché à inscrire l'*acte,* mais sur le plan *cognitif* qui le circonscrit. Ainsi, la modalisation factitive se présente comme un faire cognitif qui cherche à provoquer le faire somatique; de même, la véridiction est une opération cognitive qui s'exerce comme un *savoir* sur les objets (du monde).

A partir de ce fond commun, on ne manquera pas de reconnaître ce qui les distingue sur le plan syntagmatique : alors que la modalité véridictoire modifie le prédicat qu'elle régit après coup et *en aval* – l'énoncé soumis à la modalisation étant censé déjà produit –, la modalité factitive s'exerce *en amont* et fonctionne comme une sorte de stimulant, susceptible de susciter la mise en marche de la compétence d'un sujet autre.

Du point de vue de la *position syntagmatique* qu'il occupe dans la représentation de l'enchaînement des activités humaines, l'énoncé modal factitif se présente comme un « faire-être », c'est-à-dire comme une *performance cognitive* du sujet S_2 : comme tel, cet énoncé est naturellement apte à se développer en programme cognitif en expansion (ainsi, « faire croire » s'articule comme un programme de *faire persuasif*). Mais, en même temps, l'*objet* visé par cette performance cognitive est la virtualisation de la *compétence pragmatique,* implicitement reconnue, du sujet S_1.

De son côté, la modalisation véridictoire peut être interprétée comme une *compétence cognitive* de S_2 statuant sur la *performance pragmatique* de S_1.

> *Remarque :* Il est évident que la compétence cognitive légitimant le « savoir-vrai » admet, à son tour, une performance particulière (un *faire interprétatif*) aboutissant à l'acte cognitif qu'est le jugement. C'est un problème à traiter séparément.

Ce premier examen suggère la possibilité d'une représentation syntagmatique des quatre structures modales :

performance cognitive de S_2 $\downarrow$ $\qquad\qquad$ $\downarrow$ *compétence cognitive de* S_2

compétence de S_1 $\qquad$ *performance* de S_1

$\underbrace{\qquad\qquad\qquad}$

acte pragmatique

On voit que l'acte d'un sujet quelconque se trouve comme enveloppé d'instances modalisantes d'un deuxième sujet situé sur la dimension cognitive. Les deux structures modales enveloppantes sont, du point de vue syntaxique, présupposantes et non présupposées : la performance de S_2, pour avoir lieu, présuppose la compétence de S_1, la compétence de S_2 présuppose à son tour l'existence de la performance de S_1. L'acte de S_1, tout en se suffisant à lui-même, peut s'inscrire, sous certaines conditions, dans le parcours cognitif translatif.

On remarquera à cet endroit combien l'organisation syntagmatique de l'acte ressemble à celle du discours narratif ou, plutôt, au programme narratif canonique : celui-ci, articulé en deux composantes, la compétence et la performance, se réfère généralement à l'instance du destinateur, chargé de mandater d'abord le sujet et de le sanctionner ensuite.

2. LES SURMODALISATIONS

2.1. LA COMPÉTENCE ET SES SURDÉTERMINATIONS.

La mise en place du dispositif syntagmatique des modalités que nous venons de proposer est censée aider à installer des lieux de réflexion et à tracer des configurations des champs épistémiques à partir desquels une théorie des modalités pourrait être conçue et construite. On voit, par exemple, qu'une *théorie de la performance,* englobant à la fois le faire factitif et le faire transitif, pourrait se développer en deux composantes : une *théorie de la manipulation* et une *théorie de l'action.* On souhaiterait aussi qu'une théorie parallèle, celle de la compétence, en intégrant autant que possible les recherches convergentes des logiciens et des sémioticiens, puisse enfin voir le jour.

En effet, qu'il s'agisse de l'« être du faire », de la compétence pragmatique du sujet se disposant à agir, ou de l'« être de l'être », de la compétence cognitive qui l'habilite à porter des jugements sur des objets-énoncés sur le monde, l'« être » ou l'« état » dont nous parlons dans les deux cas se présente à nous intuitivement comme une *instance potentielle* où se situe l'ensemble des préalables du faire et de l'être. Cette instance, d'autre part, apparaît, pour employer le terme de G. Guillaume, comme le lieu de « tension » s'établissant entre le point zéro et le point où se réalise le faire ou l'être, état tendu, susceptible de recevoir de ce fait, comme autant de jalons, des articulations plus fines sous la forme de *surdéterminations modales.*

2.2. INVENTAIRE PROVISOIRE.

Un inventaire provisoire de ces surmodalisations de la compétence, nullement restrictif – car il ne repose que sur l'expérience limitée de l'analyse des discours narratifs et sur des descriptions de quelques langues européennes (allemand, anglais, français) – , peut actuellement être proposé. Il comporte une liste de quatre modalités :

76

/vouloir/
/devoir/
/pouvoir/
/savoir/

Ces modalités sont susceptibles de moduler l'état potentiel appelé compétence et de régir ainsi les énoncés de faire et les énoncés d'état en modifiant d'une certaine manière leurs prédicats.

L'inventaire proposé est provisoire dans deux sens différents : d'abord, parce qu'il n'est pas organisé en taxinomie; ensuite, parce qu'il n'est pas fermé. Ainsi, alors que le sémioticien aura tendance à interpréter spontanément le *devoir* comme le vouloir du destinateur, pour le logicien le *vouloir* peut apparaître comme un devoir auto-destiné. La conclusion qu'on peut en tirer à l'heure actuelle est la possibilité d'établir, à la suite d'une analyse à la fois sémique et syntaxique, un système modal inter-défini et auto-suffisant.

2.3. CATÉGORISATION ET DÉNOMINATION.

En considérant chacune des modalités de l'inventaire comme une forme de modification de l'« être du faire », il est possible de les catégoriser une à une, et de les projeter sur le carré, en binarisant le prédicat modal et le prédicat *faire* (cf. 1.4.2.) :

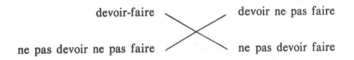

La catégorie modale ainsi obtenue est susceptible d'être *dénommée* en ses termes comme :

77

La procédure de *dénomination* permet de retrouver, à quelques légères modifications près, le dispositif des *modalités déontiques* utilisé dans certaines logiques modales.

Du point de vue linguistique, toute dénomination est arbitraire, bien qu'elle puisse être plus ou moins motivée sémantiquement au moment de sa lexicalisation. Pour devenir opératoire sur le plan méta-linguistique qu'elle contribue à fonder, elle doit comporter une définition structurale qui l'intègre dans l'ensemble cohérent des concepts de même niveau.

Or, dans notre cas, la procédure de dénomination consiste dans ce qu'on peut appeler la nominalisation, c'est-à-dire dans la conversion d'une formulation verbale en une formulation nominale qui transforme le *prédicat modal* en une *valeur modale*. Bien plus : ce qui est converti et nominalisé, c'est ce que nous avons déjà appelé une structure modale qui est une organisation hypotaxique d'un énoncé modal et d'un énoncé descriptif, et non le prédicat modal seul, de sorte que, par exemple :

$$/\text{prescription}/ \simeq /\text{devoir-faire}/$$

Les *valeurs modales,* utilisées en logique, doivent, par conséquent, être considérées, du point de vue sémiotique, comme des *dénominations* dotées de *définitions syntaxiques* que sont les structures modales correspondantes.

2.4. LES MODALISATIONS DU SUJET ET DE L'OBJET.

En employant la même procédure, il est possible d'opérer la catégorisation de la structure modale de /devoir-être/, en dotant en même temps les positions taxiques obtenues de dénominations correspondantes :

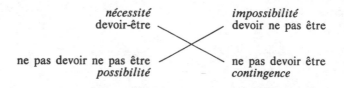

On reconnaîtra aisément dans le dispositif ainsi obtenu celui des *modalités aléthiques.*

· La comparaion des modalités déontiques et aléthiques est suggestive : alors que leurs dénominations tendent à les séparer et à les faire considérer comme des modalisations distinctes, leurs définitions syntaxiques les rapprochent : les prédicats modaux étant dans les deux cas identiques, seule la nature des énoncés modalisés (énoncés de faire ou énoncés d'état) les distingue.

Aussi, dans la mesure où la sémiotique cherche à se doter d'une taxinomie et d'une typologie des modalités, doit-elle éviter des dénominations trop hâtives qui, sémantiquement motivées, risquent d'être entachées d'un relativisme culturel difficile à déceler, et se contenter, à ce stade, des définitions modales dont la catégorisation, utilisant un symbolisme très simple :

$$m = \text{énoncé modal}$$
$$f = \text{énoncé de faire}$$
$$e \ / = \text{énoncé d'état}$$

prendra des formes de :

$$
\begin{array}{ccccc}
mf & & \overline{mf} & & me & & \overline{me} \\
& \times & & \text{ou} & & \times & \\
\overline{mf} & & \overline{\overline{mf}} & & \overline{me} & & \overline{\overline{me}}
\end{array}
$$

En investissant successivement dans l'énoncé modal les quatre prédicats modaux retenus – le vouloir, le devoir, le pouvoir et le savoir – on obtiendra ainsi *huit catégories modales* articulant l'instance de la compétence et permettant de prévoir autant de *logiques possibles* : à côté d'une *logique déontique* qui repose sur le dispositif modal issu du /devoir-faire/, une *logique volitive* ou *boulestique,* par exemple, articulée autour du /vouloir-faire/, est aisément prévisible, et ainsi de suite.

La distinction entre les modalisations du faire et celles de l'être doit néanmoins être maintenue. On dira que, dans le premier cas, la modalisation porte sur le prédicat considéré dans sa relation avec le sujet et, dans le second cas, dans sa relation avec l'objet : deux sortes de logiques – *logiques subjectives*, décrivant et réglementant les modalisations des sujets, et *logiques objectives,* traitant des modes d'existence des objets-énoncés – peuvent être distinguées.

2.4.1. *L'approche syntagmatique.*

La procédure de la catégorisation que nous avons essayé de promouvoir permet d'entrevoir la possibilité d'une *taxinomie modale.* Celle-ci, toutefois, ne pourra être érigée que dans la mesure où un réseau d'interdéfinitions recouvrant l'ensemble des catégories modales et articulant leurs noyaux sémiques sera progressivement dressé. Malgré quelques tentatives intéressantes – mais qui ne s'appuient que sur l'intuition –, ce n'est pas le cas à l'heure actuelle. Aussi, si l'on peut concevoir la distribution des espaces modaux à partir desquels les logiques modales particulières peuvent être construites, il est difficile d'imaginer leur emboîtement les unes dans les autres.

Dès lors, on peut tenter une approche différente, en s'interrogeant, dans la perspective proprement sémiotique, s'il n'est pas possible d'imaginer et de préciser les conditions dans lesquelles les modalités envisagées seraient susceptibles de constituer des suites syntagmatiques ordonnées ou, à leur défaut, des parcours syntaxiques prévisibles. Ceci permettrait de répondre, du moins partiellement, à des questions naïves du genre : quel parcours adopte-t-on pour arriver, à partir de l'instance génératrice *ab quo*, du point zéro, jusqu'à l'instance *ad quem*, jusqu'à la réalisation de l'acte, jusqu'à la performance? Comment, d'autre part, aboutit-on, à partir de simples énoncés d'état, c'est-à-dire à partir des déterminations quelconques attribuables à des sujets quelconques, à un savoir assuré et assumé sur le monde et sur les discours relatant le monde?

Il est évident que des réponses satisfaisantes à de telles questions sont impossibles à l'heure actuelle. La quête du savoir commence pourtant presque toujours à partir des questions naïves. Poser la « compétence » comme un bloc, comme un concept non analysable, est utile dans un premier temps, mais insoutenable à la longue. Traiter les logiques modales comme un répertoire des modèles est bon; mais pouvoir les considérer, du point de vue sémiotique, comme des jalons marquant des étapes successives d'un discours de la vérité serait encore mieux.

2.4.2. *Organisation de la compétence pragmatique.*

A ne considérer que la compétence pragmatique, et à la considérer comme une instance potentielle présupposée par l'acte, on peut proposer de l'articuler en *niveaux* d'existence :

(*a*) chaque niveau étant caractérisé par un *mode d'existence sémiotique* particulier, et

(*b*) les niveaux entretenant entre eux la relation de *présupposition* orientée à partir de la performance (qui présuppose la compétence).

On obtiendra ainsi :

COMPÉTENCE		PERFORMANCE
modalités virtualisantes	*modalités actualisantes*	*modalités réalisantes*
devoir-faire vouloir-faire	pouvoir-faire savoir-faire	faire-être

L'esquisse d'une organisation syntagmatique des modalités que nous proposons ne peut avoir qu'un statut opératoire. Elle est suggérée, en partie, par une longue tradition philosophique, elle s'appuie surtout sur la reconnaissance des schémas canoniques de la narration où les deux instances – celle de l'instauration du sujet (marquée par l'apparition des modalités efficientes de /devoir-faire/ et/ou de /vouloir-faire/ et celle de la qualification du sujet (les modalités de /pouvoir-faire/ et/ou de /savoir-faire/ déterminant les modes d'action ultérieure) – sont très nettement distinguées.

Toutefois, fait curieux, une telle organisation syntagmatique que l'on voudrait considérer comme canonique, si elle paraît justifiée *in abstracto*, comme le simulacre du passage à l'acte, ne correspond pas à ce qui se passe au niveau de la manifestation et, notamment, dans les discours décrivant l'acquisition de la compétence déclenchant des performances : le sujet peut, par exemple, être doté du *pouvoir-faire* sans pour autant posséder le *vouloir-faire* qui aurait dû le précéder. Il s'agit là d'une difficulté que la catalyse, l'explicitation des présupposés, ne peut pas résoudre à elle seule : tout se passe comme si les modalisations successives qui constituent la compétence pragmatique du sujet ne provenaient pas d'une seule instance originale, mais de plusieurs (de plusieurs destinateurs, dirait-on en termes de grammaire narrative). L'interprétation qui propose de distinguer des *modalités intrinsèques* (le vouloir-faire et le savoir-faire) en les opposant aux *modalités extrinsèques* (le devoir-faire et le pouvoir-faire), pour intéressante qu'elle soit, ne semble pas encore apporter de solution définitive [1].

Aussi pensons-nous qu'il est opportun de procéder pour l'instant – en quête d'une méthode appropriée – à des confrontations des structures modales en cherchant à les homologuer par paires afin de dégager, si possible, des critères de leur compatibilité.

3. LES CONFRONTATIONS MODALES

3.1. MODALISATIONS ALÉTHIQUES.

Pour commencer – et parce que le couplage choisi nous paraît intéressant du point de vue méthodologique – on peut chercher à mettre en parallèle deux catégories modales objectives, celles dont les structures modales (correspondant au terme S_2 du carré) ont été d'abord reconnues comme /devoir-être/ et /pouvoir-être/.

L'opération peut être conçue comme une série d'homologations. Elles sont au nombre de quatre :

(1) Homologation 1 : superposition simple de deux catégories modales articulées en carrés.

(2) Homologation 2 : superposition de deux catégories avec *inversion* des axes de la deuxième modalité.

(3) Homologation 3 : superposition avec *inversion des schémas* de la deuxième modalité.

(4) Homologation 4 : superposition avec *inversion des deixis.*

Le tableau qui suit représente les résultats des homologations; il sera suivi de quelques notes explicatives et interprétatives.

---

1. Voir l'article de M. Rengstorf, « Pour une quatrième modalité narrative », *Langages,* 43, 1976, p. 71.

POUR UNE THÉORIE DES MODALITÉS

I. Compatibilités.

(1) Complémentarités (Homologation 1).

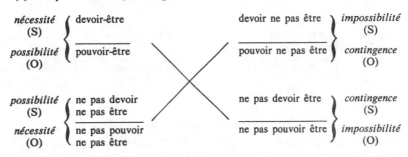

(2) Conformités (Homologation 2).

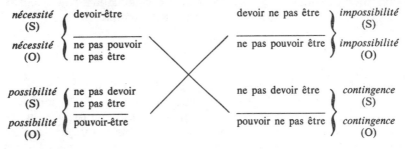

II. Incompatibilités.

(1) Contrariétés (Homologation 3).

(2) Contradictions (Homologation 4).

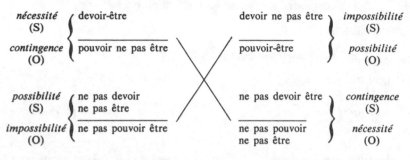

(1) A côté des *définitions* syntaxiques des structures modales (que nous avons exprimées en langue naturelle, mais dont on trouvera la formulation en 2.4.), nous avons jugé bon d'ajouter leurs *dénominations*. Celles-ci étant arbitraires, il nous a paru suggestif – puisque l'intuition y invitait – d'utiliser les mêmes dénominations pour les deux catégories modales, de telle sorte que, par exemple :

$$S_1(de) = \bar{S}_2(pe)$$

quitte à nous interroger ensuite sur ce fait inattendu.

(2) Les quatre homologations permettent d'obtenir la confrontation de seize termes taxiques couplés dont huit sont compatibles et les autres huit, incompatibles. Sont *compatibles* les couplages dont les termes appartiennent à la même deixis et *incompatibles* les termes relevant de deixis différentes.

On distingue par ailleurs deux types de *compatibilité* : la *complémentarité* et la *conformité*. La *complémentarité* caractérise deux termes occupant la même position taxique et peut être interprétée comme la possibilité de leur inscription dans le même programme modal (marquant soit la progression, soit la régression dans le procès de modalisation). La *conformité* est le résultat de la rencontre de deux termes différents de la même deixis et marque leur concomitance dans la même position syntagmatique du programme modal.

L'*incompatibilité* des structures modales est de deux sortes. On parlera de *contrariété* lorsqu'il s'agit de la confrontation de deux termes en position taxique de contradiction, et de *contradiction* lorsque deux termes confrontés sont en position taxique de contrariété. Dans un cas comme dans l'autre, l'incompatibilité correspond à l'impossibilité de leur insertion dans le même programme modal et transforme la confrontation en affrontement.

> *Remarque :* Une difficulté apparaît au niveau de l'axe des subcontraires de la troisième homologation, soulevant, une fois de plus, la question de savoir si les subcontraires peuvent se définir toujours par la relation de contrariété.

(3) La confrontation des deux catégories modales produit, lors de la deuxième homologation, un cas particulier de *conformité* qui aboutit, si l'on s'en tient à leurs dénominations intuitives, à leur identification. Deux interprétations sont ici possibles. Du point de vue paradigmatique, le /devoir-être/, dénommé *nécessité,* se présente comme égal du contradictoire du contraire de /pouvoir-être/ qui est /ne pas pouvoir ne pas être/ et que l'on a également dénommé *nécessité.* Dans ce cas, les deux structures modales, le /devoir-être/ et le /pouvoir-être/, doivent être considérées comme *contradictoires,* et ce constat se présente comme le début de l'organisation taxinomique de notre inventaire provisoire des modalités. Du point de vue syntagmatique, cependant, on peut se demander si les dénominations un peu hâtives ne cachent pas de différences situées à un autre niveau, si les deux « nécessités », par exemple, ne se distinguent pas de la même manière dont on oppose le « déterminisme dans les esprits » au « déterminisme dans les choses » ou les « structures construites » aux « structures immanentes ». Si tel était le cas, si l'on pouvait distinguer la *nécessité* provenant du *sujet* (cohérence des modèles et du méta-langage) de la *nécessité* provenant de l'*objet* (résistances du référent), la confrontation de ces deux catégories modales pourrait être inscrite, dans le programme modal de la compétence épistémique, comme un segment dans lequel on situerait la problématique de l'*adéquation* (en tant que définition possible de la vérité).

(4) Le modèle de confrontations, obtenu à l'aide d'homologations successives, nous paraît utilisable pour tester d'autres compatibilités et/ou incompatibilités des structures modales susceptibles d'être inscrites dans un même programme de modalisation aussi bien du sujet que de l'objet.

3.2. MODALISATIONS DÉONTIQUES ET BOULESTIQUES.

Armé de cette procédure d'homologations, nous pouvons revenir maintenant à la compétence pragmatique pour tenter une nouvelle confrontation des modalités virtualisantes de /devoir-faire/ et de /vouloir-faire/.

CONFRONTATION DE /DEVOIR-FAIRE/ ET DE /VOULOIR-FAIRE/

I. Compatibilités.

(1) Complémentarités.

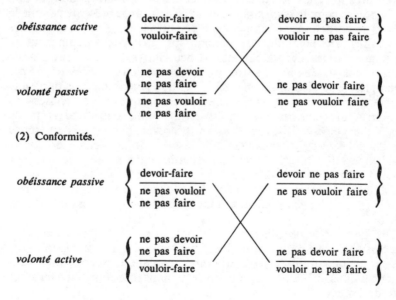

(2) Conformités.

II. Incompatibilités.

(1) Contrariétés.

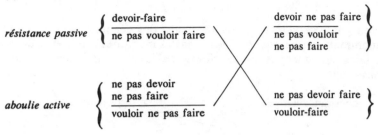

(2) Contradictions.

L'interprétation de ce tableau suggère un certain nombre de remarques :

(1) Les couplages effectués semblent représenter un ensemble de *positions modales* du sujet pragmatique au moment où il remplit les conditions nécessaires à la conclusion du *contrat*, au moment donc où le destinateur a déjà transmis, à l'aide de la modalisation *factitive*, le contenu déontique de son message. Le sujet, doté de deux modalités distinctes, se trouve dans une position qui peut donner lieu soit à l'*acceptation* (en cas de compatibilité modale), soit au refus (en cas d'incompatibilité) du contrat, l'acceptation et le refus ($\simeq$ assertion et négation) relevant de la performance cognitive qu'est la *décision*.

(2) La combinatoire simple que nous avons obtenue comporte huit positions d'acceptation et huit autres de refus.

Remarque : Il est évident que le refus doit également être considéré comme une forme de contrat : il n'arrête pas le déroulement du programme de la modalisation du sujet, mais l'infléchit dans une nouvelle direction.

Malgré le caractère très approximatif des dénominations – et en ne dénommant cette fois-ci que des axes des modalités couplées –, on peut se faire une idée de la distribution des rôles actantiels du *sujet consentant* :

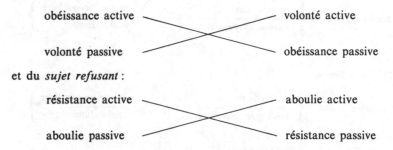

et du *sujet refusant* :

(3) On voit qu'une telle typologie des sujets sommés de confronter leurs devoirs et leurs vouloirs relève à la fois d'une *sémiotique déontique* et d'une *sémiotique boulestique,* mais qu'elle peut en même temps aider à éclaircir certains aspects de la *typologie des cultures* et, plus précisément, la description des « attitudes » de l'individu par rapport à la société. On voit, par exemple, que le contexte culturel européen valorise, comme « créateurs », les rôles actantiels de « volonté active » et de « résistance active ».

(4) Les confrontations modales ne préjugent en rien du déroulement syntagmatique des modalisations ni de leur ordonnancement en suites. Ainsi, suivant la priorité syntagmatique accordée à l'une ou à l'autre des structures modales, deux types de contrat peuvent être prévus :

contrat injonctif = /devoir-faire/ → /vouloir-faire/
contrat permissif = /vouloir-faire/ → /devoir-faire/

Remarque : A noter toutefois que le contrat permissif est facultatif : il n'est pas présupposé par l'établissement de la modalisation volitive.

3.3. SYSTÈMES DES RÈGLES ET APTITUDES DES SUJETS.

Un dernier exemple est censé proposer un modèle de représentation du fonctionnement des codes sociaux, c'est-à-dire des systèmes de règles plus ou moins contraignantes, implicites ou explicitées, confrontés avec des dispositifs comparables correspondant aux différentes articulations de la compétence des sujets auxquels ils s'appliquent. Il s'agira ici de la confrontation des modalités de /devoir-faire/ et de /savoir-faire/, mais la juxtaposition de la première avec le /pouvoir-faire/ serait peut-être tout autant suggestive.

CONFRONTATION DE /DEVOIR-FAIRE/ ET DE /SAVOIR-FAIRE/

1. Compatibilités.

(1) Complémentarités.

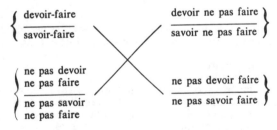

Conformités.

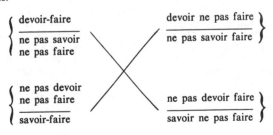

II. Incompatibilités.

(1) Contrariétés.

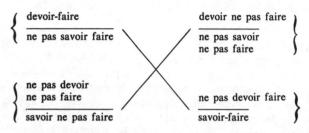

(2) Contradictions.

Remarques :
(1) La confrontation de ces deux types de modalités permet de donner la représentation de l'*application* des codes sociaux de caractère normatif tels que :
- règles de grammaire,
- règles de jurisprudence,
- règles coutumières (codes de la politesse, du savoir-vivre), etc.,
aux sujets dotés de /savoir-faire/, c'est-à-dire d'une sorte d'« intelligence syntagmatique » qui peut être typologisée comme un dispositif d'aptitudes et d'inaptitudes. Étant donné la diversité d'isotopies sémantiques sur lesquelles de telles applications peuvent être effectuées, il serait peu prudent à ce stade d'essayer de trouver, pour chaque couplage, une dénomination appropriée (les « excès de zèle » selon le code de la politesse correspondront, par exemple, aux « hypercorrections » en grammaire).
(2) La confrontation peut être conçue de deux manières différentes : au niveau de la compétence, elle détermine les modes d'actions éventuelles et peut donner lieu à l'établissement d'une typologie de *rôles sociaux* ; saisie à la suite des performances accomplies, elle sert à constituer une grille à l'intérieur de laquelle pourra s'exercer la *sanction* (examens, rituels d'initiation ; qualification et reconnaissance des sujets ; etc.) qui est une forme de véridiction portant sur la compétence des sujets.

4. POUR CONCLURE

Le besoin, ressenti depuis longtemps, d'introduire et d'expliciter la composante modale d'une grammaire discursive à venir est à l'origine de ce texte et des réflexions qui s'y sont inscrites. Ce qui n'était, au départ, que le souhait de signaler l'existence d'un lieu d'interrogations et d'un champ théorique en friche a donné lieu à quelques développements plus poussés, à certaines formulations provisoires, sans que l'immense domaine d'interventions modales – on pensera en premier lieu aux modalisations épistémiques – soit pour autant exploré.

De la modalisation de l'être *

1. TAXINOMIES ET AXIOLOGIES.

Tout sémantisme (« notion », « champ », « concept », « lieu », « territoire », etc.) est susceptible d'être articulé, lorsqu'il est saisi comme une relation et posé comme un axe sémantique, en une *catégorie sémantique,* représentable à l'aide du carré sémiotique.

Une catégorie sémantique peut être axiologisée par la projection, sur le carré qui l'articule, de la *catégorie thymique* dont les termes contraires sont dénommés /euphorie/ vs /dysphorie/. Il s'agit d'une catégorie « primitive », dite aussi proprio-ceptive, à l'aide de laquelle on cherche à formuler, très sommairement, la manière dont tout être vivant, inscrit dans un milieu, « se sent » lui-même et réagit à son environnement, un être vivant étant considéré comme « un système d'attractions et de répulsions ». La catégorie thymique peut être ainsi homologuée, dans une certaine mesure, avec le terme /animé/ de la catégorie /animé/ vs /inanimé/ généralement admise en linguistique.

Le carré et la catégorie dont il est la représentation taxinomique seront alors dits axiologisés, et les termes qui les constituent – reconnus et interdéfinis – peuvent être appelés *valeurs axiologiques* (et non plus seulement descriptives – ou linguistiques – au sens saussurien de « valeur ») et auront, à ce niveau abstrait, le statut de *valeurs virtuelles.* On dira donc que l'application du « thymique » sur le « descriptif » transforme les taxinomies en axiologies.

Remarque : Des homonymies regrettables se sont introduites, par inadvertance, dans la désignation des termes définissant différents modes d'existence sémiotique : /virtualité/-/actualité/-/réalité/. D'un côté, pour

---

* Ce texte parut en prépublication dans le *Bulletin* du Groupe de recherches sémio-linguistiques (EHESS-CNRS).

distinguer les différents niveaux de profondeur des *structures sémiotiques* en général, on dit que les structures profondes sont *virtuelles,* les structures sémio-narratives, *actualisées,* et les structures discursives, *réalisantes.* De l'autre, pour désigner les différentes phases de la modalisation du *sujet de faire* (de l'acquisition de sa compétence modale), on divise les modalités en *virtualisantes* (vouloir- et devoir-faire), *actualisantes* (pouvoir- et savoir-faire) et *réalisantes* (faire-être). Les situations de confusion sont toutefois relativement rares.

2. PROBLÈMES DE CONVERSION.

On rappellera que, du nom de *conversion,* on désigne l'ensemble des procédures qui rendent compte du passage ($\simeq$ de la transcription) d'une unité sémiotique située au niveau profond en une unité de la structure de surface, cette nouvelle unité étant considérée à la fois comme *homo-topique* et comme *hétéro-morphe* par rapport à l'ancienne, c'est-à-dire comme encadrant le même contenu topique et comme comportant davantage d'articulations signifiantes, syntaxiques et/ou proprement sémantiques.

La conversion des valeurs axiologisées dont nous nous occupons en ce moment consiste :

(a) dans le maintien de leur statut de valeurs axiologiques, et

(b) dans leur actualisation qui s'effectue par la prise en charge des valeurs par les sujets ou, ce qui revient au même, par l'établissement de la relation d'un certain type entre les valeurs et les sujets.

Du fait que, au niveau profond, la valeur axiologique est définie comme comportant deux éléments – un terme sémique surdéterminé par un terme thymique –, deux aspects de cette procédure de conversion sont à envisager séparément.

(a) Les valeurs considérées, du point de vue sémantique, comme des termes sémiques susceptibles d'être sélectionnées à l'intérieur du carré sont dites converties lorsqu'elles se trouvent investies dans des entités syntaxiques appelées *objets,* définis par la relation de jonction qu'ils entretiennent avec les *sujets.* Les valeurs sont alors représentées comme inscrites dans les énoncés d'état.

(b) La conversion des valeurs considérées dans leur aspect thymique pose un problème nouveau, de caractère très général.

3. ESPACE THYMIQUE ET ESPACE MODAL.

Une telle conversion nécessite la postulation d'une hypothèse générale qu'on peut formuler comme suit : *l'espace signifiant qui, au niveau des structures profondes, est articulé à l'aide de la catégorie thymique est à considérer comme homo-topique et comme hétéro-morphe par rapport à la totalité des articulations modales régissant, au niveau des structures sémiotiques de surface, les relations entre les sujets et les objets.* Autrement dit – car il convient que ce postulat épistémologique soit explicité –, *l'espace thymique* qui, au niveau des structures abstraites, est censé représenter les manifestations élémentaires de l'être vivant en relation avec son environnement (cf. */animé/*), trouve sa correspondance, au niveau plus superficiel, anthropomorphe, du parcours génératif, dans *l'espace modal* qui, tout en recouvrant le même lieu topique, se présente comme une excroissance et une sur-articulation du premier (et peut être rapproché du terme */humain/*).

On dira donc que la conversion des valeurs – à côté de la prise en charge d'un terme sémique, sélectionné à l'intérieur du carré sémiotique et inscrit dans l'objet en tant que valeur – comporte également la sélection d'un terme thymique, appelé *à s'investir dans la relation qui lie le sujet à l'objet.* La relation entre le sujet et l'objet, qui définit le sujet en tant qu'existant sémiotiquement, se trouve ainsi dotée d'un « surplus de sens », et l'être du sujet se trouve modalisé d'une manière particulière.

La modalisation se présente alors comme le résultat d'une série de sous-articulations signifiantes de la masse thymique amorphe : constituée d'abord en catégorie thymique au niveau profond, elle se différencie une fois de plus en catégories modales au niveau anthropomorphe. Les configurations modales, obtenues ainsi par catégorisations successives, doivent être considérées comme *universelles* et *construites* à la fois. Elles sont construites parce que – malgré les évidences intuitives, toujours contestables, et les analyses inductives de leurs lexicalisations dans les langues naturelles, jamais convaincantes – seuls les critères syntaxiques de la grammaire sémio-narrative peuvent fonder leur discrimination et leur interdéfinition.

Ainsi, ce n'est que dans la perspective hypothéthico-déductive que l'on peut dire qu'à la catégorie thymique correspondent, au niveau plus superficiel, quatre catégories modales, et qu'un terme thymique, tel que */euphorie/,* par exemple, peut être converti, en tenant compte de la position syntagmatique de la structure syntaxique à l'intérieur de laquelle il sera investi, en quatre termes modaux distincts : /*vouloir*/, /*devoir*/, /*pouvoir*/ et /*savoir*/.

> *Remarque :* On ne s'étonnera pas de retrouver, au niveau des structures anthropomorphes (structures sémio-narratives de surface), des organisations taxinomiques servant de point de départ aux constructions syntaxiques : c'est là que doivent être définies non seulement les relations entre les sujets et les objets, mais aussi les structures actantielles (l'éclatement des protoactants en actants, négactants, etc.), sans parler des catégories modales permettant d'établir la typologie des sujets et des objets.

4. COMPÉTENCE MODALE ET EXISTENCE MODALE.

Étant donné :

(a) que les relations, du point de vue structural, sont considérées comme premières par rapport aux termes qui ne sont que leurs aboutissants, reconnaissables comme des points d'intersection avec d'autres relations,

(b) que les relations, du point de vue syntaxique, sont constitutives des énoncés élémentaires (énoncés de faire et énoncés d'état),

(c) que les modalisations de ces énoncés portent sur les relations constitutives des énoncés (appelées fonctions),

il convient de distinguer d'abord, d'après la nature de la relation qu'elles modifient, deux sortes de modalisations et, du même coup, deux classes de modalités : les modalités de faire régissant les *relations intentionnelles* et les modalités d'état, les *relations existentielles*.

> *Remarque :* On voit que les modalisations sont antérieures aux opérations syntaxiques que sont censés décrire les énoncés : pour « faire », il faut d'abord « pouvoir faire »; les opérations d'assertion et de négation présupposent le vouloir et le pouvoir d'asserter ou de nier; de même l'objet de valeur est « voulu » indépendamment des opérations de conjonction et de disjonction, et antérieurement à elles.

D'un autre côté, l'observation de la manière dont s'investissent et se distribuent les charges sémantiques à l'intérieur des énoncés canoniques (par exemple : « la couturière travaille », « la jeune femme coud », « elle fait de la couture », etc.) permet au sémioticien qui construit son méta-langage de formuler cette « charge sémantique » supplémentaire comme relevant de l'un ou de l'autre des éléments constitutifs de l'énoncé. Ainsi, telle modalisation peut être dite comme portant tantôt sur·la relation-fonction elle-même, tantôt sur le sujet ou sur l'objet.

On dira, par conséquent, que les modalisations du faire sont à interpréter comme des modifications du statut du *sujet de faire* et que les modalités qui l'affectent constituent sa *compétence modale*. De la même manière, les modalisations de l'être seront considérées comme des modifications du statut de l'*objet de valeur*; les modalités affectant l'objet (ou plutôt la valeur qui s'y trouve investie) seront dites constitutives de l'*existence modale* du sujet d'état.

> *Remarque :* Il est évident que ces distinctions ne sont pas faites uniquement pour faciliter la formulation métalinguistique des modalités et qu'elles correspondent tout aussi bien à l'appréhension intuitive de phénomènes modaux qu'à l'expérience tirée de la pratique des textes. Le sujet de faire se présente comme un agent, comme un élément actif, cumulant en lui toutes les potentialités du faire; le sujet d'état, au contraire, apparaît comme un patient, il recueille, passif, toutes les excitations du monde, inscrites dans les objets qui l'environnent.

Dès lors, il est possible de mettre en lumière la différence qui sépare la *sémiotique modale* des *logiques modales :* tandis que la sémiotique s'attache à déterminer et à formuler la compétence modale des *sujets* (de faire) et l'existence modale des *objets* de valeur (définissant les sujets d'état), la logique, considérant les modalisations comme portant exclusivement sur les propositions (c'est-à-dire sur les relations qui les constituent), ne s'intéresse à elles que dans la mesure où elles modifient ces *relations* propositionnelles. Un exemple permettra de voir les conséquences qu'on peut tirer de ce double traitement :

DEVOIR-FAIRE		DEVOIR-ÊTRE	
logique	*sémiotique*	*logique*	*sémiotique*
« *obligation* »	« *prescription* »	« *nécessaire* »	« *indispensable* »

Alors qu'en logique aléthique, c'est la relation entre le sujet et l'objet (ou plutôt le prédicat) qui est définie comme « nécessaire », en sémiotique le /devoir-être/ est interprété comme portant sur l'objet de valeur et le spécifiant comme « indispensable » pour le sujet d'état. De même, en logique déontique, l'« obligation » peut être interprétée comme la relation entre deux sujets (ou deux instances actantielles), alors que la « prescription » sémiotique est un /devoir-faire/ « ressenti » par le sujet et fait partie de sa compétence modale, tandis que le destinateur, source de cette « prescription », est, de son côté, caractérisé par un /faire/ factitif.

On voit que les deux approches, pour différentes qu'elles soient, sont tout aussi légitimes : nettement distinctes tant qu'il s'agit d'énoncés d'état, elles risquent d'être confondues lors du traitement modal des énoncés de faire, bien que la démarche sémiotique y paraisse, à première vue, comme plus « sophistiquée ».

5. STRUCTURES MODALES ET LEURS DÉNOMINATIONS.

Alors que les modalités de faire ont déjà été soumises auparavant à un examen plus attentif (voir le chapitre précédent), les modalisations des énoncés d'état y ont été un peu négligées, leur traitement étant partiellement confondu avec celui pratiqué en logique qui ne s'intéresse qu'aux énoncés *débrayés*, « objectivés ». Le besoin de distinguer les problèmes relatifs aux modalités, situés au niveau narratif, de ceux de débrayage, propres au niveau discursif, mais aussi l'apparition d'une nouvelle problématique, celle des passions, nous ont obligé à remettre en question certaines formulations trop raides, à préciser davantage, aussi, les frontières entre disciplines voisines. Les interrogations sur la possibilité de la description des « passions » semblent pousser actuellement les recherches sémiotiques vers la constitution d'une sorte de *psycho-sémiotique,* alors qu'on voit mal les logiciens s'y aventurer de leur plein gré.

Il est aisé de prendre les quatre modalités susceptibles de modifier les énoncés d'état et de constituer, en les projetant sur le carré sémiotique, les quatre catégories modales pouvant servir de réseau taxinomique à une syntaxe modale. C'est leur dénomination pourtant qui, bien qu'arbitraire par définition, fait difficulté. Les dénominations comportent, qu'on le veuille ou non, une part d'interprétation : bien « motivées », elles en facilitent l'usage en langues naturelles, usage auquel aucun méta-langage ne peut échapper. La fabrication terminologique solitaire à laquelle s'adonnent certains chercheurs n'est que rarement efficace : aussi, tout en nous permettant de suggérer, à titre indicatif, certaines dénominations possibles, nous aimerions mieux, si le besoin s'en faisait sentir, en confier la tâche à un « comité terminologique » susceptible d'apprécier leur emploi dans la pratique d'analyses textuelles.

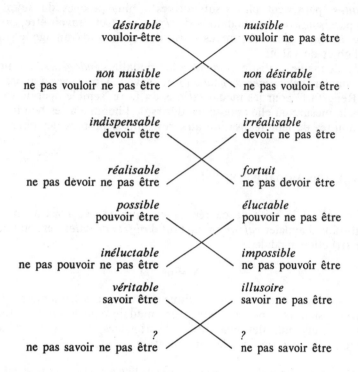

Remarques sur la dénomination :
(1) La modalisation portant sur l'objet de valeur, on aimerait, pour ainsi dire naturellement, interpréter le /vouloir-être/ comme l' « être voulu » de l'objet. Malheureusement, le français ne se prête pas toujours à ces « transformations passives » : le /devoir-être/ n'est pas un « être dû », etc.
(2) Les adjectifs dotés de suffixes *-able, -ible,* du fait qu'ils servent à qualifier les objets « modalisés » en relation avec les sujets, semblent, au contraire, bien convenir aux opérations terminologiques.
(3) Les dénominations choisies doivent être différentes de celles utilisées en logique.

L'interprétation des structures modales qui s'opère ainsi grâce aux lexicalisations dénominatives, pour imparfaite qu'elle soit, n'en permet pas moins de retrouver, dans ses grandes lignes, le même dispositif de leurs interrelations que nous avons rencontré lors de l'examen des modalisations du faire :
(a) ainsi, les modalités de /vouloir-/ et /devoir-être/, dites *virtua-*

lisantes, paraissent plus « subjectives », plus proches du sujet, en comparaison avec les modalités de /pouvoir-/ et /savoir-être/, dites *actualisantes,* plus « objectives », qui déterminent davantage le statut de l'objet de valeur ;

(b) de même, la distinction entre les modalités *endogènes* (/vouloir/ et /pouvoir/) et *exogènes* (/devoir/ et /savoir/), proposée d'abord par M. Rengstorf[1] pour les modalisations du faire, semble opératoire ici, dans la mesure où elle oppose les désirs de l'homme à ses besoins, les possibilités de leur réalisation aux résistances propres des objets.

6. VALEURS MODALISÉES.

On voit, à la suite de ce réexamen, que ce que nous avons pris l'habitude d'appeler *valeur* en partant d'*objets de valeur* est en réalité une structure modale :

$$V = me \ (s)$$

où « s » désigne une grandeur sémique quelconque, sélectionnée lors de la conversion, et « me » une structure modale dont le premier terme « m » désigne une des modalités sélectionnées, et « e », la relation existentielle modifiée par la modalisation.

> *Remarque :* Il conviendrait peut-être de distinguer, dans l'écriture, un « v » minuscule, servant de symbole à la valeur axiologique, d'un V majuscule, désignant la valeur déjà modalisée.

Une telle *valeur modalisée,* une fois inscrite dans l'objet, lui-même actant de l'énoncé d'état, se trouve alors soumise aux opérations de jonction (conjonction et disjonction) effectuées par le sujet de faire (situé en syncrétisme à l'intérieur d'un même acteur, ou représenté par un acteur autonome et distinct). Ainsi, par exemple, un objet de valeur /désirable/ peut être soit conjoint, soit disjoint, du sujet d'état. On peut dire, dans ce sens, qu'un sujet (d'état) possède une *existence modale* susceptible d'être à tout instant perturbée, soumise aux transformations opérées soit par lui-même en tant qu'acteur (sujet de faire), soit par d'autres acteurs (sujets de faire) de la même mise en scène.

---

1. « Pour une quatrième modalité narrative », art. cité.

7. CONCLUSIONS PROVISOIRES.

A ce stade de notre étude, il est trop tôt pour chercher à tirer toutes les conséquences de la mise au point à laquelle nous venons de procéder en établissant une sorte d'équilibre entre les modalisations du faire et les modalisations de l'être, entre la compétence modale et l'existence modale. Les quelques remarques qu'on peut y ajouter ne sont par conséquent destinées qu'à montrer l'importance des enjeux qui se trouvent ainsi manifestés.

(1) Le fait que les modalisations de l'être peuvent porter sur des grandeurs sémiques quelconques (s) peut signifier deux choses : soit que la valeur investie est une variable de la structure modale prise comme invariant, soit que cette structure modale est à considérer comme une disposition permanente indépendamment de tout investissement sémantique. Ainsi, par exemple, le lexème *amour* désignerait l'effet de sens d'un dispositif modal en tant que tel, alors que *avarice* comporterait, de plus, l'investissement sémantique « argent » (sans parler d'autres restrictions qui la spécifient).

(2) Le fait que la grandeur sémique investie semble être dotée par avance, « naturellement » ou « socialement », d'une connotation thymique propre n'empêche pas sa modalisation de se révéler positive ou négative. Ainsi, par exemple, le terme sémique /vie/ peut être modalisé comme /désirable/ ou /non-désirable/, mais il peut en être de même de son contraire /mort/. Le même phénomène s'observe dans le traitement de la catégorie /nature/ vs /culture/ ou dans la valorisation actualisante de l'axiologie figurative élémentaire /feu-eau-air-terre/ (cf. à ce sujet notre *Maupassant*). On voit bien que la structure modale du sujet d'état récatégorise les systèmes de valeurs qu'elle prend à sa charge.

(3) Le fait de parler de valeurs investies comme de grandeurs quelconques permet de recouvrir d'une même étiquette et les valeurs descriptives (valeurs sémantiques *stricto sensu*) et les valeurs modales. Il est évident que les modalisations de l'être peuvent porter sur ces deux classes de valeurs, que les valeurs modales telles que le /savoir/ ou le /pouvoir/, par exemple, peuvent être surmodalisées à leur tour comme /désirables/, /indispensables/, /possibles/ ou /véritables/.

(4) On voit d'ailleurs qu'une valeur quelconque, investie dans l'objet, peut être modalement surdéterminée, soit simultanément, soit successivement, par plusieurs modalités à la fois. Ce que nous avons dit

des confrontations modales à propos des modalisations du faire s'applique également ici : dans le premier cas, celui de la concomitance, il s'agit du calcul des compatibilités modales (un objet de valeur peut être considéré par le sujet comme /désirable/ et /impossible/ à la fois); dans le second cas, celui de leur succession, c'est l'histoire modale du sujet – ou du moins les stéréotypes syntagmatiques modaux qu'elle contient – qu'il s'agit de décrire (en n'oubliant pas toutefois que l'histoire se situe déjà sur le plan discursif).

(5) La dernière remarque porte sur l'observation, somme toute quotidienne, qu'un sujet peut se trouver en relation modale non pas avec un seul objet de valeur, mais avec plusieurs objets à la fois, que son existence modale donne lieu à des conflits de valeurs, à des interrogations cognitives et fiduciaires sur la valeur comparative des valeurs d'inégale valeur et subit des tensions d'inégale importance, il est possible de parler de sujets neutres, d'états indifférents, de compétence nulle. On dira plutôt que les sujets d'état sont par définition des *sujets inquiets* et les sujets de faire, des *sujets velléitaires*. Dès lors, pour peu qu'on veuille parler du sens dans ce tumulte modal, d'établir des enchaînements sensés d'actions et de passions d'un sujet, on est obligé de se poser le problème d'*isotopies modales* dominantes et de leur discursivisation.

Le contrat de véridiction *

Pour Paul Ricœur

1. LE VRAISEMBLABLE ET LE VÉRIDIQUE.

Le vraisemblable semble pouvoir se définir à première vue comme une référence évaluante que le discours projette hors de lui-même et qui vise une certaine réalité ou, plutôt, une certaine conception de la réalité. L'utilisation de ce terme se situe par conséquent dans un contexte social, caractérisé par une certaine attitude à l'égard du langage et de sa relation avec la réalité extra-linguistique. C'est dire que le concept de vraisemblance est nécessairement soumis à un certain relativisme culturel, qu'il correspond, géographiquement et historiquement, à telle ou telle aire culturelle qu'il est possible de circonscrire. Sémiotiquement, il relève du phénomène bien connu de la catégorisation de l'univers des discours qui s'effectue grâce à des lexicalisations classificatoires dont les « théories des genres », variables d'une culture à l'autre, d'une époque à l'autre, offrent le meilleur exemple.

Bien plus : un même contexte culturel non seulement admet l'existence des discours non vraisemblables – cela est normal et provient de la logique naturelle implicite – et des discours qui ne sont ni vraisemblables ni invraisemblables – des discours scientifiques, par exemple –, mais considère que le jugement sur le caractère vraisemblable du discours ne peut être convenablement formulé que par la classe des adultes et présuppose de ce fait un certain degré de développement de l'intelligence. En effet, les psychologues nous disent que les enfants, jusqu'à un certain âge, en regardant la télévision, n'arrivent pas à distinguer les personnages qui existent « réellement » des êtres imaginaires, les actions et les histoires « réelles » des pures fantaisies. Un champ particulier de recherches se dégage : il s'agit de

* Cet essai a paru dans *Man and World*, 13/3-4, 1980.

voir comment se fait, à partir de ces confusions, l'acquisition progressive de la « réalité », c'est-à-dire de la vision conforme au « sens commun ». Ainsi, le concept de vraisemblance n'est pas seulement le produit culturel d'une certaine société, son élaboration exige un long apprentissage donnant accès à une « réalité » du monde, fondée sur une certaine rationalité adulte.

Dans un contexte culturel donné, le critère de vraisemblance ne s'applique, d'autre part, qu'à une certaine classe de discours dont les frontières sont assez difficiles à tracer. Ainsi,

(*a*) ce critère n'est pas applicable aux discours *abstraits* (discours philosophiques, économiques, etc.), mais aux seuls discours *figuratifs;*

(*b*) il ne s'applique pas non plus aux discours *normatifs* (juridiques, esthétiques, etc.), mais aux seuls discours *descriptifs;*

(*c*) son application ne se limite pas aux seuls discours *littéraires* (considérés comme œuvres de fiction), mais à tout discours *narratif* (« quelle histoire invraisemblable! » entend-on souvent dans la conversation quotidienne).

Le vraisemblable qui, à première vue, semble complémentaire de l'idée de « fiction » ne relève donc pas de la théorie littéraire, mais d'une typologie générale des discours, et apparaît comme une notion se référant à une « philosophie du langage » implicite historiquement ancrée.

C'est en tenant compte de ces limitations que les analyses de G. Genette, parties, à l'origine, des considérations sur la « querelle du Cid », paraissent pertinentes : il est normal que ce soit le XVIIe siècle qui établisse la relation entre le discours racontant des enchaînements d'événements et le monde du sens commun, naturel et social, censé posséder une rationalité sous-jacente.

Un effort de dépaysement est nécessaire pour replacer le problème dans un cadre plus large. Il suffit, en quittant l'attitude par trop européocentriste, de jeter un regard sur les productions discursives africaines pour s'apercevoir que, dans bon nombre de sociétés, les discours ethno-littéraires, au lieu d'être évalués en fonction du vraisemblable, le sont en fonction de leur véracité, que les récits oraux y sont classés, par exemple, en « histoires vraies » et « histoires pour rire », les histoires vraies étant, évidemment, des mythes et des légendes, tandis que les histoires pour rire ne relatent que de simples événements quotidiens. Le vraisemblable européen correspond, on le voit, au risible africain, et dieu sait qui a raison dans cette querelle qui est plus qu'une querelle de mots.

En changeant de contexte culturel, on est amené à changer également de problématique : alors que la notion de vraisemblance est intimement liée à la conception du discours en tant que représentation d'autre chose, le fait qu'un discours puisse être qualifié de « vrai » en tant que tel ne manque pas de poser la question de son statut propre et des conditions de la production et de la consommation des discours vrais.

Une fois le lieu de la réflexion sur la véridiction installé à l'intérieur du discours lui-même, des interrogations naïves peuvent surgir pour le peupler : dans quelles conditions disons-nous la vérité? Comment mentons-nous? Comment faisons-nous pour cacher les secrets? A cette série de questions que l'on pose au producteur du discours, correspondent d'autres questions concernant leur récepteur : dans quelles conditions acceptons-nous comme vrais les discours des autres? Comment y déchiffrons-nous les mensonges et les impostures? Quand les assumons-nous comme porteurs de vérités profondes, en pressentant « les choses qui se cachent derrière les choses »? Le problème du vraisemblable s'intègre dès lors, lui aussi, à cette interrogation sur la véracité des discours : comment procède l'énonciateur pour que son discours paraisse vrai? Selon quels critères et quels procédés juge-t-on les discours des autres comme vraisemblables?

Le premier enseignement à tirer de cette approche naïve : le discours est ce lieu fragile où s'inscrivent et se lisent la vérité et la fausseté, le mensonge et le secret; ces modes de la véridiction résultent de la double contribution de l'énonciateur et de l'énonciataire, ses différentes positions ne se fixent que sous la forme d'un équilibre plus ou moins stable provenant d'un accord implicite entre les deux actants de la structure de la communication. C'est cette entente tacite qui est désignée du nom de *contrat de véridiction*.

2. LE CONTRAT SOCIAL.

En passant des interrogations sur les discours individuels aux considérations sur les discours sociaux, on ne peut s'empêcher d'évoquer le problème des variations d'évaluation des textes soulevé par Y. Lotman : que certains textes, reçus comme religieux (c'est-à-dire comme vrais) au Moyen Age, soient lus comme littéraires (c'est-à-dire comme des produits de fiction) quelques siècles plus tard s'explique, dit-on, par des variations historiques des contextes socioculturels dans lesquels ils se trouvent successivement inscrits. Une telle interprétation suppose qu'un texte, pris en soi, est un invariant susceptible de lectures multiples dues aux changements extratextuels situés dans l'instance de l'énonciataire. Certaines expériences récentes – celle, notamment, effectuée à Bordeaux sous la direction de Robert Escarpit – montrent pourtant que le nombre d'isotopies de lecture d'un seul et même texte est limité : une fable de La Fontaine, jouée par une troupe d'acteurs selon cinq interprétations différentes, n'est acceptée par un public dûment échantillonné que dans trois de ses versions, les autres étant jugées « illisibles » (l'interprétation inscrite dans l'univers brechtien, par exemple, étant recevable, celle qui relève de l'univers sartrien ne l'étant pas).

Cette résistance du texte à certaines variations idéologiques contextuelles et non à d'autres ne s'explique que si l'on accepte que le texte lui-même possède ses propres marques d'isotopies de lecture (et, dans le cas qui nous préoccupe, ses *marques de véridiction*) qui en limitent les possibilités. En d'autres termes, l'interprétation de Lotman doit être intégrée dans la théorie des *langages de connotation* hjelmslevienne et le sémioticien, au lieu d'évacuer le problème qui l'embarrasse en s'en déchargeant sur l'historien, doit s'efforcer d'en rendre compte lui-même.

Cependant, dire, comme certains le font, que les textes littéraires se définissent par le fait qu'ils comportent la connotation « littérarité » ne semble pas beaucoup avancer sa solution, et le concept de connotation apparaît souvent comme une étiquette commode, attachée à un fourre-tout rempli de questions gênantes. On oublie trop souvent qu'une connotation n'est pas un simple effet de sens secondaire, mais qu'elle possède sa structure de signe et s'intègre de ce fait dans un « langage » connotatif : les marques de véridiction inscrites dans le discours énoncé sont à considérer comme constituant le « signifiant connotatif » dont l'articulation globale – et non les éléments singuliers reconnaissables un à un – rend compte du « signifié connotatif ». Le langage de connotation est une méta-sémiotique oblique : déviante par rapport à la sémiotique qu'elle connote, son organisation ne repose pas moins sur les mêmes postulats de base.

Nous sommes ainsi amenés peu à peu à opérer une inversion de la problématique en situant notre interrogation dans le cadre de la sémiotique des cultures. On connaît la suggestion de Lotman selon laquelle les cultures se définiraient essentiellement, à un certain niveau de généralité, par l'attitude qu'elles adoptent à l'égard de leurs propres signes, interprétation qu'on retrouve ensuite, dans la formulation du concept d'épistémé, chez M. Foucault. Ainsi, la culture médiévale considérerait les signes comme des métonymes d'une totalité spirituelle, la culture « rationaliste » du XVIIIᵉ siècle, comme des copies conformes du monde naturel, alors que l'Islam classique, par exemple, en admettant qu'un mot puisse signifier une chose et son contraire, rendrait compte, de cette manière, de l'unicité de la source divine de tout sens. Or si, en suivant Hjelmslev, on considère le signe comme le résultat de la sémiosis conjoignant les deux plans de l'expression et du contenu et ceci indépendamment de leurs dimensions syntagmatiques, on voit que les discours dont nous nous occupons ne sont que des signes complexes et que les « attitudes » que les cultures adoptent par rapport à ces signes sont leurs interprétations méta-sémiotiques connotatives. L'inversion de la problématique consistera donc à dire que ce ne sont pas des discours – religieux ou littéraires - qui se définissent par leurs contextes culturels, mais qu'au contraire, ce sont les contextes culturels (c'est-à-dire des cultures) qui se définissent par des interprétations connotatives des discours.

Ceci étant, une typologie structurale des « attitudes » épistémiques ou, mieux, des interprétations connotatives des signes-discours devrait être possible ; elle permettrait de rendre compte, selon les besoins, et des variations spatio-temporelles des contextes culturels et des distributions taxinomiques des discours à l'intérieur d'une culture donnée. Une telle typologie n'existe malheureusement pas encore. Nous ne pouvons que suggérer quelques exemples, illustrant les différents modes d'existence des discours vrais.

(a) Le premier exemple qui vient à l'esprit a trait au langage poétique, caractérisé par l'usage particulier qu'il fait de son plan du signifiant. Sans parler des formes extrêmes, condensées, du fait poétique et notamment de la « fusion » du signifiant et du signifié qui semble les définir, il suffira d'évoquer le phénomène de *distorsion rythmique* que l'on rencontre dans des contextes culturels très éloignés. Ce qui frappe à l'audition de la ballade roumaine, par exemple, c'est la superposition, à l'accentuation normale, d'un schéma rythmique second qui déforme et distord la prosodie de la langue naturelle. Or le même phénomène se rencontre, selon le témoignage de Germaine Dieterlen, dans la prononciation des textes sacrés dogon. On se trouve là devant le dédoublement du signifiant destiné à signaler, tout comme lors de la procession des masques africains proférant des cris inhumains et surhumains, la présence d'une voix seconde, autre, qui transcende la parole quotidienne et assume le discours de la vérité.

L'exploitation de la matérialité du signifiant pour signaler la vérité du signifié serait ainsi un des modes de la connotation véridictoire.

(*b*) La procédure diamétralement opposée et semblable pourtant dans sa visée se retrouve dans l'utilisation des possibilités manœuvrières du signifié. L'exemple fort simple en est fourni par le fonctionnement du langage juridique étudié naguère par une petite équipe de chercheurs. Nous avons été frappé, d'abord, par la manière subreptice avec laquelle ce discours réussit à constituer un *référent interne* plus ou moins implicite qui le fait paraître comme un *discours statuant sur les choses,* par la manière, aussi, qui lui permet, en utilisant le présent atemporel, de parler des choses qui doivent être comme des choses qui sont.

Cette réification du signifié – phénomène qui dépasse largement le cadre du discours juridique – est un autre mode par lequel le discours affiche son dire-vrai.

(c) À côté des possibilités offertes par le signifiant et le signifié pris séparément, il reste l'immense champ de manœuvre situé au niveau des signes eux-mêmes et de l'interprétation méta-sémiotique de la nature des signes. Pour avoir un exemple actuel de ce phénomène, il suffit de considérer, en les grossissant peut-être un peu, les deux attitudes à l'égard du langage, caractéristiques des contextes culturels des deux côtés de l'Atlantique et qui constituent, plus que les différences du faire scientifique proprement dit, une des principales difficultés de la communication sur le plan des théories sémiotiques. Alors qu'en Europe et plus particulièrement en France le langage est communément considéré comme un écran mensonger destiné à cacher une réalité et une vérité qui lui sont sous-jacentes, comme une manifestation de surface qui laisse transparaître les significations latentes plus profondes, aux États-Unis, au contraire, le discours est censé coller aux choses et les exprimer de manière innocente. Au langage, prétexte à de multiples connotations, s'oppose le langage qui est pure dénotation, et la quête du sens profond des uns s'identifie avec la reconnaissance des « anomalies » effectuée par les autres.

3. LA CRISE DE LA VÉRIDICTION.

Une typologie des discours basée sur les modes de la véridiction est possible tant que les marques en sont solidement inscrites et garanties par le contrat social, propre aux cultures homogènes. Il n'en est plus de même lorsque, avec l'avènement des sociétés industrielles, l'organisation à la fois taxinomique et axiologique de l'univers des discours éclate en un éventail de discours sociaux apparemment hétérogènes, régis chacun par sa propre rhétorique. L'histoire de la Tour de Babel se répète : la multiplicité des discours qui s'entre-pénètrent et s'enchevêtrent, dotés chacun de sa propre véridiction, porteurs de connotations terrorisantes ou méprisantes, ne peut engendrer qu'une situation d'aliénation par le langage qui débouche, dans le meilleur des cas, sur une ère de l'incroyance.

Les avatars de la sémiotique, discipline jeune et pourtant déjà désabusée, présentent et reflètent, sous la forme d'un raccourci, les contradictions de notre époque. Constater que le langage est le lieu de sa propre véridiction et s'apercevoir, presque en même temps, que le discours est le lieu d'un paraître mensonger ne constituent pas pour elle une position de départ particulièrement confortable. Elle s'en tire toutefois en pensant pouvoir construire un méta-langage qui lui servira d'instrument dc démythification des discours sociaux et de démystification de la parole dominatrice : son action a paru, pendant quelque temps, lucide, et sa lucidité, libératrice. C'est alors qu'apparut une métasémiotique critique qui, sous prétexte que le discours sémiotique est, comme les autres discours, un discours idéologique, lui a dénié sa compétence véridictoire. Une telle sémiotique critique est cependant elle-même une sémiotique en crise : n'accordant aucune foi au discours de l'autre, on ne voit pas par quel moyen elle pourrait asserter la véracité de ses propres paroles.

La boucle est ainsi bouclée : non seulement il n'existe pas de discours vrais, mais il ne peut y avoir de discours capable de statuer sur la fausseté des discours prétendument vrais. Les dés sont pipés : puisqu'il n'y a pas de langage de la vérité, il ne peut y avoir de langage de la fiction ; il n'y a plus de discours littéraire, puisque tout est littérature ; il n'y a plus, pour reprendre l'excellente formule africaine, que des « discours pour rire ».

On arrive ainsi à mieux comprendre l' « état des choses » qui caractérise notre contexte culturel d'aujourd'hui : le sujet de l'énonciation n'est plus censé chercher à produire un discours vrai, mais un discours qui produise l'effet de sens « vérité », et le type de communication sur lequel repose la cohésion sociale ressemble étrangement à la structure d'un genre ethno-littéraire particulier, communément appelé « conte de fripons ». C'est un récit à deux personnages, le fripon et la dupe, à rôles interchangeables : dans un premier épisode, le fripon trompe son ami, dans le second, il se laisse tromper, et ainsi de suite, le conte n'ayant aucune raison de s'arrêter. Un même acteur, rusé lorsqu'il s'agit de tromper autrui, apparaît crédule et désarmé en face du discours de l'autre : raccourci de la condition de l'homme, trompeur et trompé à la fois.

4. LA MANIPULATION DISCURSIVE.

Si la vérité n'est qu'un effet de sens, on voit que sa production consiste dans l'exercice d'un faire particulier, d'un *faire-paraître-vrai,* c'est-à-dire dans la construction d'un discours dont la fonction n'est pas le dire-vrai, mais le paraître-vrai. Ce paraître ne vise plus, comme dans le cas de la vraisemblance, l'adéquation avec le référent, mais l'adhésion de la part du destinataire auquel il s'adresse, et cherche à être lu comme vrai par celui-ci. L'adhésion du destinataire, de son côté, ne peut être acquise que si elle correspond à son attente : c'est dire que la construction du simulacre de vérité est fortement conditionnée, non pas directement par l'univers axiologique du destinataire, mais par la représentation que s'en fait le destinateur, maître d'œuvre de toute cette manipulation, responsable du succès ou de l'échec de son discours.

Le discours de la vérité ne fonctionne donc plus à l'ancienne manière où la parole « donnée », le serment « prêté » suffisait à le garantir. Deux types de manipulation discursive se sont substitués à cette innocence adamique, deux formes discursives rivales et qui visent pourtant le même but : l'adhésion du destinataire, seule susceptible de sanctionner le contrat de la véridiction.

Le premier type de manipulation qui relève de ce qu'on peut appeler le camouflage subjectivant se trouve assez bien illustré par le discours lacanien qui, de l'aveu même de l'auteur, doit être construit de telle manière que, pour accepté comme « vrai », il paraisse comme « secret ». Le discours qui n'est là que pour suggérer l'existence d'un plan anagogique à déchiffrer, avatar moderne du « discours en paraboles » de Jésus, est une des formes de la communication véridictoire assumée.

À cette communication hermético-herméneutique s'oppose le discours scientifique – ou prétendument tel – qui relève, lui, du camouflage objectivant : pour être accepté comme vrai, il cherche à paraître comme n'étant pas le discours du sujet, mais comme le pur énoncé des relations nécessaires entre les choses, en effaçant, autant que possible, toutes les marques de l'énonciation. Un énoncé tel que *la terre est ronde* présuppose bien, nous le savons, que *je dis que..., je sais que..., je suis sûr que...* *la terre est ronde :* il n'empêche que tout ce support énonciatif qui situe l'énoncé dans le cadre d'une communication occurrencielle se trouve occulté pour ne laisser paraître, à la rigueur, que le non-personnel *il est vrai que...,* censé le modaliser en toute objectivité.

Si l'on peut parler en cette occasion de camouflages subjectivant et objectivant, c'est que, dans le premier cas, le sujet de l'énonciation s'affiche comme un *je* (alors que nous savons que le *je* installé dans le discours n'est pas vraiment le *je* énonciateur), garant de la vérité, alors que la communication de celle-ci exige de lui la construction d'une « machine à produire l'effet du vrai »; c'est aussi parce que, dans le second cas, le sujet de l'énonciation est soit éliminé par des constructions impersonnelles, soit socialisé par l'installation des *on* et des *nous*. Dans le premier cas, nous sommes en présence d'un sujet affiché mais « faux » et d'un savoir occulté mais « vrai »; dans le second cas, le savoir est affiché comme « vrai » et le sujet occulté comme « faux ». Deux procédures différentes, même contradictoires, mais des *procédures* tout de même, destinées à produire du véridique.

On comprend dès lors pourquoi, dans l'épistémologie de nos jours, au concept de *vérité* se trouve substitué, de plus en plus souvent, celui d'*efficacité.*

5. LA VÉRITÉ ET LA CERTITUDE.

Si, en parlant de la véridiction, nous employons le terme de contrat, ce n'est pas dans je ne sais quel sens métaphorique, mais parce que la communication de la vérité repose sur la structure d'échange qui lui est sous-tendue. En effet, l'échange le plus élémentaire de deux objets de valeur – une aiguille contre une charretée de foin, par exemple – présuppose la connaissance de la valeur des valeurs échangées, la « connaissance de la valeur » n'étant rien d'autre que le savoir-vrai sur les valeurs-objets. Dès lors, le marchandage qui précède, recouvre et conditionne l'opération gestuelle de l'échange se présente comme un faire cognitif réciproque, c'est-à-dire comme un *faire persuasif* ayant en face de lui un *faire interprétatif* tout aussi exigeant, et inversement. Ces deux discours cognitifs cependant qui manipulent de manière différente, à l'aide d'un savoir-faire approprié, le savoir sur les valeurs ne constituent que les préliminaires de l'échange qui ne se fait, lui, qu'à la suite de la conclusion du contrat. Or ce contrat, bien qu'il s'appuie sur les résultats du faire cognitif, n'est pas lui-même de nature cognitive, mais *fiduciaire*. Tout comme la circulation de la monnaie dans nos macro-sociétés, comme la circulation de la « parole » dans les « clubs de discours » psychanalytiques, la vérité est objet de communication et nécessite la sanction fiduciaire.

Dans l'ère de la manipulation où nous vivons, l'écart entre la vérité et la certitude, entre le savoir et le croire, est particulièrement visible. L'effort critique qui a cherché, avec plus ou moins de succès, à démanteler et à mettre au jour les procédures qui permettent la construction d'un dire-vrai en taxant d'idéologiques les fondements du discours scientifique a eu pour corollaire l'épanouissement des discours utopiques basés sur le croire à l'état quasiment pur. La société d'incroyance se laisse submerger par des vagues de crédulité, se laisse prendre par des discours politiques, didactiques, publicitaires, et le savoir acquis sur les pièges du savoir est un antidote absolument inefficace. Le cri de douleur *« credo quia absurdum »* qui nous parvient du fond du Moyen Age s'applique bien à ces jeux de fripons et de dupes, de sur-conscience et d'inconscience, à ceci près que la douleur en est absente.

Ce discours – le nôtre –, qui prend parfois des allures moralisatrices, ne vise en réalité qu'à établir nettement la distinction entre les deux composantes autonomes et les deux niveaux superposés du contrat de véridiction : le savoir et le croire, la vérité et la certitude, le savoir-vrai et le croire-certain et qu'à montrer la prééminence des jugements épistémiques sur les jugements aléthiques. Toutefois, la certitude, sanction suprême à laquelle doit se soumettre le discours véridique, est un concept relatif et graduable, et la foi, une chose fragile. De récentes enquêtes effectuées parmi les étudiants d'une université indienne, relatives à la croyance au caractère sacré de la vache, ne distribuent pas seulement leurs résultats selon les classes de sexe ou d'origine sociale, mais cherchent à les chiffrer en pourcentages de crédulité : tel étudiant croit à 25 % que la vache est sacrée, telle étudiante pousse sa foi jusqu'à 30 %. Ces résultats – dont le caractère chiffré nous fait un peu sourire – ne diffèrent guère de nos observations personnelles sur la croyance des Percherons à l'efficacité des « toucheux » : il faut bien constater que les gens n'y croient pas, tout en y croyant.

Comment interpréter ce phénomène du croire ambigu qui se présente comme la coïncidence des contraires, comme le terme complexe réunissant la certitude et l'improbabilité, sinon par le fait qu'il relève de deux contextes idéologiques incompatibles et, finalement, de deux épistémés coexistantes? En proposant une telle interprétation, toutefois, nous ne faisons que renvoyer la problématique du croire à la théorie du langage selon laquelle les épistémés, que recouvrent les cultures, peuvent être définies et analysées comme des *langages de connotation*. Mais, en le faisant, nous exerçons, ne l'oublions pas, un faire interprétatif, constructeur de *méta-langage,* un faire qui manifeste ostentatoirement le savoir sur le croire. Tout se passe donc comme si la vérité et la certitude, dotées chacune d'un statut sémiotique différent, représentaient deux formes irréductibles de sémiosis dont la coexistence est difficile et inéluctable.

Le savoir et le croire : un seul univers cognitif

1. INTRODUCTION

Les préoccupations de la sémiotique cherchant à rendre pleinement compte de la modalisation des discours ne datent pas d'hier. L'importance des modalités ne lui a pas échappé non plus, à tel point que la construction d'une grammaire sémio-narrative était depuis longtemps conçue comme l'élaboration d'une grammaire modale. Mais c'est le concept de compétence modale – suivi de celui d'existence modale – qui a vraiment ouvert la voie à l'exploitation des modalités de /savoir-faire/ et de /savoir-être/ qui nous intéressent en ce moment.

Cependant, l'approfondissement des problèmes relatifs à la dimension cognitive des discours a eu pour corollaire l'apparition de ce qu'on appelle, peut-être improprement, la modalité du /croire/. En effet, il était difficile, pour un sémioticien, de soutenir que la communication n'était qu'un simple transfert du /savoir/ : la familiarité qu'il entretenait avec les sujets « en papier », ceux qu'il rencontrait dans les textes, le forçait à affirmer que les sujets en situation de communication n'étaient pas neutres, mais dotés, au contraire, d'une compétence modale variable. Dès lors, le /faire-savoir/ qui présidait à la communication devenait un faire persuasif ayant, à l'autre bout de la chaîne, un faire interprétatif correspondant et opposé. Le changement de perspective ainsi obtenu se résumait en ceci que *persuader,* s'il reste encore en partie un *faire-savoir,* est surtout, et en premier lieu, un *faire-croire.* À partir de là, tout progrès de la réflexion sur les conditions de la connaissance ne faisait qu'élargir le domaine de la croyance.

On s'est aperçu, par exemple, que *je pense que,* qui sert de support au discours intérieur du sujet lorsqu'on veut l'extérioriser, n'est pas un « je sais » mais un « je crois ». Lorsqu'on voit que *ils disent que,* qui est

115

la principale source du savoir communiqué, signifie seulement le manque de certitude et de confiance, que notre savoir sur le monde repose en premier lieu sur les « on-dit », on peut se demander si, quand on veut parler de la dimension cognitive des discours et des modalités qui l'articulent, il ne s'agit pas essentiellement de la dimension et des modalités de nos croyances dont le savoir dit scientifique ne serait qu'une parenthèse ou peut-être même qu'un effet de sens se constituant dans des conditions à déterminer.

Si l'on a tendance ainsi, par une sorte de dépit, à ne faire qu'un du savoir et du croire en considérant la distinction catégorique généralement pratiquée comme une fausse dichotomie, on doit reconnaître néanmoins que, dans les langues naturelles, ces deux termes non seulement se chevauchent souvent sans se confondre, mais arrivent à s'opposer carrément. Lorsqu'on dit : « Nous savons tous que nous mourrons, mais nous ne le croyons pas », ou qu'on répète, comme Unamuno a été l'un des derniers à le faire, le *credo quia absurdum* médiéval, on nous oblige à constater non seulement que le savoir installé ne parvient pas à expulser le croire, mais que le croire repose parfois, et se consolide même, sur la négation du savoir. Tout se passe comme si le croire et le savoir étaient justifiables d'une structure élastique qui, au moment de l'extrême tension, produisait, en se polarisant, une opposition catégorique, mais qui, en se relâchant, allait jusqu'à confondre les deux termes.

Ces « anomalies » sont gênantes. On se met alors à regretter les temps anciens où les choses étaient plus claires : Georges Dumézil a obligeamment attiré notre attention sur le latin *credere* qui couvrait en même temps les champs de signification, aujourd'hui séparés, de *croyance* et de *confiance,* où la confiance entre les hommes, établie et maintenue, fondait la confiance dans leur dire sur les choses et, finalement, dans les choses elles-mêmes.

Ce retour incongru aux sources antiques nous enseigne cependant au moins une chose, à savoir que, pour fonder nos certitudes, il convient, avant de chercher l'adéquattion des mots aux choses, de faire un détour par la communication confiante entre les hommes.

2. LES PROCÈS COGNITIFS

2.1. LE SAVOIR PRÉCÈDE LE CROIRE.

En adoptant la démarche déjà classique, on peut chercher à saisir la spécificité du phénomène « croire » à l'intérieur de la communication intersubjective. La première chose à faire dans ce cas, disions-nous, était de substituer aux instances « neutres » de l'émetteur et du récepteur les lieux d'exercice du faire persuasif et du faire interprétatif, procédures cognitives qui s'achèvent, dans le premier cas, par un faire-croire et, dans le second, par l'acte de croire, autrement dit l'acte épistémique. Ce modèle explicatif peut être réduit, au niveau profond et abstrait du langage, à un petit nombre d'opérations simples, mais il peut subir, au niveau sémio-narratif, des expansions syntagmatiques permettant d'homologuer le faire persuasif à la *manipulation* et le faire interprétatif à la *sanction* narratives et d'imaginer ces parcours, bien formulés, comme des algorithmes cognitifs.

Pour illustrer, de manière suivie, notre réflexion, il est opportun de se servir d'un exemple pris dans une langue naturelle, le français en l'occurrence. En choisissant, parmi les parasynonymes de la persuasion, le verbe *convaincre,* nous pouvons immédiatement chercher à exploiter la définition qu'en donnent les dictionnaires courants :

(a) « Amener quelqu'un //
(b)   // à reconnaître la vérité//
(c)   //d'une   proposition
                                              (ou d'un fait). »

En notant :
S_1 = sujet de la manipulation
S_2 = sujet de la sanction
on peut considérer que
- le segment *(a)* représente le faire persuasif de S_1,
- le segment *(b),* le faire interprétatif de S_2, conduisant à l'acte épistémique,
- le segment *(c),* l'énoncé-objet (la « proposition ») soumis par S_1 à S_2.

En remettant à plus tard l'examen des procédures de persuasion de S_1 *(a)* qui accompagnent la transmision de l'énoncé-objet *(c),* nous

117

chercherons à expliciter davantage le segment *(b)*, « reconnaître la vérité », que nous considérons comme un raccourci des procédures d'interprétation. Un nouveau retour aux dictionnaires nous offre deux nouvelles définitions de *reconnaître (la vérité)* :

- « Admettre pour vrai //
                // après avoir *nié* ou
                // après avoir *douté.* »
- « Accepter   //malgré les *réticences.* »

Ces définitions assez triviales nous inspirent un certain nombre de remarques que nous essaierons de cataloguer.

2.1.1. *L'acte épistémique est une transformation.*

La deuxième série des définitions met en évidence le fait que l'acte épistémique, situé sur la dimension cognitive du discours, est bien une transformation, c'est-à-dire le passage catégorique d'un « état de croyance » à un autre :
- de ce qui est *nié* à ce qui est *admis,*
- de ce dont on *doute* à ce qu'on *accepte,* etc.

Ceci veut dire tout simplement qu'à la suite de la transformation le *statut épistémique* de l'énoncé soumis au jugement de S_2 ne sera plus le même pour lui.

2.1.2. *L'acte épistémique est susceptible d'être converti en faire interprétatif et en procès discursif.*

Les transformations dont nous parlons se trouvent situées au niveau de la *syntaxe profonde :* ainsi, dans notre exemple, le passage de *nié* à *admis* peut être localisé comme une opération sur le carré épistémique (quelles que soient les dénominations de ces termes positionnés). Cela suffit pour envisager la possibilité de la « narrativisation » de telles transformations, pour appliquer à leur cas le principe général de la conversion des structures en passant d'un niveau à l'autre : ainsi, une opération cognitive de type logico-sémantique pourra se présenter, au niveau de la *syntaxe de surface,* comme une suite de programmes narratifs hiérarchisés. Car, il ne faut pas l'oublier, c'est à ce niveau anthropomorphe que se situe le faire interprétatif du sujet qu'on cherche à convaincre.

Au niveau discursif, enfin, les programmes d'interprétation prendront la forme de procès aspectualisés : l'acte épistémique, catégorique sur le plan sémio-narratif, sera saisi comme *ponctuel* sur le plan discursif : l'observateur pourra le lire soit comme *inchoatif* se prolongeant en un état *duratif* (= *état* de croyance, et non plus *acte*), soit comme *terminatif* (d'une croyance – ou d'un doute – ancienne et dépassée).

2.1.3. *L'interprétation est reconnaissance et identification.*

Si le faire interprétatif ayant à faire face aux procédures de persuasion fort variées (argumentation, démonstration, entre autres) recouvre un champ d'exercice très vaste, il n'en reste pas moins qu'on peut le réduire, dans ses ultimes retranchements, à une opération de reconnaissance (de la vérité). Or, la re-connaissance, contrairement à la connaissance, est une *opération de comparaison* de ce qui lui est « proposé » (= la proposition logique, au sens de « proposition » en tant que suggestion et offre) et de ce qu'il sait/croit déjà. La reconnaissance en tant que comparaison comporte nécessairement une *identification,* dans l'énoncé offert, de la totalité ou des bribes de « vérité » qu'on possède déjà.

Si l'acte épistémique est une identification, il met à contribution l'univers de savoir/croire du sujet judicateur. La reconnaissance de la « vérité », qui, jusqu'à Einstein inclusivement, était définie par son *adéquation* à la « réalité » référentielle, l'est maintenant par l'adéquation à notre propre univers cognitif.

2.1.4. *L'acte épistémique est le contrôle de l'adéquation.*

On voit bien que la « reconnaissance » est tout d'abord le contrôle de l'adéquation du nouveau et de l'inconnu à l'ancien et au connu, et que la vérité ou la fausseté de la proposition soumise au jugement n'en est que l'effet secondaire. Les résultats de ce contrôle peuvent être positifs ou négatifs, l'adéquation peut être reconnue ou rejetée.

L'acte épistémique peut dès lors être représenté sous sa double face comme une affirmation ou un refus, ce qui autorise à son tour sa mise sur le carré :

Remarque : Nous utilisons le carré suggéré par Claude Zilberberg, en remplaçant toutefois une des dénominations, « croire », par « admettre », et ceci pour éviter les dangers de la polysémie.

2.1.5. *L'acte épistémique est une opération jonctive.*

Du moment qu'on considère l'acte épistémique comme une opération, c'est-à-dire comme un faire cognitif « pur », on peut interpréter les opérations visant à identifier l'énoncé soumis à l'appréciation épistémique avec tel ou tel fragment de l'univers cognitif du sujet judicateur comme ayant pour résultat soit la *conjonction* (en cas de réussite), soit la *disjonction* (en cas d'échec) des deux objets considérés.

Toutefois les modalisations épistémiques étant graduelles et non catégoriques (comme c'est le cas, par exemple, des modalisations aléthiques), /affirmer/ et /refuser/ ne peuvent être considérés que comme des polarisations extrêmes des opérations jonctives, réussies (= conjonctions) ou échouées (= disjonctions). Aussi, le carré sur lequel on peut les projeter aura comme particularité de présenter les schémas s_1 vs $\bar{s}_1$ et s_2 vs $\bar{s}_2$ *non* comme des *contradictions,* mais comme des *graduations* :

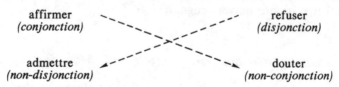

Ainsi, on peut /douter/ plus ou moins, /admettre/ plus ou moins, mais on ne peut pas /affirmer/ ou /refuser/ plus ou moins.

Remarque : Alors que l'axe /affirmer/ vs /refuser/, une fois binarisé, devient la catégorie fondamentale de la logique : /*assertion*/ vs /*négation*/ (avec la restriction selon laquelle $\bar{s}_2 = \bar{s}_1$, et $\bar{s}_1 = s_2$), les parcours syntaxiques élémentaires – avec les passages médiateurs obligés : du refus à l'affirmation par l'admission et de l'affirmation au refus par le doute – rendent compte du fonctionnement *sémiotique* du discours.

2.1.6. *L'acte épistémique produit des modalités épistémiques.*

Jusqu'à présent, nous n'avons parlé que des *modalisations* épistémiques en les identifiant aux actes épistémiques et en les définissant comme des opérations jonctives. Ainsi, nous les pensons comme des formes dynamiques, relevant de l'ordre du « faire » et non de l' « être ». Il n'empêche qu'on peut aisément les « substantiver » – et la logique s'y entend très bien – en les représentant non plus comme des modalisations, mais comme des *modalités* qui indiquent le statut modal des énoncés considérés à la suite de l'acte modalisant. Ceci revient à dire que l'acte épistémique produit une « charge modale » qui a pour effet de « colorer » modalement l'énoncé soumis au jugement.

On peut, par conséquent, ajouter une nouvelle série de dénominations aux termes du carré épistémique déjà installé. Trois sortes de dénominations renvoyant chaque fois à leurs définitions comme *modalités*, comme *modalisations* ou comme *opérations jonctives*, peuvent ainsi être homologuées :

certitude
affirmer
(conjonction)

exclusion
refuser
(disjonction)

probabilité
admettre
(non-disjonction)

incertitude
douter
(non-conjonction)

2.1.7. *Le sujet opérateur est un sujet compétent.*

L'opération qui s'effectue sur la dimension cognitive du discours est de l'ordre du *faire* et présuppose, comme condition préalable de tout passage à l'acte, une certaine compétence modale du sujet. L'examen plus attentif de celle-ci dépasserait les limites de la réflexion que nous nous sommes imposées. Disons seulement qu'il est probable que cette compétence est constituée de deux modalités, l'une virtualisante et l'autre actualisante, du /vouloir-faire/ et du /pouvoir-faire/.

Dès lors, on peut imaginer qu'au niveau discursif un tel sujet opérateur, lié par itération à l'exercice préférentiel de l'une ou l'autre des modalités épistémiques, puisse se transformer, dans un contexte culturel donné, en un rôle pathémique stéréotypé : ainsi, à l'exercice récurrent des jugements de certitude correspondrait, en tenant compte, bien sûr, des déterminations complémentaires, un « crédule » ou un « fanatique », alors que l'habitude de douter donnerait lieu au rôle de « sceptique », etc.

2.2. LE CROIRE PRÉCÈDE LE SAVOIR.

2.2.1. *La proposition.*

Pour parler de l'acte épistémique, nous avons choisi délibérément de situer le lieu d'exercice du sujet épistémique à l'extrême limite du parcours de l'interprétation, en l'identifiant en même temps avec le destinateur judicateur du schéma narratif global. Un tel choix, bien sûr, n'est que tactique, il permet pourtant, grâce à la dramatisation ainsi obtenue, une saisie plus « pure » du phénomène considéré et, par là même, la construction du simulacre de son fonctionnement, pouvant éventuellement servir de modèle du jugement épistémique. Ce modèle sera, à son tour, intégré à la syntaxe sémio-narrative, indépendante des schémas idéologiques et susceptible de rendre compte des opérations cognitives, quelle que soit leur position sur le parcours du sujet.

Dès lors, il n'est peut-être pas inutile de rappeler que toute communication humaine, toute tractation, même si elle n'est pas verbale, repose sur un minimum de confiance mutuelle, qu'elle engage les protagonistes dans ce que nous avons appelé le contrat fiduciaire. Que ce contrat soit antérieur à toute communication ou qu'il s'instaure dès la première prise de contact importe peu : cela ressemble un peu à l'histoire de la poule et de l'œuf. Pratiquement, l'analyste a besoin d'une situation-limite et d'un geste épistémique ouvrant la communication.

Qu'il s'agisse d'un *je pense* sûr de lui ou d'un *je sais* hésitant, qu'ils soient proférés à haute voix ou seulement implicites, l'enclenchement qu'ils provoquent peut être dit *proposition de contrat*. Les deux sens de proposition – énoncé (qui engage l'énonciateur) et suggestion, invitation (à faire un bout de chemin ensemble) – ne sont pas inconciliables : alors que le premier engage surtout l'énonciateur, le second s'adresse à l'énonciataire, les deux définitions mettant en évidence la relation fiduciaire qui « personnalise » la communication bi-polaire.

2.2.2. *La manipulation selon le savoir.*

C'est dire, en d'autres termes, que toute proposition formulée par l'énonciateur repose sur une base épistémique allant de l'affirmation au doute et de la réfutation à l'admission (des dizaines de verbes tels que *prétendre, présumer, supposer, soupçonner, admettre, conjecturer*, etc., l'attestent). Cet acte épistémique, pourtant, qui sert de prélude à la communication, n'est pas une simple affirmation de soi, mais une avancée, une sollicitation de consensus, d'un contrat, auxquelles l'énonciataire donnera suite par une acceptation ou un refus. Entre ces deux instances et ces deux prises de position se trouve aménagé un espace cognitif de la persuasion et de l'interprétation qui correspond, sur le plan des structures sémio-narratives, aux vastes machineries de la manipulation et de la sanction.

Nous avons pris notre temps, il n'y a guère, pour réfléchir aux problèmes de la manipulation. Deux formes principales de celle-ci, définissables par la modalité qui s'y trouve privilégiée, ont retenu notre attention : la manipulation *selon le vouloir* qui se manifeste, par exemple, par la tentation ou la séduction, et la manipulation *selon le pouvoir,* reconnaissable dans la menace ou la provocation. Dans les deux cas, il s'agit d'opérations factitives qui consistent à faire des montages de simulacres, susceptibles, grâce au faire interprétatif « influencé », de recueillir l'adhésion du sujet manipulé : il s'agit, en somme, de procédures rendant compte des effets de sens de « faire-croire » et de « croire ».

Dès lors, on peut se demander si l'espace cognitif ainsi reconnu ne peut être considéré comme le lieu d'exercice d'un autre type de manipulation, d'une *manipulation selon le savoir* où la factivité s'épanouirait sous les formes variées des argumentations dites logiques et des démonstrations scientifiques pour s'offrir, en fin de compte, au sujet épistémique, comme une proposition de raison, aléthique ou véridictoire. « On peut convaincre les autres par ses propres raisons, mais on ne les persuade que par les leurs » (Joubert) : les procédures convoquées par l'énonciateur pour « convaincre » l'énonciataire spécifieraient alors ce mode de manipulation selon le savoir, en le distinguant des autres formes de persuasion qui, elles, feraient directement (ou : plus directement) appel aux « raisons » de l'énonciataire.

Tout se passe donc comme si l'opération « con-vaincre », en re-sémantisant un peu ce mot, consistait en une série de démarches, situées sur le plan cognitif, visant la victoire, mais une victoire complète, acceptée et partagée par le « vaincu » qui se transformerait, de ce fait, en « convaincu ». Il s'agirait, en somme, d'une *épreuve cognitive* susceptible d'être organisée en un ensemble de programmes, cherchant à apporter des « preuves » et à les soumettre à l'instance épistémique judicatrice.

Si tel est le cas, le « discours savant » ne serait qu'un type particulier du faire persuasif développant, entre deux instances épistémiques, un savoir-faire syntagmatique d'ordre « logique ».

3. LES SYSTÈMES COGNITIFS

3.1. LES UNIVERS DU SAVOIR ET DU CROIRE.

Reconnaissant, à l'occasion de l'analyse d'un conte de Maupassant, les difficultés considérables que rencontre l'interprétation du discours figuratif alors qu'elle n'arrive pas à se satisfaire des données sémantiques contenues dans le discours manifesté lui-même, nous avons été amené à proposer une procédure complémentaire de lecture, consistant à confronter le message reçu avec l'*univers référentiel du savoir* du destinataire. Qu'on appelle cette procédure lecture, décodage ou déchiffrement, peu importe : il s'agit toujours du même phénomène d'intégration de l'inconnu dans le connu, de l'authentification du premier par le second.

Cet univers du savoir est désigné par certains, un peu rapidement, comme une *encyclopédie* : en effet, une telle désignation, même en la prenant pour une définition, ne nous apprend rien sur le mode d'organisation de cet univers, l'encyclopédie se caractérisant justement par l'absence de tout ordre intrinsèque. On peut en dire autant des « données d'expérience » venant au secours du lecteur : c'est là un autre aveu d'impuissance qui consiste à se débarrasser d'une problématique gênante en la renvoyant à des disciplines voisines que seule notre ignorance permet de considérer comme plus compétentes.

La confrontation, indispensable lors de l'interprétation sémantique, ne l'est pas moins lorsqu'il s'agit de reconnaître la validité des *relations,* paradigmatiques ou syntagmatiques, qu'entretiennent entre elles les unités moléculaires ou molaires du discours : c'est en tant que *validation* de ces relations que se définit l'activité épistémique des sujets, surtout lorsqu'on la conçoit, métaphoriquement, comme une « adhésion intime et totale ». Cela revient à dire que c'est en tant que dépositaire de formes d'organisation « valables » que l'univers cognitif intéresse et engage l'instance épistémique intégrée dans le processus de la communication.

Ce concept d'univers, cependant, pour être de quelque utilité, doit d'abord être relativisé par deux fois : en reconnaissant l'existence d'univers collectifs, caractérisés par différents types de « mentalités », de « systèmes de pensée » ou de « croyances »; en distinguant éventuellement des univers individuels, considérés comme ces mêmes univers, mais assumés par des individus et ayant subi de ce fait des « déformations » plus ou moins cohérentes.

Ces distinctions ne nous renseignent pourtant pas sur la schizie fondamentale qui semble caractériser la civilisation européenne – et ce depuis les premières oppositions médiévales entre le *profane* et le *sacré* – et qui se développe progressivement en une séparation définitive entre le savoir et le croire, bien plus, entre deux *univers du savoir et du croire* inconciliables, confirmés par des dichotomies pratiquées à l'intérieur du contexte culturel opposant la *raison* et la *foi*.

On a vu à quel point ces élaborations culturelles secondaires (situées au niveau superficiel de la catégorisation selon Sapir-Whorf) résistent peu à l'examen un peu attentif des procès de communication intersubjective où la part de la fiducie, même dans des programmations cognitives rigoureuses, paraît dominante. Et pourtant, en tant que phénomène intraculturel, la schizie existe bel et bien : sur le plan collectif, quoi de plus suggestif que l'apparition, au XIXe siècle, à côté du scientisme, de la poésie symbolique, qui est une forme particulière du discours sacré, ou, sur le plan individuel, comment ne pas prendre au sérieux le témoignage d'un ancien stalinien, parlant de son « dédoublement » : « Désormais, il y eut un moi qui *savait* et un autre qui *croyait*. Le courant était coupé entre eux. Même leurs mémoires ne communiquaient pas » (J. Cathala, *Sans fleur ni fusil*, p. 347). De même, la théorie des *mondes possibles* n'aurait-elle pas pris une autre forme, si elle ne reposait sur l'admission *a priori* d'un « monde réel » positiviste?

Des oppositions aussi tranchées soulèvent une dernière question : existe-t-il des domaines sémantiques privilégiés qui seraient – exclusivement ou en partie seulement – recouverts par des réseaux fiduciaires de croyances, alors que d'autres domaines seraient réservés aux sciences? A première vue, le croire semble s'exercer, du moins dans l'univers occidental, sur un territoire correspondant *grosso modo* à la religion, la philosophie et la poésie, et s'occupant essentiellement des « fins premières et dernières de l'homme ». Cependant, si l'on revient à l'exemple de l'émergence du symbolisme, on s'aperçoit que celui-ci s'est développé justement au moment où la science prétendait donner des réponses aux problèmes métaphysiques, c'est-à-dire au moment où les deux domaines du savoir et du croire se chevauchaient et s'entrecroisaient. Il en est de même de la sociologie marxiste stalinienne dont le champ d'exercice et les réponses fournies correspondaient précisément aux problèmes pratiques et « réels » que se posaient l'individu et la société. Autrement dit, ce n'est pas telle ou telle substance du contenu qui détermine la relation cognitive que le sujet entretient avec elle, mais, au contraire, la forme du contenu : seul, l'examen des formes d'organisation de l'univers cognitif peut nous renseigner sur la part qu'y prend le savoir et le croire.

Aussi, en nous référant aux systèmes de croyances tout aussi bien qu'aux systèmes de connaissances, ainsi qu'aux procès qu'ils engendrent ou qu'ils sanctionnent, parlerons-nous, en accord en cela avec Jean-Pierre Vernant (*Divination et Rationalité*), de types distincts de rationalité plutôt que de la raison excluant la foi.

3.2. LA RATIONALTIÉ PARADIGMATIQUE.

Notre hypothèse consiste donc à prétendre que la sanction – ou la présomption épistémique s'il s'agit de l'instance productrice de l'énoncé – doit être interprétée comme une adhésion de l'énoncé proposé à la parcelle formellement correspondante de l'univers cognitif et que c'est à l'intérieur de ce lieu formel qu'elle choisira la variante « fiduciaire » ou « logique » de sa structure. Une telle affirmation a besoin d'être explicitée et illustrée. Nous nous y emploierons, en commençant par ce qui est fondamental, c'est-à-dire par la structure élémentaire de la signification.

3.2.1. *Le binarisme et les termes complexes.*

Sans se laisser entraîner dans la querelle ontologique, à savoir si les structures binaires ou bien ternaires sont plus « vraies » et plus

« fondamentales », sans se prononcer sur l'opportunité ou l'efficacité de leur usage, on est obligé d'admettre l'existence d'une opposition entre, d'une part, le binarisme logique et, de l'autre, la « structure du mixte » de la philosophie présocratique, présente jusqu'à nos jours comme la « coexistence des contraires » dans les études mythologiques. Voilà un lieu formel unique, susceptible d'articulations distinctes.

Il convient de convoquer ici – pour donner aux mêmes articulations une dimension diachronique – le témoignage de Vigo Brondal, linguiste d'une époque qui croyait encore au progrès de l'esprit humain, qui affirmait, en s'appuyant sur des recherches nombreuses, que les langues naturelles propres aux sociétés qui se trouvent à la pointe du progrès tendent vers le binarisme de leurs catégories grammaticales.

Nous avons essayé, quant à nous, de répondre à cette double exigence en proposant, sous la forme du « carré sémiotique », une interprétation de la structure élémentaire de la signification qui, tout en conservant le principe binaire, admettait la génération des termes neutres et complexes : la structure élémentaire ainsi conçue est susceptible d'accueillir les énoncés du discours scientifique, mais aussi des discours religieux ou poétiques.

3.2.2. Le catégorique et le graduel.

La différence de statut structural entre, d'une part, les modalités aléthiques (*nécessité, possibilité,* par exemple) et, de l'autre, les modalités épistémiques (*certitude, probabilité*) ne peut qu'inquiéter le sémioticien : les unes paraissent articulées par des oppositions franches, catégoriques, leurs expressions linguistiques diverses se révélant catégorisables, alors que les autres, au contraire, sont graduelles et graduables.

Cette différence qui semble accentuer la dichotomie du savoir et du croire n'est pas propre aux seules modalités, c'est-à-dire aux seules qualités des énoncés et de leurs actants. Elle se retrouve dans les langues naturelles, à côté des quantificateurs logiques, sous la forme de « quantitatifs indéfinis » (*peu, beaucoup,* etc.), et s'introduit, au niveau des subcontraires (*certains, quelques-uns*), dans les carrés logiques. On peut en élargir l'inventaire en y ajoutant les temporels (*tôt, tard*) et les spatiaux (*près, loin*) : les axes principaux de la production discursive se trouvent ainsi réunis. On peut parler à leur propos, en insistant sur le rôle du sujet, de l'appréciation ou de l'évaluation, ou bien, en tenant compte de la nature de l'objet évalué, de la tensivité de l'énoncé produit. Nous avons cherché à en rendre compte par la double procédure du débrayage objectivant et de l'embrayage subjectivant, tout en étant conscient que la problématique relevait, en dernière instance, des options fondamentales sur le caractère continu ou discontinu de l'objet connaissable.

3.2.3. *Le mesurable et l'approximatif.*

C'est sous le signe de la tensivité – mais non plus de la gradualité – qu'il convient de chercher à interpréter un type particulier de la production de la signification que C. Lévi-Strauss considère comme caractéristique de la rationalité mythique : il s'agit de la préférence que le discours mythique manifeste pour la catégorisation, c'est-à-dire pour la mise en oppositions significatives, selon le mode de l'*excès* et de l'*insuffisance* (*presque, trop*). Une telle forme de pensée ne s'oppose pas seulement aux catégorisations abruptes de la logique binaire : chaque excès ou insuffisance renvoie à l'un ou l'autre des termes de la catégorie binaire, considérés comme limite ou norme qu'on présuppose sans expliciter. Rien d'étonnant dès lors à ce que la catégorie ainsi présupposée devienne la *mesure* de toute chose et que, passant du quantitatif au qualitatif, elle serve de support à l'idéologie – et à la morale – de la *mesure* qu'on rencontre, par exemple, dans toutes les mythologies indo-européennes : l'évaluation du « bon sens » cartésien, la transformation parallèle du rationnel en « raisonnable » en sont des illustrations dans notre contexte culturel tout proche, montrant les confusions et les séparations successives de ces deux formes de rationalité.

3.3. LA RATIONALITÉ SYNTAGMATIQUE.

L'intérêt que nous venons de manifester aux structures élémentaires vient du fait qu'elles constituent les lieux topiques de la saisie de la signification : l'acte épistémique en tant qu'identification y retrouve, le cas échéant, telle ou telle articulation différentielle lui permettant d'« ajouter foi » aux nouveaux énoncés recueillis. Cependant, il ne faudrait pas perdre de vue que c'est à l'intérieur de ces structures, qu'on peut appeler constitutionnelles, que s'effectuent et sont saisies les opérations fondamentales susceptibles de servir de base à une typologie des relations syntaxiques. Aussi convient-il de signaler, sinon d'examiner, quelques cas particulièrement frappants – car la problématique soulevée dépasse largement le cadre de nos réflexions – d'articulations de syntaxe discursive pour se faire une idée sur la façon dont elles sont reconnues et interprétées par l'instance épistémique.

3.3.1. *La pensée causale.*

Le premier de ces cas est constitué par une forme fréquente d'« intelligence syntagmatique » plus connue sous le nom de raisonnement causal : il permet de s'interroger sur le rôle qu'un tel raisonnement joue dans la reconnaissance et l'évaluation du dire-vrai discursif. Alors que la logique s'est beaucoup préoccupée, à la manière qui est la sienne, des relations interpropositionnelles, la plupart des sémioticiens, suivant en cela l'exemple de V. Propp, ont érigé la temporalité en principe organisateur de la narrativité, en interprétant la consécution des « fonctions » (= des actions ou des événements décrits), d'après le fameux « *post hoc, ergo propter hoc* », comme un enchaînement causal. Il n'y aurait pas de mal en cela, si la causalité n'était pas de ce fait considérée comme un donné du raisonnement logique, susceptible même de fonder, selon certains, la description linéaire de l'histoire, alors que seul le statut fiduciaire peut être reconnu à cette relation, et ceci d'autant plus qu'on a l'impression que de telles relations causales sont particulièrement fréquentes, qu'elles caractérisent aussi bien la pensée mythique (« les dieux se fâchent ; l'homme en souffre ») que la pensée pratique (« les nuages approchent ; il pleuvra »), qu'elles organisent aussi bien les rituels sacrés que profanes.

Ce n'est que si l'on interroge les relations constitutives d'une chaîne discursive, non plus en allant de l'amont vers l'aval, mais, au contraire, en remontant l'enchaînement causal « naturel », que l'on note le fait, à première vue insolite, que certaines seulement parmi les séquences discursives voient leurs relations interphrastiques comme dédoublées : ce qui se lit « causalité » de gauche à droite, peut se lire en même temps « présupposition logique » de droite à gauche, alors que la plupart des enchaînements syntagmatiques ne possèdent pas un tel soubassement implicite de nature logique.

Ainsi, identiques au niveau de la surface, on peut distinguer deux grands types de *rationalité syntagmatique :* une *pensée technicienne* de caractère algorithmique, dont les articulations sont fondées sur une nécessité modale objective (= sur un /ne pas pouvoir ne pas être/), et une *pensée pratique*, de caractère stéréotypique et s'appuyant, par conséquent, sur la co-occurrence, en contiguïté temporelle, des comportements – ou des énoncés les décrivant – dont la successivité sera considérée comme prévisible et, de ce fait, vraisemblable ou même nécessaire (« subjectivement », sur le mode du /devoir-être/).

Cette nouvelle distinction – qui semble catégorique – entre le savoir et le croire reste cependant fragile, les programmations algorithmiques de la rationalité technicienne risquant à tout moment d'être submergées par l'omniprésence de la pensée pratique quotidienne qui nous guide par toutes nos habitudes d'« hommes normaux », nous forçant à interpréter la vie de tous les jours en termes de rôles sociaux et de stéréotypes pathémiques ou cognitifs. Cette normalité qu'on retrouve, qu'on le veuille ou non, dans presque tous les jugements individuels et collectifs, rejoint d'ailleurs le sens de la *mesure* sur laquelle reposent, on l'a vu, les écarts de la pensée mythique.

3.3.2. *La pensée parallèle.*

Un bref retour aux sources latines – nous pensons au double sens de *credere* – nous a permis de saisir la proximité sémantique quasi naturelle qui existe entre la confiance dans les hommes et la confiance dans leurs paroles. Le savoir vrai et certain n'étant en somme qu'une question de confiance, un autre rapprochement lexical, celui du couplet *confiance/confidence,* est tout aussi suggestif : tout se passe comme si l'une des garanties, et non des moindres, de l'efficacité du *discours confiant* résidait dans son caractère *confidentiel,* comme si la véracité du discours gagnait à faire passer ses contenus sous-entendus et voilés.

Il s'agit là d'un phénomène beaucoup plus étendu que la simple technique de la propagation des rumeurs ou des calomnies : les domaines privilégiés de la manifestation du fiduciaire, tels que la religion, la poésie, la philosophie, placent leurs discours sous le sigle du *secret*; bien plus, les substituts modernes de la parole sacrée – les chuchotements scandés de longs silences des thérapies psycho-sociales, les sermons incertains des curés de campagne en quête d'un nouveau discours de la foi – insinuent à tout instant qu'il faut « chercher les choses qui se cachent derrière les choses ».

Cependant, on peut se demander si la reconnaissance du caractère bi-isotope du discours, le *paraître* voilant et suggérant en même temps un éventuel *être*, n'est pas généralisable; si, par exemple, notre souci actuel de *l'implicite,* de l'impliqué, du présupposé, ne peut être considéré comme un phénomène de même nature, bien qu'ayant des articulations différentes. On peut aller plus loin et se dire que, dans cette perspective, la science peut être interprétée, dans son ensemble, comme un effort de transpercer le paraître du sens commun pour atteindre son être-vrai, comme la victoire de l'immanence sur la manifestation.

Or, le paraître du monde naturel, tout comme le paraître de nos discours, est le plus souvent d'ordre figuratif. Les figures du monde ont une double fonction : en tant que le paraître de sa « réalité », elles nous servent de référent, intra- ou extra-discursif; en tant que figures du langage, elles sont là pour dire autre chose qu'elles-mêmes. C'est cette seconde dimension figurative qui nous intéresse : le discours figuratif, une fois déréférentialisé, se trouve disponible et apte à se lancer à la quête des significations autres, anagogiques, l'exercice du niveau figuratif parvenant à créer, dans des conditions qui restent à déterminer, un nouveau « référent » qu'est le niveau thématique.

Pourtant, ce n'est pas tellement l'articulation syntagmatique du discours figuratif qui mérite notre attention – celle-ci reste « causale », logique ou fiduciaire selon les cas – mais plutôt son aptitude à projeter une double référence, la première *en profondeur* et créatrice d'une isotopie thématique plus abstraite, et la seconde, *en latéralité,* développant une nouvelle isotopie figurative parallèle. Il suffit de penser à *Moïse* de Vigny, premier poème « mythique » de la littérature française : si la misère et la grandeur de Moïse peut y produire une lecture parallèle des mêmes misère et grandeur du Poète, c'est grâce à la médiation d'un *tertium comparationis,* constitué par le niveau thématique commun que l'auteur signale d'ailleurs en insistant sur la « puissance » et la « solitude » du héros.

C'est cette capacité d'extrapolation, permettant de doter le discours parallèle implicite d'une articulation syntagmatique originale, que l'on peut considérer comme une forme de rationalité discursive au moins aussi importante que l'« intelligence syntagmatique » organisatrice d'enchaînements transphrastiques. Il n'empêche que la sanction épistémique d'un tel discours parallèle fasse problème.

L'évocation du fonctionnement discursif de l'*allégorie* et de la *parabole* peut déjà donner quelques indications. A titre d'exemple, prenons la parabole bien connue du Fils prodigue. Sur un fond narratif et thématique de manque et de liquidation du manque se superposent, on s'en souvient, une série d'isotopies figuratives, racontant la perte d'une pièce d'argent, d'un agneau, d'un fils, etc. Cependant, à y regarder de près, la superposition d'isotopies n'est qu'apparente : tout en se chevauchant, elles articulent, en la privilégiant, telle ou telle séquence du récit d'ensemble sous-jacent; bien plus, chacune des paraboles change presque imperceptiblement de thématique soustendue de sorte que, partant d'effets de sens dysphoriques ou euphoriques liés à la perte d'argent, on en arrive à la fin à la théologie chrétienne du repentir et du salut. Il y a là un *progrès discursif* indiscutable, un mode de « raisonnement figuratif » qui repose, en grande partie, sur la non-homologation terme à terme des actants ou des fonctions des différentes isotopies. De ce point de vue, le discours parabolique se distingue du discours allégorique, caractérisé par la correspondance – ressemblance ou même identité – entre les éléments discrets des isotopies parallèles.

On voit ainsi que le discours parabolique contient en germe la problématique des *modèles figuratifs* du raisonnement, modèles de nature essentiellement suggestive et allusive, dont la projection par l'énonciateur organise et détermine en partie le déroulement du discours. Un tel modèle est évidemment fiduciaire et relève de l'ordre du /devoir-être/ subjectif : nous avons déjà eu l'occasion de souligner l'importance du modèle « jeu d'échecs » dans l'élaboration de la théorie du langage, utilisé à tour de rôle par Saussure, Husserl, Wittgenstein et Hjelmslev. Et pourtant, un même modèle figuratif a donné lieu à quatre discours théoriques différents.

Par rapport à ce raisonnement figuratif dont l'utilisation et la validité dépassent, on le voit, les domaines privilégiés où s'exerce habituellement la fiducie, et qui révèle, de manière quelque peu inattendue, le rôle du croire dans les discours novateurs, le raisonnement analogique, considéré comme étant de nature logique à l'origine, s'est appauvri à l'usage pour ne désigner actuellement que le raisonnement par ressemblance, proche d'allégorie, mais aussi la pensée pratique fondée sur la vraisemblance. Le concept d'*homologation,* qui s'est substitué à l'ancienne analogie, introduit la proportion mathématique dans l'appréciation des rapports entre isotopies présumées parallèles. Contrairement aux modèles figuratifs de caractère prospectif et hypothétique, les formulations homologiques relèvent plutôt de la lecture interprétative des discours et de leur contrôle. Ce qui cependant oppose le plus nettement la pensée dite parabolique, de nature fiduciaire, à la pensée homologisante, logique, c'est d'abord la présence – ou la construction – d'éléments discrets et de catégories franches, présupposés par l'homologation, la discrétion dont ne tient pas compte le discours parabolique, mais aussi, on l'a vu en examinant les dispositifs paradigmatiques, la pensée mythique.

4. POUR CONCLURE

En essayant de comprendre et de reconstituer les procédures conduisant à l'acte épistémique, nous avons été amené à postuler l'existence d'un univers cognitif de référence qui seul permet d'évaluer et d'asserter l'adéquation de l'énoncé nouvellement offert à des formes sémiotiques déjà assumées. Cet univers n'est pas une quelconque encyclopédie remplie d'images du monde, mais un réseau de relations sémiotiques formelles parmi lesquelles le sujet épistémique sélectionne les équivalences dont il a besoin pour accueillir le discours véridictoire. Nous avons essayé de montrer que ces lieux formels étaient susceptibles d'articulations distinctes dans lesquelles on pouvait reconnaître la part du fiduciaire et du logique. Le croire et le savoir relèvent ainsi d'un seul et même univers cognitif.

Description et narrativité
à propos de *la Ficelle*
de Guy de Maupassant *

LA FICELLE

À Harry Alis.

☐ ☐ Sur toutes les routes autour de Goderville, les paysans et leurs femmes s'en venaient vers le bourg, car c'était jour de marché. Les mâles allaient, à pas tranquilles, tout le corps en avant à chaque mouvement de leurs longues jambes torses, déformées par les rudes travaux, par la pesée sur la charrue qui fait en même temps monter l'épaule gauche et dévier la taille, par le fauchage des blés qui fait écarter les genoux pour prendre un aplomb solide, par toutes les besognes lentes et pénibles de la campagne. Leur blouse bleue, empesée, brillante, comme vernie, ornée au col et aux poignets d'un petit dessin de fil blanc, gonflée autour de leur torse osseux, semblait un ballon prêt à s'envoler, d'où sortaient une tête, deux bras et deux pieds.

Les uns tiraient au bout d'une corde une vache, un veau. Et leurs femmes, derrière l'animal, lui fouettaient les reins d'une branche encore garnie de feuilles, pour hâter sa marche. Elles portaient au bras de larges paniers d'où sortaient des têtes de poulets par-ci, des têtes de canards par-là. Et elles marchaient d'un pas plus court et plus vif que leurs hommes, la taille sèche, droite et drapée dans un petit châle étriqué, épinglé sur leur poitrine plate, la tête enveloppée d'un linge blanc collé sur les cheveux et surmontée d'un bonnet.

Puis un char à bancs passait, au trot saccadé d'un bidet, secouant étrangement deux hommes assis côte à côte et une

---

* Cette analyse a été publiée d'abord dans la *Revue canadienne de linguistique romane*, I/1, 1973.

☐ ☐ femme dans le fond du véhicule, dont elle tenait le bord pour atténuer les durs cahots.

Sur la place de Goderville, c'était une foule, une cohue d'humains et de bêtes mélangés. Les cornes des bœufs, les hauts chapeaux à longs poils des paysans riches et les coiffes des paysannes émergeaient à la surface de l'assemblée. Et les voix criardes, aiguës, glapissantes, formaient une clameur continue et sauvage que dominait parfois un grand éclat poussé par la robuste poitrine d'un campagnard en gaieté, ou le long meuglement d'une vache attachée au mur d'une maison.

Tout cela sentait l'étable, le lait et le fumier, le foin et la sueur, dégageait cette saveur aigre, affreuse, humaine et bestiale, particulière aux gens des champs.

Maître Hauchecorne, de Bréauté, venait d'arriver à Goderville, et il se dirigeait vers la place, quand il aperçut par terre un petit bout de ficelle. Maître Hauchecorne, économe en vrai Normand, pensa que tout était bon à ramasser qui peut servir; et il se baissa péniblement, car il souffrait de rhumatismes. Il prit par terre le morceau de corde mince, et il se disposait à le rouler avec soin, quand il remarqua, sur le seuil de sa porte, maître Malandain, le bourrelier, qui le regardait. Ils avaient eu des affaires ensemble au sujet d'un licol, autrefois, et ils étaient restés fâchés, étant rancuniers tous deux. Maître Hauchecorne fut pris d'un sorte de honte d'être vu ainsi, par son ennemi, cherchant dans la crotte un bout de ficelle. Il cacha brusquement sa trouvaille sous sa blouse, puis dans la poche de sa culotte; puis il fit semblant de chercher encore par terre quelque chose qu'il ne trouvait point, et il s'en alla vers le marché, la tête en avant, courbé en deux par ses douleurs.

Il se perdit aussitôt dans la foule criarde et lente, agitée par les interminables marchandages. Les paysans tâtaient les vaches, s'en allaient, revenaient, perplexes, toujours dans la crainte d'être mis dedans, n'osant jamais se décider, épiant l'œil du vendeur, cherchant sans fin à découvrir la ruse de l'homme et le défaut de la bête.

Les femmes, ayant posé à leurs pieds leurs grands paniers, en avaient tiré leurs volailles qui gisaient par terre, liées par les pattes, l'œil effaré, la crête écarlate.

Elles écoutaient les propositions, maintenaient leurs prix, l'air sec, le visage impassible, ou bien tout à coup, se décidant au rabais proposé, criaient au client qui s'éloignait lentement:

☐ ☐   – C'est dit, maît' Anthime. J'vous l'donne.

Puis peu à peu, la place se dépeupla et, l'angélus sonnant midi, ceux qui demeuraient trop loin se répandirent dans les auberges.

Chez Jourdain, la grande salle était pleine de mangeurs, comme la vaste cour était pleine de véhicules de toute race, charrettes, cabriolets, chars à bancs, tilburys, carrioles innombrables, jaunes de crotte, déformées, rapiécées, levant au ciel, comme deux bras, leurs brancards, ou bien le nez par terre et le derrière en l'air.

Tout contre les dîneurs attablés, l'immense cheminée, pleine de flamme claire, jetait une chaleur vive dans le dos de la rangée de droite. Trois broches tournaient, chargées de poulets, de pigeons et de gigots ; et une délectable odeur de viande rôtie et de jus ruisselant sur la peau rissolée s'envolait de l'âtre, allumait les gaietés, mouillait les bouches.

Toute l'aristocratie de la charrue mangeait là, chez maît' Jourdain, aubergiste et maquignon, un malin qui avait des écus.

Les plats passaient, se vidaient comme les brocs de cidre jaune. Chacun racontait ses affaires, ses achats et ses ventes. On prenait des nouvelles des récoltes. Le temps était bon pour les verts, mais un peu mucre pour les blés.

Tout à coup le tambour roula, dans la cour, devant la maison. Tout le monde aussitôt fut debout, sauf quelques indifférents, et on courut à la porte, aux fenêtres, la bouche encore pleine et la serviette à la main.

Après qu'il eut terminé son roulement, le crieur public lança d'une voix saccadée, scandant ses phrases à contretemps :

– Il est fait assavoir aux habitants de Goderville, et en général à toutes – les personnes présentes au marché, qu'il a été perdu ce matin, sur la route de Beuzeville, entre – neuf heures et dix heures, un portefeuille en cuir noir contenant cinq cents francs et des papiers d'affaires. On est prié de le rapporter – à la mairie, incontinent, ou chez maître Fortuné Houlbrèque, de Manneville. Il y aura vingt francs de récompense.

Puis l'homme s'en alla. On entendit encore une fois au loin les battements sourds de l'instrument et la voix affaiblie du crieur.

Alors on se mit à parler de cet événement, en énumérant les chances qu'avait maître Houlbrèque de retrouver ou de ne pas retrouver son portefeuille.

☐ ☐ Et le repas s'acheva.

On finissait le café, quand le brigadier de gendarmerie parut sur le seuil.

Il demanda :

— Maître Hauchecorne, de Bréauté, est-il ici?

Maître Hauchecorne, assis à l'autre bout de la table, répondit :

— Me v'là.

Et le brigadier reprit :

— Maître Hauchecorne, voulez-vous avoir la complaisance de m'accompagner à la mairie? M. le maire voudrait vous parler.

Le paysan, surpris, inquiet, avala d'un coup son petit verre, se leva et, plus courbé encore que le matin, car les premiers pas après chaque repos étaient particulièrement difficiles, il se mit en route en répétant :

— Me v'là, me v'là.

Et il suivit le brigadier.

Le maire l'attendait, assis dans un fauteuil. C'était le notaire de l'endroit, homme gros, grave, à phrases pompeuses.

— Maître Hauchecorne, dit-il, on vous a vu ce matin ramasser, sur la route de Beuzeville, le portefeuille perdu de maître Houlbrèque, de Manneville.

Le campagnard, interdit, regardait le maire, apeuré déjà par ce soupçon qui pesait sur lui, sans qu'il comprît pourquoi.

— Mé, mé, j'ai ramassé çu portafeuille?

— Oui, vous-même.

— Parole d'honneur, je n'en ai seulement point eu connaissance.

— On vous a vu.

— On m'a vu, mé? Qui ça qui m'a vu?

— M. Malandain, le bourrelier.

Alors le vieux se rappela, comprit et, rougissant de colère :

— Ah! i m'a vu, çu manant! I m'a vu ramasser ct'e ficelle-là, tenez, m'sieu le Maire.

Et, fouillant au fond de sa poche, il en retira le petit bout de corde.

Mais le maire, incrédule, remuait la tête :

— Vous ne me ferez pas accroire, maître Hauchecorne, que M. Malandain, qui est un homme digne de foi, a pris ce fil pour un portefeuille?

☐ ☐   Le paysan, furieux, leva la main, cracha de côté pour attester son honneur, répétant :

– C'est pourtant la vérité du bon Dieu, la sainte vérité, m'sieu le Maire. Là, sur mon âme et mon salut, je l'répète.

Le maire reprit :

– Après avoir ramassé l'objet, vous avez même encore cherché longtemps dans la boue si quelque pièce de monnaie ne s'en était pas échappée.

Le bonhomme suffoquait d'indignation et de peur.

– Si on peut dire !... si on peut dire !... des menteries comme ça pour dénaturer un honnête homme ! Si on peut dire !...

Il eut beau protester, on ne le crut pas.

Il fut confronté avec M. Malandain, qui répéta et soutint son affirmation. Ils s'injurièrent une heure durant. On fouilla, sur sa demande, maître Hauchecorne. On ne trouva rien sur lui.

Enfin le maire, fort perplexe, le renvoya, en le prévenant qu'il allait aviser le parquet et demander des ordres.

La nouvelle s'était répandue. A sa sortie de la mairie, le vieux fut entouré, interrogé avec une curiosité sérieuse et goguenarde, mais où n'entrait aucune indignation. Et il se mit à raconter l'histoire de la ficelle. On ne le crut pas. On riait.

Il allait, arrêté par tous, arrêtant ses connaissances, recommençant sans fin son récit et ses protestations, montrant ses poches retournées, pour prouver qu'il n'avait rien.

On lui disait :

– Vieux malin, va !

Et il se fâchait, s'exaspérant, enfiévré, désolé de n'être pas cru, ne sachant que faire, et contant toujours son histoire.

La nuit vint. Il fallait partir. Il se mit en route avec trois voisins à qui il montra la place où il avait ramassé le bout de corde ; et tout le long du chemin il parla de son aventure.

Le soir, il fit une tournée dans le village de Bréauté, afin de la dire à tout le monde. Il ne rencontra que des incrédules.

Il en fut malade toute la nuit.

Le lendemain, vers une heure de l'après-midi, Marius Paumelle, valet de ferme de maître Breton, cultivateur à Ymauville, rendait le portefeuille et son contenu à maître Houlbrèque, de Manneville.

Cet homme prétendait avoir en effet trouvé l'objet sur la route ; mais, ne sachant pas lire, il l'avait rapporté à la maison et donné à son patron.

☐ ☐ La nouvelle se répandit aux environs. Maître Hauchecorne en fut informé. Il se mit aussitôt en tournée et commença à narrer son histoire complétée du dénouement. Il triomphait.

— C'qui m'faisait deuil, disait-il, c'est point tant la chose, comprenez-vous; mais c'est la menterie. Y a rien qui vous nuit comme d'être en réprobation pour une menterie.

Tout le jour il parlait de son aventure, il la contait sur les routes aux gens qui passaient, au cabaret aux gens qui buvaient, à la sortie de l'église le dimanche suivant. Il arrêtait des inconnus pour la leur dire. Maintenant il était tranquille, et pourtant quelque chose le gênait sans qu'il sût au juste ce que c'était. On avait l'air de plaisanter en l'écoutant. On ne paraissait pas convaincu. Il lui semblait sentir des propos derrière son dos.

Le mardi de l'autre semaine, il se rendit au marché de Goderville, uniquement poussé par le besoin de conter son cas.

Malandain, debout sur sa porte, se mit à rire en le voyant passer. Pourquoi?

Il aborda un fermier de Criquetot, qui ne le laissa pas achever et, lui jetant une tape dans le creux de son ventre lui cria par la figure : « Gros malin, va ! » Puis lui tourna les talons.

Maître Hauchecorne demeura interdit et de plus en plus inquiet. Pourquoi l'avait-on appelé « gros malin » ?

Quand il fut assis à table, dans l'auberge de Jourdain, il se remit à expliquer l'affaire.

Un maquignon de Montivilliers lui cria :

— Allons, allons, vieille pratique, je la connais, ta ficelle !

Hauchecorne balbutia :

— Puisqu'on l'a retrouvé çu portafeuille?

Mais l'autre reprit :

— Tais-té, mon pé, y en a un qui trouve et y en a un qui r'porte. Ni vu ni connu, je t'embrouille !

Le paysan resta suffoqué. Il comprenait enfin. On l'accusait d'avoir fait reporter le portefeuille par un compère, par un complice.

Il voulut protester. Toute la table se mit à rire.

Il ne put achever son dîner et s'en alla, au milieu des moqueries.

Il rentra chez lui, honteux et indigné, étranglé par la colère, par la confusion, d'autant plus atterré qu'il était capable, avec sa finauderie de Normand, de faire ce dont on l'accusait, et même

□ □ de s'en vanter comme d'un bon tour. Son innocence lui apparaissait confusément comme impossible à prouver, sa malice étant connue. Et il se sentait frappé au cœur par l'injustice du soupçon.

Alors il recommença à conter l'aventure, en allongeant chaque jour son récit, ajoutant chaque fois des raisons nouvelles, des protestations plus énergiques, des serments plus solennels qu'il imaginait, qu'il préparait dans ses heures de solitude, l'esprit uniquement occupé de l'histoire de la ficelle. On le croyait d'autant moins que sa défense était plus compliquée et son argumentation plus subtile.

– Ça, c'est des raisons d'menteux, disait-on derrière son dos.

Il le sentait, se rongeait les sangs, s'épuisait en efforts inutiles.

Il dépérissait à vue d'œil.

Les plaisants maintenant lui faisaient conter *la Ficelle* pour s'amuser, comme on fait conter sa bataille au soldat qui a fait campagne. Son esprit, atteint à fond, s'affaiblissait.

Vers la fin de décembre, il s'alita.

Il mourut dans les premiers jours de janvier et, dans le délire de l'agonie, il attestait son innocence, répétant.

– Une 'tite ficelle... une 'tite ficelle... t'nez, la voilà, m'sieu le Maire.

□

1. SITUATION DE LA DESCRIPTION DANS LE DISCOURS NARRATIF

Avant de procéder à l'analyse interne des unités textuelles reconnues comme « descriptives », il nous faut d'abord chercher à les situer dans l'ensemble du texte narratif, à les distinguer, aussi, des autres unités discursives en utilisant des critères de reconnaissance aussi objectifs que possible : il est en effet souhaitable qu'une pratique de segmentation formelle remplace progressivement la compréhension intuitive du texte et de ses articulations. Pour ce faire, il nous paraît opportun de nous servir de la connaissance des structures narratives de textes différents et comparables, en les considérant comme des modèles de prévisibilité du déroulement narratif.

1.1 LA SEGMENTATION SELON LES CRITÈRES SPATIO-TEMPORELS.

La totalité de l'histoire contenue dans *la Ficelle* semble avoir été distribuée par Maupassant au moment de sa *temporalisation* sur deux mardis successifs, les schémas narratifs des deux journées paraissant à la fois comme syntagmatiquement récurrents et paradigmatiquement opposables l'un à l'autre.

A cette segmentation temporelle fait suite un découpage à la fois temporel et spatial des deux journées. En étroite corrélation avec les déplacements des acteurs de la narration, chacune des unités temporelles – la journée – se soumet à une partition spatiale donnant lieu à la topologie narrative suivante :

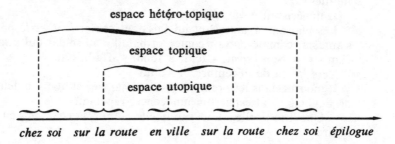

La *spatialisation* du récit fait apparaître, elle aussi, les caractères à la fois syntagmatiques et paradigmatiques de son organisation : si l'espace dans lequel s'installe le récit est circulaire et symétrique :

de « chez soi »... à « chez soi »

on voit que cette symétrie n'est faite que pour souligner les transformations des contenus inscrits dans les coordonnées spatio-temporelles :

	début	*fin*
premier mardi	santé ...	maladie
second mardi	santé ...	mort morale et physique

Toutefois, le cadre spatio-temporel ainsi établi n'est pas seulement un cadre formel, il est aussi le lieu des déplacements et des faits et gestes des protagonistes de la narration : de ce fait, les relations entre les lieux et les acteurs, entre les toponymes et les anthroponymes, ainsi que leurs variations, sont narrativement significatives.

A première vue, la segmentation du récit telle que nous l'avons obtenue correspond, dans ses grandes lignes, à l'articulation canonique de très nombreux objets narratifs, faisant penser, entre autres, aux résultats de l'analyse proppienne des contes merveilleux russes. Les différences significatives n'en apparaissent pas moins immédiatement : contrairement au récit proppien où le héros se trouve d'abord *en conjonction avec la société* et se déplace ensuite vers les espaces solitaires et ennemis pour y accomplir ses hauts faits, le héros de Maupassant est un *héros solitaire* qui se déplace pour se mettre en conjonction avec celle-ci : l'espace utopique qui est, par définition, le lieu de disjonction et d'affrontement solitaire se présente ici comme le lieu de conjonction et de confrontation sociale.

Antérieurement donc à toute analyse du contenu, on peut dire que *(a)* la structure narrative se présente comme le conflit entre deux protagonistes : l'Individu et la Société (ce qui paraît évident), et que *(b)* les segments du texte traditionnellement désignés comme des « descriptions » sont, du point de vue narratif, chargés d'une fonction précise qui est celle *de mettre en place et de faire agir l'actant collectif nommé société* (ce qui reste encore à démontrer).

1.2. SEGMENTATION SELON LE SAVOIR.

En partant du principe que toute redondance sémantique est significative dans un texte clos – contrairement aux textes ouverts où elle n'est que « bruit » – et qu'elle est d'autant plus significative qu'elle se trouve manifestée en termes identiques ou comparables dans la langue naturelle, on peut relever comme *marque formelle* la phrase reprise par deux fois (p. 139-140) :

La nouvelle s'étant répandue,

La nouvelle se répandit (aux environs);

marque qui se trouve confirmée du fait de la présence, deux lignes plus loin, d'une autre phrase redondante :

il se mit à raconter l'histoire de la ficelle

(il) commença à narrer son histoire complétée du dénouement.

Si la « nouvelle » qui se répand peut être considérée comme la diffusion du *savoir social* et l' « histoire de la ficelle » comme celle du *savoir individuel,* on peut dire que les marques que nous venons d'introduire instituent une frontière à l'intérieur du récit qui, à partir de là, se présente comme le récit de l'*affrontement de deux savoirs et de deux savoir-faire,* le héros-individu cherchant à persuader l'opinion publique, l'anti-héros-société lui opposant sa propre *interprétation* des faits. On voit d'ailleurs bien qu'à ce *savoir différencié* qui se trouve ainsi introduit – tel acteur sachant telle chose et tel autre chose – s'oppose, dans la première partie du récit, le *savoir absolu* du sujet de la narration qui, prenant le lecteur pour complice, parle des gens et des choses comme s'il était omniprésent et omniscient. Il en résulte que cette première partie du récit – qui comporte les séquences « descriptives » dont nous nous occupons – est destinée à représenter, par rapport au savoir individuel ou social qui est l' « objet » de la deuxième partie, l'*être* et le *faire* des protagonistes. Une nouvelle segmentation du récit apparaît ainsi selon la proportion :

$$\frac{(1^{re}\ partie)}{}\qquad\qquad \frac{(2^{e}\ partie)}{}$$

$$\frac{\text{être et faire sociaux}}{\text{être et faire individuels}} \simeq \frac{\text{savoir social}}{\text{savoir individuel}}$$

Selon notre modèle de prévisibilité, les séquences dites descriptives auront donc pour fonction d'introduire dans le récit l'actant collectif Société et de le présenter *selon son être* et *selon son faire.* Ce qui reste, évidemment, à vérifier.

1.3. SEGMENTATION SELON LES CRITÈRES GRAMMATICAUX.

Aux deux critères de segmentation déjà utilisés, on peut en ajouter aisément un troisième qui nous est fourni par l'auteur grâce à la stricte observance des règles classiques de la prose du XIXe siècle dotant de marques temporelles particulières les unités textuelles distinguées en

« descriptions », « récits » et « dialogues » : on sait que les unités descriptives y sont caractérisées par l'usage de l'imparfait et délimitées par des passés simples qui les encadrent.

Dès lors, sur la toile de fond que constitue le discours « objectif » – parce que basé sur son savoir absolu – du narrateur disant l'être et le faire des acteurs qu'il met en place, on peut utiliser, en les recoupant, à la fois les critères de découpage spatio-temporel et les marques grammaticales pour obtenir la partition suivante :

séquence descriptive 1 .... *séquence descriptive 2*

segm. descr. 1	*segm. descr. 2*	*segm. descr. 3*	*segm. descr. 4*
(sur la route)	(sur la place du marché)	(sur la place du marché)	(à l'auberge)
« Sur toutes les routes... » (p. 4)	« Sur la place de Goderville... » (p. 5)	« Les paysans tâtaient... » (p. 6)	« Chez Jourdain... » (p. 6)

(1) Entre les séquences descriptives 1 et 2 s'intercale une *séquence événementielle* qui arrête le flot des imparfaits descriptifs et les encadre par deux passés simples (« il aperçut » et « il se perdit »).

(2) La séquence descriptive 2 se trouve à son tour délimitée par un passé simple (« le tambour roula » qui annonce la *deuxième séquence événementielle* suivie de plusieurs unités dialoguées. Toute la première partie allant jusqu'à l'introduction de la problématique du savoir différencié se présente dès lors comme :

sq. descr. 1 → sq. évén. 1 → sq. descr. 2 → sq. évén. 2 (→ sq. dialoguées)

sg.1 sg.2   sg.3 sg.4

(3) On voit ainsi qu'à la modulation syntagmatique du discours en séquences descriptives et événementielles correspond, *grosso modo,* l'opposition des contenus se référant tantôt à l'actant collectif, tantôt à l'actant individuel (maître Hauchecorne).

145

2. ANALYSE SÉMANTIQUE DES SÉQUENCES DESCRIPTIVES

La segmentation du texte ainsi opérée, si elle permet, dans une certaine mesure, de prévoir la fonction générale de la « description », ne nous renseigne pas sur les contenus qui sont investis et distribués en plusieurs segments. Nous sommes obligé de recourir, dans cette nouvelle phase, à l'analyse sémantique des unités descriptives reconnues.

2.1. LE SEGMENT DESCRIPTIF 1 : L'ACTANT VOLONTAIRE.

(1) Le premier segment descriptif représente « les paysans et leurs femmes » se déplaçant « sur toutes les routes autour de Goderville ». Or, le *déplacement,* on le sait, s'interprète généralement, dans le cadre narratif, comme la manifestation figurative du désir, autrement dit, comme la forme narrative de la *modalité du vouloir* dont se trouve doté le sujet. Dans la mesure où le déplacement a un objet, on peut le définir comme une *quête;* l'explication donnée par Maupassant – « car c'était jour de marché » – indique justement le sens de la quête, qui est la recherche de la communication économique et sociale.

(2) Le segment est lui-même divisé typographiquement en trois paragraphes qui – compte non tenu de certaines « transitions stylistiques » – correspondent à la présentation de trois types d'acteurs dans leurs rôles de sujets :
- des hommes:
- des femmes;
- des gens en voiture.

La partition du segment descriptif paraît ici, à première vue, asymétrique, car elle met en jeu successivement deux catégories classificatoires distinctes. On peut dire que les hommes et les femmes, divisés selon la catégorie du sexe, constituent, par addition, toute la société. Cependant, en tant que *gens à pied,* hommes et femmes s'opposent aux *gens à voitures* selon une catégorie différente, celle qui met en jeu les considérations de richesse, de prestige, c'est-à-dire, en somme, de hiérarchie selon un certain type de pouvoir. On verra d'ailleurs, un peu plus loin, les restrictions à apporter quant au rôle de la distinction en sexes dans la description de la société.

Qu'il nous soit permis d'anticiper tant soit peu pour dire que ce double classement, selon le sexe et selon le pouvoir, est non seulement maintenu le long de la description, mais qu'il peut même être considéré comme le principe générateur de la description : on voit ainsi que les segments descriptifs qui suivent (sg. 3 et sg. 4) sont des expansions proportionnelles du premier segment :

$$sg.\ 1 : sur\ la\ route : \frac{\text{gens à pied (hommes et femmes)}}{\text{gens en voiture}}$$

$$\longrightarrow en\ ville : \frac{\text{sg. 3 : au marché (gens à pied)}}{\text{sg. 4 : à l'auberge (gens à voitures)}}$$

Sur le plan de l'expansion discursive, l'organisation d'un premier segment descriptif sert ainsi à produire deux nouveaux segments descriptifs. Le niveau d'organisation discursif se distingue dès lors du niveau narratif : les fonctions narratives attribuées aux segments descriptifs ainsi générés n'obéissent pas aux mêmes principes d'organisation.

(3) La population en déplacement n'est présentée ni comme une collection d'individus ni comme une société globale, mais plutôt comme une collection de classes stéréotypées, classes d'hommes et de femmes. Ces classes d'individus rangés en *séries ordinales* apparaissent avec évidence lorsqu'on les oppose à la société présentée, dans le segment 2, comme « une foule », « une cohue », une « assemblée », c'est-à-dire comme une *totalité indifférenciée.*

Dès lors, le passage du segment 1 au segment 2 apparaît comme la transformation des séries ordinales d'individus stéréotypés en une société totale non individuée. Toute se passe comme si une collection de volontés particulières convergeait vers un espace commun pour y constituer un être collectif doté d'un vouloir général :

$$\frac{\text{sg. 1 : } sur\ les\ routes}{\text{individus + vouloirs particuliers}} \longrightarrow \frac{\text{sg. 2 : } sur\ la\ place\ du\ marché}{\text{sociétés + vouloir général}}$$

(4) Nous n'avons pris en considération jusqu'à présent, parmi les acteurs en déplacement sur les routes, que les êtres humains : en

147

réalité, les séries ordinales stéréotypées, décrites par Maupassant, se présentent comme des suites syntagmatiques concaténées rendant compte d'une hiérarchie implicite :

hommes ◄— vaches ◄— volailles ◄— femmes

(On voit que la distinction en sexes est largement dominée par une hiérarchie des êtres établie en fonction de leur utilité économique.)

Si l'on tient compte du fait qu'à cette disposition syntagmatique des humains et des animaux sur les routes correspond, sur la place du marché, un arrangement paradigmatique, « une foule, une cohue d'humains et de bêtes mélangés », que l'on peut interpréter comme la constitution d'un terme complexe :

$$/humanité/ + /animalité/$$

on reconnaîtra facilement dans cette description, faite par touches successives, des hommes et des vaches, des femmes et des poulets et des canards, l'intention à peine voilée d'identifier métaphoriquement les humains avec les animaux. La figure du paysan comparée à « un ballon » d'où sortent « une tête, deux bras et deux pieds » n'est autre que la figure nucléaire de la vache qui le suit : on peut en dire autant de la description de la femme centrée sur sa tête surmontée d'un bonnet, en parallélisme étroit avec l'insistance mise à décrire les têtes des poulets et des canards.

Ainsi, en établissant, sur le plan de la syntaxe narrative, la *modalité du vouloir* constitutive de l'actant-sujet collectif qu'est la société, la description explicite en même temps, grâce à une présentation analytique, les composantes de l'*être social,* c'est-à-dire son contenu sémantique investi, qui paraîtra, sur la place du marché, comme un mélange d'humanité et d'animalité.

2.2. LE SEGMENT DESCRIPTIF 2 : L'ACTEUR FIGURATIF.

(1) L'analyse sémantique ne peut se faire que par la recherche des similitudes et des oppositions : aussi ce deuxième segment descriptif,

délimité au préalable, selon le critère spatial, par la présence de la foule sur la place du marché, a déjà été caractérisé, en le comparant au premier segment :
- syntaxiquement, comme constitutif de l'actant collectif;
- sémantiquement, comme définissant la société par le terme complexe /humanité/ + /animalité/.

(2) Ce deuxième segment, tout comme le premier d'ailleurs, apparaît comme la description de la société telle qu'elle est connue et imaginairement *perçue* par le sujet de la narration. Mais, tandis que le premier segment relève uniquement de la *perception visuelle* du narrateur, le second est soumis à la diversification d'ordres sensoriels qui lui sert de principe d'organisation interne. La description s'établit ainsi comme fondée successivement sur les perceptions
- visuelle,
- auditive,
- olfactive,

trois ordres qui, étalés syntagmatiquement, produisent, sur le plan paradigmatique, l'effet de *totalisation sensorielle,* c'est-à-dire de l'aperception globale de la société, telle qu'elle est saisissable par tous les sens, figurativement. Aussi, la raison d'être supplémentaire de ce segment descriptif nous paraît être la présentation de la société en tant qu'*acteur figuratif,* la figure pluri-sensorielle recouvrant ses attributions syntaxiques et sémantiques déjà reconnues.

2.3. LE SEGMENT DESCRIPTIF 3 : LE FAIRE SOCIAL.

(1) Le segment que nous venons d'examiner brièvement est suivi, dans le texte de Maupassant, d'une séquence événementielle relatant le faire particulier de maître Hauchecorne (qui trouve une ficelle et fait semblant de n'avoir rien trouvé). Tout comme les autres paysans, il est arrivé seul en ville et, ayant acccompli ce déplacement volontaire, « se perdit aussitôt dans la foule ». Cet acteur, à qui le narrateur prépare une destinée de *sujet individuel,* se conjoint donc avec la société en voie de constitution et ne se distingue guère de l'être social dans lequel il « se perd », conjonction qui sera maintenue jusqu'à la fin de la séquence descriptive : maître Hauchecorne assume par conséquent toutes les attributions que l'auteur confère successivement à la société paysanne dans son ensemble.

(2) La séquence événementielle se trouve intercalée entre deux segments descriptifs que le découpage spatial ne permettrait pas de distinguer puisqu'ils sont tous les deux consacrés à la présentation de la place du marché : cette séquence possède donc une fonction de démarcation et oppose les deux segments descriptifs comme :

$$\frac{\text{sg. 2}}{\text{sg. 3}} \simeq \frac{\text{l'être social}}{\text{le faire social}}$$

(3) La catégorie du sexe, déjà exploitée dans sg. 1, est reprise ici pour départager l'activité décrite en deux types distincts du faire : les hommes s'y trouvent chargés de l'achat et les femmes de la vente, les hommes se consacrent aux marchandages et les femmes opèrent l'échange, le faire masculin est un faire en grande partie verbal tandis que le faire féminin est un faire quasi somatique d'ordre économique :

$$\frac{\text{faire masculin}}{\text{faire féminin}} \simeq \frac{\text{achat}}{\text{vente}} \simeq \frac{\text{faire verbal (marchandage)}}{\text{faire somatique (échange)}}$$

Une telle distribution d'activité selon les classes de sexe n'est pas pertinente, on le voit bien, sur le plan « référentiel » : une autre pertinence, intérieure à l'organisation sémantique du discours, doit être recherchée pour en rendre compte.

(4) En regardant les choses d'un peu plus près, on s'aperçoit qu'à l'*agitation* des hommes, le narrateur oppose l'*impassibilité* des femmes, que cette agitation des acheteurs n'aboutit à aucun achat, tandis que les femmes, silencieuses et impassibles, procèdent à des opérations économiques. Tout se passe, à première vue, comme s'il s'agissait de la valorisation antiphrastique des femmes, situées au plus bas degré de l'échelle des êtres et accomplissant cependant des fonctions économiques fondamentales, tandis que les hommes passent leur temps à des verbiages dépourvus de signification économique. Mais il y a plus. En dépassant l'opposition des sexes, on peut voir dans l'activité débordante du marché, objet du vouloir collectif, deux formes du faire social : un *faire fondamental* d'ordre économique, recouvert tout entier d'un *faire second* dans lequel se résume la communication sociale.

(5) En effet, l'essentiel de la communication sociale se présente sous

la forme d' « interminables marchandages », où l'attitude de l'acheteur, définie en termes de *perplexité*, d'*indécision*, de « crainte d'être mis dedans », est au service d'une seule idée qui est de « découvrir la *ruse* de l'homme et le *défaut* de la bête ». Autrement dit, la communication sociale est conçue de telle manière que le message envoyé par le destinateur est, par définition, un *mensonge modalisé par un paraître-vrai;* la réception du message par le destinataire doit consister dès lors dans un *faire interprétatif* visant à *lire comme mensonger tout ce qui paraît vrai.*

Le rôle que l'on peut attribuer au segment descriptif 3 dans l'économie générale de la narration se précise dès lors : la paysannerie de Maupassant, constituée en un actant collectif doté d'un vouloir-faire, est ici mise en situation pour exercer son faire social qui est double : le faire économique, qu'on pourrait considérer comme dénotatif et qui devrait être fondamental, est pourtant largement dominé par un faire second, connotatif, qui est à la base des relations sociales et qui consiste *à tromper et à ne pas se laisser tromper* dans un monde où la vérité n'est que le masque du mensonge. On voit qu'une telle présentation du faire social – auquel maître Hauchecorne participe pleinement en l'acceptant – est narrativement nécessaire : l'individu qui voudra montrer sa vérité toute nue sous la forme d'un bout de ficelle sera confronté avec la société qui ne pourra y voir que le mensonge.

2.4. LE SEGMENT DESCRIPTIF 4 : LA SANCTION SOCIALE.

Le dernier segment qui reste à analyser présente une forte complexité stylistique : achevant la partie descriptive du texte, il offre à l'écrivain, selon les conventions du XIXᵉ siècle, l'occasion de manifester son « art » en exécutant un morceau de bravoure. Intéressé en tout premier lieu par les fonctions narratives du segment, nous ne chercherons pas à en épuiser toutes les virtualités sémantiques, nous contentant d'en extraire seulement les éléments qui nous paraissent narrativement pertinents.

(1) Nous avons déjà noté que sg. 4 s'opposait au sg. 3 en ce qu'il présentait les *gens à voitures* réunis dans la meilleure auberge, les distinguant des *gens à pied* qu'on a vus sur la place du marché. Ceci, de nouveau, n'est vrai que du point de vue de l'organisation sémantique interne du texte : selon la vérité extérieure, « référentielle », maître

Hauchecorne, venu à pied, n'aurait pas dû se trouver à l'auberge.

D'un autre côté, une « logique » de succession de segments précise les attributions de la classe des gens à voitures : seuls se trouvent à l'auberge ceux qui peuvent être considérés comme des bénéficiaires du faire social antérieurement décrit, c'est-à-dire ceux qui ont obtenu des gains économiques grâce à leur *savoir-faire social,* qui consiste, on l'a vu, à déjouer toutes les ruses et à interpréter correctement le mensonge universel caché sous les apparences de la vérité. Il s'agit là des gens sortis *vainqueurs* des épreuves sociales.

(2) Les formes narratives canoniques prévoient qu'à la suite du faire réussi, le sujet vainqueur cherche à se faire reconnaître comme tel, qu'il cherche, selon le jargon narratif couramment employé, sa « glorification », qui ne peut lui être accordée que par un destinateur auquel il adresse les fruits de sa quête. C'est ainsi du moins que se détermine *a priori,* selon le modèle de prévisibilité, la fonction narrative du segment que nous étudions. Les données descriptives correspondent-elles aux prévisions?

(3) Un coup d'œil superficiel jeté sur le segment permet d'y distinguer, d'abord, deux premiers paragraphes symétriquement disposés qui mettent en opposition complémentaire la description des voitures et celle des dîneurs. La complémentarité des deux descriptions est d'ailleurs *marquée* par Maupassant de manière explicite :

la grande salle était pleine de mangeurs,
comme
la vaste cour était pleine de véhicules...

La comparaison autorisant la superposition – et l'équivalence – des deux descriptions (procédé que nous avons déjà observé en reconnaissant l'identité des figures humaines et animales sur les routes), et les chevaux étant curieusement absents de celle-ci, les véhicules vides se trouvent en relation métaphorique avec les mangeurs attablés. C'est par le biais de cette métaphorisation indirecte que le problème du destinateur est posé et résolu par Maupassant qui décrit ces voitures « humanisées » comme « levant au ciel, comme deux bras, leurs brancards, ou bien le nez par terre, et le derrière en l'air ».

Deux attitudes du sujet collectif par rapport à un destinateur imaginaire se trouvent ainsi dégagées : la relation du destinataire-sujet collectif et du destinateur étant articulée selon la catégorie *bas* vs *haut* « ciel », « air » :

(a) ou bien le destinataire-sujet tend les bras vides vers le ciel, n'ayant aucun message à adresser au destinateur;

(b) ou bien le destinataire-sujet, tournant le dos au destinateur et « le nez par terre », ignore complètement celui-ci.

Dans un cas comme dans l'autre, que l'on méconnaisse la destination du faire ou que l'on n'arrive pas à le transformer en valeur susceptible d'être adressée au destinateur, le faire social décrit précédemment est présenté, on le voit, comme *dépourvu de sens.*

(4) En l'absence du destinateur, nous assisterons donc à une scène d'*autodestination :* les valeurs économiques acquises à la suite du faire social sont destinées à la *consommation,* et la réunion à l'auberge se présente alors sous la forme d'un repas sacrificiel dérisoire dont le seul but est l'auto-destruction des valeurs péniblement acquises. La société des consommateurs, on le voit, ne date pas d'aujourd'hui.

(5) L'absurdité du vouloir et du faire de cette société se trouve alors manifestée sur le mode de la *dérision antiphrastique* qui sert de principe à la construction du segment descriptif entier. Il en est ainsi de la représentation du *feu,* source de la vie, qui répand la *lumière* et la *chaleur* mais ne rencontre que les *dos* qui lui sont tournés, tandis qu' « une délectable odeur » de nourriture lui est substituée dans sa fonction vivifiante. Il en est de même de la fameuse petite phrase de Maupassant, sommet de l'art de la prose du XIXe siècle, dans laquelle « toute l'aristocratie de la charrue » se trouve figurativement résumée en la personne de l'aubergiste, grand prêtre officiant auprès du feu refusé, défini comme « un malin qui avait des écus », c'est-à-dire à la fois par son faire et par son être.

3. SEGMENTATION TEXTUELLE ET ORGANISATION DU TEXTE

Cette analyse sommaire – parce qu'elle ne visait que la mise en évidence d'un seul aspect du texte pris en considération – soulève un certain nombre de problèmes qui peuvent intéresser le sémioticien narrativiste.

(1) Les distinctions classiques selon lesquelles on reconnaît les unités textuelles telles que « descriptions », « récits », « dialogues », etc., tout en restant pertinentes au niveau de la manifestation

discursive de surface, cessent de l'être lorsque l'analyse cherche à rendre compte de l'organisation profonde du texte considéré comme un tout de signification. Ainsi, dans la mesure où l'on considère que la narrativité, prise au sens très général de ce terme, est un des principes d'articulation des textes au niveau profond, la forme discursive assignée aux segments textuels se double d'une fonction narrative seconde.

(2) L'analyse à laquelle nous avons procédé montre particulièrement que la partie purement descriptive du texte de Maupassant, que l'on oppose généralement à la partie comportant la narration proprement dite, est en fait organisée suivant les règles canoniques de la narrativité et représente, dans son déroulement syntagmatique, une structure narrative aisément reconnaissable. La description a beau être décomposable en « tableaux » et obéir à une sorte de « logique » spatio-temporelle de la représentation (selon laquelle l'œil du narrateur explorerait successivement tel ou tel espace), la raison d'être de cette figuration apparaît aussitôt : pour organiser la mise en scène du drame qu'il se prépare à raconter, le narrateur a besoin de confronter un sujet individuel doté de sa propre vérité à un autre sujet, collectif celui-là, suffisamment « réel » pour porter en lui non seulement le savoir sur les êtres et les événements, mais aussi les modes d'interprétation de la vérité.

On voit dès lors que la séquence discursive dénommée « description » est en fait un micro-récit comportant l'histoire complète de la société : l'instauration du sujet collectif, volontaire et figurativisé, la démonstration de son faire social, la sanction sociale, enfin, de ce faire victorieux (consistant finalement dans l'auto-destruction des valeurs acquises). C'est ce micro-récit qui s'intègre ensuite, en tant que programme narratif hypotaxique, dans le macro-récit qui constitue le topique de *la Ficelle* : l'affrontement tragique de deux savoirs, vrais tous les deux, et pourtant mis en contradiction.

(3) La portée de cette analyse n'en reste pas moins limitée. Si le principe selon lequel la segmentation textuelle de surface ne rend pas suffisamment compte de l'organisation profonde du texte, qui, elle, relève d'une grammaire narrative implicite, nous paraît solidement établi, l'exemple examiné n'est pas pour autant généralisable : d'autres textes comportent d'autres séquences descriptives dotées de fonctions narratives différentes.

(4) Le problème de la construction des actants collectifs est, au contraire, capital pour la sémiotique générale, intéressée non seulement aux productions littéraires, mais aussi aux textes historiques et

sociologiques : les classes sociales, les institutions juridiques, les organismes politiques, les groupements économiques sont des êtres sociaux, c'est-à-dire des actants collectifs dont les modes d'existence et de fonctionnement peuvent être soumis aux mêmes procédures d'analyse.

La soupe au pistou
ou la construction d'un objet de valeur *

*SOUPE
AU PISTOU*

Pour 8 personnes :
6 litres d'eau
1 kilo de haricots
frais à écosser
350 g de haricots
grainés
6 pommes de terre
6 carottes
4 poireaux
4 tomates
6 courgettes
2 branches de sauge
3 poignées de basilic
6 gousses d'ail
300 g de parmesan
non râpé
6 cuillerées à
soupe d'huile d'olive

H. Philippon
*La Cuisine
provençale*
© R. Laffont, 1966

La soupe au pistou est le plus beau fleuron de la cuisine provençale. C'est le coup d'archet vainqueur qui vous laisse interdit d'admiration gourmande. C'est un plat digne des dieux. Un plat, oui, beaucoup plus qu'une soupe.

Longtemps j'ai cru que la soupe au pistou était d'origine génoise, que les Provençaux en l'annexant l'avaient simplement beaucoup améliorée. Mais mon ami Fernand Pouillon m'a expliqué que la soupe au pistou était le plat national iranien! Peu importe, d'ailleurs : du moment que tout le monde l'apprécie en Provence, naturalisons-la provençale.

Bien entendu, il n'existe pas une seule et unique recette de soupe au pistou adoptée, une fois pour toutes, par les Provençaux. On peut même en citer une bonne douzaine. Je les ai toutes essayées. Celle que je préfère, et de beaucoup, c'est celle que j'ai l'audace d'appeler « ma soupe au pistou ». À ma grande confusion, je dois avouer que ce n'est pas moi qui en ai inventé la recette. Je la tiens d'une amie provençale chez laquelle j'ai mangé pour la première fois une soupe au pistou prodigieuse, celle-là même dont je vais vous donner la recette.

Mais auparavant, je dois insister sur un point : cette recette n'est valable que pour huit personnes, je veux dire que les proportions ont été établies pour huit personnes, et pas plus.

---

* Ce texte a paru, en prépublication, dans Documents de Recherche du Groupe de recherches sémio-linguistiques (EHESS-CNRS), 1979.

Le mieux serait d'utiliser une marmite en terre de Valauris. Mais, à la rigueur, n'importe quelle marmite peut faire l'affaire.

Vous versez donc dans la marmite provençale 6 litres d'eau que vous salez et poivrez tout de suite.

Écossez un kilo de haricots frais, et faites-les cuire à part dans une casserole d'eau bouillante. Épluchez ensuite six pommes de terre de grosseur moyenne, et coupez-les en petits dés.

Puis, pelez et épépinez quatre tomates.

Lavez à l'eau courante 350 grammes de haricots verts grainés, et coupez-les en petits morceaux après leur avoir enlevé les fils.

Grattez encore six carottes de grosseur moyenne, et coupez-les en dés.

Prenez enfin quatre poireaux dont vous ne devez utiliser que le blanc : lavez-les, et coupez-les en rondelles.

Lorsque l'eau bout dans votre marmite, précipitez-y les haricots en grains qui ont commencé à cuire à part.

Ajoutez tomates, pommes de terre, ainsi que six courgettes que vous aurez auparavant pelées et coupées en dés.

Ajoutez enfin deux branchettes de sauge.

Lorsque le tout recommence à bouillir, baissez le feu, et laissez cuire à feu modéré pendant deux heures.

Une demi-heure avant de servir, ajoutez les poireaux et les haricots verts grainés, ainsi que du gros vermicelle (ou de minuscules coudes).

Pendant que la soupe cuisait, vous aurez eu amplement le temps de confectionner le pistou proprement dit. Car, j'allais oublier de vous le préciser : la soupe au pistou est une soupe aux légumes à laquelle on ajoute, au dernier moment, une sorte de pommade odorante – le pistou – qui lui donne mieux que de l'esprit : du génie. Dans un mortier en marbre ou en bois d'olivier, vous pilez deux ou trois poignées de feuilles de basilic (autant

□ □ □ □ □ □ que possible du basilic d'Italie à grosses feuilles) avec six grosses gousses d'ail de Provence (car il est beaucoup plus doux que l'ail récolté dans le reste de la France), et 300 grammes de parmesan que vous avez au préalable coupé en fines lamelles (le seul fait de le râper change le goût de votre soupe).

Vous obtenez, avec beaucoup de peine et de patience, une pommade que vous arrosez, pendant la préparation, avec cinq ou six cuillerées d'huile d'olive.

Enfin, lorsque votre soupe est prête, vous la retirez du feu, mais, avant d'y ajouter le pistou, il convient d'attendre qu'elle ne bouille plus du tout. Pour cela, il est recommandé de délayer le pistou dans le mortier avec une ou deux louches de soupe. Puis vous versez le tout dans la marmite en tournant vivement. Cette opération empêchera l'huile du pistou de brousser. Versez enfin votre soupe dans la soupière, et servez.

□

1. LA RECETTE DE CUISINE

1.1. La recette de cuisine, bien que formulée, à la surface, à l'aide d'*impératifs,* ne peut être considérée comme une prescription, régie par un /devoir-faire/ sous-tendu à l'ensemble du texte. Elle se présente d'abord comme une proposition de contrat de type : « Si vous exécutez correctement l'ensemble des indications données, alors vous obtiendrez la soupe au pistou. » Il s'agit donc au départ d'une structure actantielle mettant en présence deux sujets – le destinateur et le destinataire – situés tous les deux sur la dimension cognitive : le destinateur, normalement chargé de modaliser le destinataire, ne se soucie guère de lui transmettre un /vouloir-faire/ ni un /devoir-faire/, se contentant de l'investir de la modalité du /savoir-faire/. De ce point de vue, la recette de cuisine ne se distingue pas, par exemple, de la loi sur l'*interruption volontaire de grossesse* (précédemment analysée dans le cadre du séminaire) qui, malgré son statut apparent de *loi,* se présente comme un parcours savamment programmé d'actes à accomplir, élaboré à l'intention des femmes désireuses d'interrompre leur grossesse, sans pour autant communiquer un quelconque /devoir-/ ou /vouloir-faire/. Dans un cas comme dans l'autre, les modalisations apparentes, manifestées à la surface discursive, ne correspondent pas au statut modal du texte révélé par l'analyse.

1.2. C'est l'acceptation de ce contrat implicite qui déclenche le *faire* culinaire et permet de situer le passage du cognitif au pragmatique, de la compétence à la performance. Le /savoir-faire/, considéré comme une des composantes de la compétence du sujet et qui reste sous-entendu et présupposé dans les comportements quotidiens des hommes, se trouve ici non seulement explicité, mais, par une sorte de déviation qui le détourne de sa finalité qui est le passage à l'acte, *manifesté* sous forme d'un discours particulier. La recette de cuisine peut, par conséquent, être considérée comme une sous-classe de discours qui, tout comme des partitions musicales ou des plans d'architecte, se présentent en tant que *manifestations de compétence actualisée,* antérieurement à sa réalisation.

1.3 Bien que le texte de la recette comporte de nombreux éléments du faire persuasif, celui-ci ne constitue pas la raison décisive de l'acceptation du contrat. L'acceptation, en tant qu'assomption du /savoir-faire/, s'intègre dans un PN (programme narratif) déjà élaboré, suscité soit par un /vouloir-faire/ – invitation adressée aux amis, par exemple – , soit par un /devoir-faire/ – besoin de nourrir sa famille. Le destinataire de la recette de cuisine est, par conséquent, déjà un sujet modalisé (S_1) en possession d'un programme à réaliser. Le faire persuasif ne joue qu'un rôle secondaire, au moment du choix de telle ou telle recette; bien plus, il se situe à un autre niveau, celui du programme de l'auteur soucieux de faire vendre son livre de cuisine. Aussi, dans l'analyse qui suivra, n'en tiendrons-nous pas compte.

Le PN en question – que nous appellerons *PN de base* – consiste dans l'attribution, par S_1, de l'objet de valeur O, « la soupe au pistou », au sujet d'état S_2, « les convives » :

$$PN \text{ de base} = S_1 \longrightarrow (S_2 \cap O : \text{soupe}).$$

C'est dans le cadre constitué par ce PN de base que s'inscriront les autres PN, considérés comme des *PN d'usage* ou d'auxiliation.

2. L'OBJET ET LA VALEUR

2.1. Pour que S_1 puisse transmettre l'objet de valeur « soupe », il faut qu'il le possède d'abord. Or la possession ne peut être assurée qu'à l'aide d'un *PN de don* (effectué par le destinateur), d'un *PN d'échange* (commande chez un traiteur) ou, finalement, d'un *PN de production*. C'est à ce dernier cas que correspond la réalisation de la recette de cuisine.

2.2. Un programme de production consiste dans la construction d'un *objet de valeur,* c'est-à-dire d'un objet dans lequel soit investie une valeur dont la conjonction avec S_2 soit susceptible d'augmenter son être. Cette valeur peut correspondre, dans notre cas, soit à la satisfaction d'un *besoin,* soit à la procuration d'un *plaisir.* Les recettes de cuisine n'étant pas, de façon générale, rédigées à l'intention des gens qui meurent de faim, on peut admettre que la valeur investie consistera dans une sensation gustative euphorique. Les convives étant invités à éprouver un plaisir esthétique d'ordre gustatif, la valeur à produire devra faire partie du *code gustatif culturel* implicite.

Une telle valeur, relativement abstraite, est investie dans un objet figuratif complexe dénommé « soupe au pistou » dont la construction exige l'exécution d'un ensemble de programmes somatiques et gestuels. Le PN de construction, tout en étant un *PN d'usage* inséré dans le PN de base, aura donc la forme d'un *parcours d'ordre figuratif.* Dès lors, la comparaison se présente d'elle-même : alors que le conte merveilleux proppien – et les extrapolations auxquelles il a donné lieu – apparaît comme pouvant servir de modèle de *PN de construction de sujets,* une entreprise parallèle devrait être promue pour élaborer les modèles de *PN de construction d'objets.*

2.3. C'est en situant le PN de construction au niveau figuratif des discours qu'on s'explique l'importance de son *articulation temporelle.* La cuisson des éléments destinés à constituer la soupe est un *procès duratif,* comportant, de plus, un aspect *tensif* qui le dirige vers l'achèvement : la construction de l'objet se présente en termes de structuration aspectuelle. Ce qui, sur le plan logique, est interprété comme la *transformation* d'un état en un autre état (de la « non-soupe » en « soupe ») est formulé ici en termes de *devenir :* les différents ingrédients « deviennent » une soupe.

L'introduction de la temporalité, qui a pour effet de convertir les programmes en procès, permet de saisir sur le vif un des aspects définitoires de la programmation, qui consiste :

(a) dans l'élaboration d'une *suite d'implications* entre énoncés et programmes narratifs, logiquement nécessaires à la réalisation du PN de base, et

(b) dans la *conversion* de cette suite d'implications en une *série temporelle* de procès.

3. LE DISPOSITIF STRATÉGIQUE

La lecture superficielle du programme culinaire permet déjà de reconnaître, au niveau pragmatique (non réalisé) de celui-ci, l'existence de deux *PN parallèles et indépendants* dont la conjonction, à la fin du parcours, constitue le PN de construction global. Deux objets partiels sont construits à l'aide des programmes :

- PN_1 = confection de la « soupe aux légumes », et
- PN_2 = confection du « pistou proprement dit »,

pour constituer ensuite, par les procédures de « mélange » et de « fusion », un objet de valeur unique : la « soupe au pistou ».

L'examen de chacun de ces programmes permet, à son tour, d'y distinguer :

- un *PN principal* (qui commence, pour PN_1, par « versez 6 litres d'eau... »);
- une série de *PN adjoints* (tels que : « épluchez 6 pommes de terre... », « pelez et épépinez 4 tomates... », etc.).

3.1. LA SOUPE AUX LÉGUMES.

3.1.1. Le PN_1 principal est reconnaissable :

(a) par l'attribution qui lui est faite d'un espace autonome : la « marmite » qui peut être considérée comme un *espace utopique,* lieu des principales transformations du /cru/ en /cuit/. A la « marmite », espace propre du PN_1, s'oppose le « mortier », l'espace autonome du

PN$_2$ (le statut du troisième récipient, la « casserole », sera examiné plus tard) ;

(b) par l'adjonction à cet espace d'un actant sujet, « eau », qui sera institué comme opérateur des transformations : c'est l'eau, en effet, qui « fait cuire » les légumes :

(c) par la « dénaturalisation » de l'eau. L'instruction : « salez et poivrez *tout de suite* », marque bien le passage de l'eau de l'état de /nature/ à l'état de /non-nature/ ;

(d) par l'apparition implicite du sujet « feu » qui remplit une double fonction : en menant l'eau à l'état d'ébullition, il la qualifie en tant que sujet opérateur (pour faire cuire les légumes) ; en agissant directement sur l'eau-objet, il la transforme en objet consommable (la « bouillie » est déjà une soupe).

3.1.2. On voit que les opérations qui s'accomplissent dans l'espace utopique rapprochent le faire culinaire apparemment rationalisé du modèle mythique de la transformation du cru en cuit, en anthropomorphisant, notamment, les éléments de la nature et en les instaurant comme sujets opérateurs.

On voit, d'autre part, que si le réalisateur humain du programme culinaire se présente comme un maître d'œuvre, il délègue rapidement ses pouvoirs à d'autres sujets de faire (le feu *fait* bouillir l'eau ; l'eau *fait* cuire les légumes) en instaurant ainsi des *structures de manipulation* où les sujets délégués, étroitement surveillés (par l'attribution, notamment, du temps de cuisson propre à chaque légume, c'est-à-dire par l'établissement de la correspondance entre les procès duratifs de cuisson et les transformations logiques du /cru/ en /cuit/), semblent agir par mandat impératif.

3.1.3. Quant aux *PN adjoints,* qui, pour le PN$_1$, sont au nombre de neuf et qui sont formulés, à l'intérieur de la recette, comme celui-ci, par exemple :

« prenez quatre poireaux (n'utilisez que le blanc)

« lavez-les »

« coupez-les en rondelles »

on voit que leur raison d'être réside dans la transformation d'objets crus en objets non crus, seuls ces objets « semi-culturalisés » étant par la suite intégrés dans le PN principal, soumis à la cuisson et à la transformation en objets cuits. Les deux opérations sont ainsi distinctes :

la première pouvant être effectuée à l'aide des PN adjoints, alors que la seconde, opération de synthèse, s'accomplit dans le cadre du PN principal. C'est tout naturellement que les PN adjoints font penser, dans les cas de la construction des sujets, aux performances de qualification, et les PN principaux, aux performances décisives des sujets.

3.1.4. On notera aussi que la réalisation des PN adjoints, attribuée par notre texte au maître d'œuvre lui-même et exigeant, de ce fait, une programmation temporelle des tâches, peut tout aussi bien être confiée à des *sujets délégués* (humains ou automates). Pourtant, l'ordre de succession des PN adjoints, malgré l'apparence d'une consécution textuelle exigée par leur énumération, ne se trouve pas précisé ici : il ne deviendrait obligatoire que s'il était fondé sur une suite d'implications logiques. Il est à supposer que les programmes de construction d'objets plus complexes que le nôtre comporteraient des ordonnancements d'exécutions de tâche prévus à l'avance.

Une telle organisation de suppléances, reconnaissable sur les axes programmatiques parallèles dont les résultats, sous forme d'objets semi-finis, se trouvent progressivement intégrés dans le PN principal, rend compte finalement de la constitution et du fonctionnement de ce que nous avons désigné par ailleurs comme *sujet collectif syntagmatique* (en citant à ce propos les usines Renault). Il reste à voir, évidemment, dans quelles conditions un schéma de programmation, dès lors que son exécution devient itérative, est susceptible d'engendrer une institution (une entreprise).

3.1.5. Parmi les PN adjoints, il y en a un qui se distingue des autres par son caractère semi-autonome. En effet, ce programme :
  - « écossez un kilo de haricots frais, et faites-les cuire à part dans une casserole d'eau bouillante »
  . . . . . .
  - « lorsque l'eau bout dans votre marmite, précipitez-y les haricots en grains qui ont commencé à cuire à part »
est à la fois :

– *indépendant*, du fait qu'il possède son propre *espace utopique* (la « casserole »), ses propres sujets délégués manipulateurs (le feu et l'eau), et

– *adjoint*, parce que l'objet mi-construit par ce programme (les haricots qui ont commencé à cuire à part) se trouve intégré, en même temps que les autres objets non crus, dans le PN principal.

À première vue, c'est le temps de cuisson, plus long que pour les autres légumes, qui détermine à lui seul l'autonomisation de ce PN adjoint. Il est évident, de ce point de vue, que la recette de cuisine est mal rédigée : l'eau de la casserole doit être déjà bouillante au moment où commence l'exécution du PN principal. Cependant, la structure formelle de ce PN ne se distingue en rien des PN indépendants, il possède même en propre un PN adjoint « écosssez les haricots frais ». Ce qui semble se produire ici, c'est une déviation du PN visant à obtenir un objet de valeur propre, « les haricots cuits », et son intégration dans un dispositif fonctionnel plus vaste et autre : confectionner une soupe aux légumes. Une telle satellisation du PN indépendant ne peut que nous rappeler les procédures d'intégration des « motifs », susceptibles de fonctionner comme des récits autonomes, dans les structures narratives plus vastes.

3.2. LE PISTOU.

3.2.1. Le PN_2 visant la confection du pistou proprement dit possède, malgré son apparente simplicité, une indépendance réelle qui lui est garantie par sa situation dans l'espace utopique propre, le « mortier », mais aussi par la réalisation complète de son objet de valeur, le « pistou » qui n'est conjoint et mélangé avec la soupe aux légumes qu'au moment où « elle ne [bout] plus du tout ».

Son autonomie lui vient, d'autre part, de l'originalité des techniques mises en place en vue de la confection de l'objet : alors que, dans le PN_1, la marmite est, au commencement, remplie d'eau, c'est-à-dire d'un *liquide* qu'il s'agit de *solidifier*, l'exécution du PN_2 consiste à prendre en charge les produits *solides* pour les *liquéfier*. La réalisation des deux PN aboutit à peu près au même point et la fusion des deux objets produit l'objet complexe *liquide et solide* qu'est la soupe au pistou.

3.2.2. Le PN₂ principal se présente également très différent de celui du PN₁ : alors que dans le premier cas le faire culinaire de base était d'emblée délégué au feu et à l'eau en les instituant comme sujets manipulateurs, l'opération culinaire, réclamant la présence d'un sujet humain, est ici double : elle consiste
- dans la *trituration* (« pilez ») des objets solides;
- dans leur *arrosage itératif* avec de l'huile d'olive (liquide).

Quant aux ingrédients qui constituent, au départ, le contenu du mortier, on peut, du point de vue de leurs qualifications à entrer dans la composition de l'objet culturel à construire, les grouper en deux classes :

(a) l'huile d'olive et le parmesan (auxquels il faut ajouter le vermicelle du PN₁) sont déjà des objets culturels à part entière, possesseurs d'une histoire et d'un PN de construction complets. Le PN adjoint auquel se trouve soumis le parmesan (« coupé en fines lamelles » et non « râpé ») est donc une opération redondante du point de vue de sa « culturalisation »;

(b) le basilic et l'ail (auxquels il faut ajouter « deux branchettes de sauge » du PN₁) ne manquent pas de poser problème. La première impression qui se dégage de la lecture de la recette est que leur statut « naturel » et, de ce fait, non qualifié se trouve camouflé par une rhétorique textuelle :

- « trois poignées de feuilles de basilic (autant que possible du *basilic d'Italie* à grosses feuilles) »;
- « six grosses gousses d'*ail de Provence* (car il est beaucoup plus doux que l'ail récolté dans le reste de la France) ».

Tout se passe cependant comme si tout produit provenant d'un ailleurs, et impliquant de ce fait des opérations de transport, se trouvait déjà valorisé, susceptible d'être considéré comme un objet non naturel : constatation qui dépasse, on le voit, la reconnaissance des embellissements rhétoriques et qui renvoie à la question, autrement importante, du statut culturel des *épices*.

3.2.3. Tout en entrevoyant les grandes lignes qui permettent de saisir ce type particulier du faire culinaire – procédures qui vont de la *décomposition* des objets partiels, se servent de leur *liquéfaction* progressive et en arrivent à la *recomposition* d'un objet complexe nouveau (la « pommade ») – , il nous est impossible d'imaginer, en l'état actuel, le modèle qui rendrait compte de la construction de ce genre d'objets culturels. Une meilleure connaissance de l'œuvre théorique des alchimistes pourrait y apporter probablement quelque lumière. Il s'agirait, en somme, d'inventorier un nombre limité de procès technologiques élémentaires dont la combinatoire recouvrirait l'ensemble des faire producteurs d'objets culturels.

3.3. LA PROGRAMMATION.

Nous sommes maintenant en mesure de proposer la représentation de l'ensemble des procédures de construction de la soupe au pistou sous la forme d'un schéma de programmation :

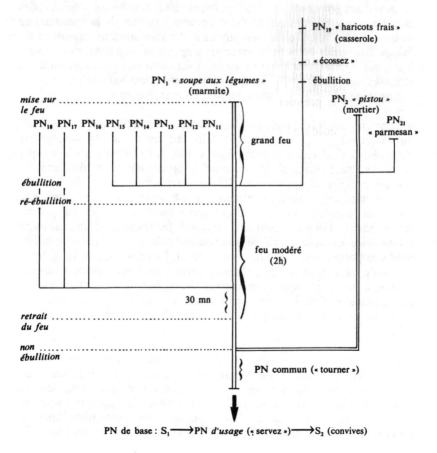

4. QUELQUES ENSEIGNEMENTS

Au terme de cet examen assez superficiel d'un texte inhabituel, il convient d'essayer d'en tirer, ne serait-ce que pour justifier son choix, quelques enseignements de caractère plus général.

4.1. Nous avons réussi, il nous semble, à situer les textes dits recettes de cuisine à l'intérieur d'une classe de discours plus vaste, celle de *discours programmateurs* qui peuvent être considérés comme des manifestations discursives de l'une des composantes de la compétence modale du sujet, celle du /savoir-faire/, manifestations déviantes du fait qu'elles interrompent le parcours narratif du sujet antérieurement à son passage à l'acte performateur et scindent ainsi le sujet en deux actants : un destinateur-programmateur et un destinataire-réalisateur, en instituant le premier dans le rôle du narrateur.

4.2. Si l'on considère l'acte comme justiciable de la structure modale du /faire-être/, on voit que le faire en question est susceptible d'appeler à l'existence soit des sujets, soit des objets. La sémiotique narrative, particulièrement sensible à la construction du sujet, a jusqu'à présent complètement délaissé la problématique de la *construction de l'objet*. Le texte examiné se présente justement comme le projet de construction d'un objet particulier, la soupe au pistou. Inversement, l'objet, considéré comme le résultat d'une activité productrice, est susceptible de recevoir une *définition générative* qui en rend compte par son mode de construction. Le projet sémiotique, on le voit, doit prendre en charge l'élaboration des modèles d'ordre génératif (et non génétique) en se rapprochant, de ce fait, de la recherche dite opérationnelle dont le caractère « appliqué » et la visée principale – l'optimisation des procédures de génération – ne doivent pas lui échapper.

4.3. La manifestation discursive de la structure modale du /savoir-faire/, que l'on saisit essentiellement comme une procédure de *programmation,* nous renseigne quelque peu sur le fonctionnement de cette « intelligence syntagmatique » qui reste le plus souvent implicite et présupposée par l'acte. On remarque en particulier que la programmation globale s'effectue à partir du point terminal du processus imaginé et consiste, en partant du *but* fixé, dans la quête et l'élaboration des *moyens* pour y parvenir, c'est-à-dire en remontant le temps et non en se laissant dériver avec lui. Ce n'est que dans une deuxième phase que s'opère la temporalisation des programmes narratifs et l'établissement de l'ordre de leur succession. Voici un argument de poids, s'il en est encore besoin, contre certaines théories narratives qui fondent l'articulation de la narrativité sur la succession temporelle.

4.4. Le caractère logique de la programmation explique, à son tour, la place particulière qu'occupe la construction d'objets dans le PN de base : ce qui est essentiel pour l'homme, c'est la quête et la manipulation des valeurs (leur appropriation, leur attribution, etc.) ; les objets ne l'intéressent – et leur construction ne mérite d'être entreprise – que dans la mesure où ils constituent des lieux d'investissements des valeurs. Aussi le niveau logico-sémantique où se reconnaissent et circulent les valeurs doit-il être considéré comme plus profond que celui, figuratif, où se construisent et/où s'échangent les objets.

4.5. Le schéma de programmation, tel que nous venons de le présenter en 3.3., malgré sa simplicité – ou à cause d'elle – peut être considéré comme un échantillon suggestif permettant de se faire une idée de ce qu'est l'*organisation sémiotique narrative* en général. Un discours narratif, quelle que soit sa complexité, est, du point de vue de l'énonciateur, un objet construit et, de celui de l'énonciataire, un objet susceptible de recevoir une définition générative.

Des accidents dans les sciences dites humaines *
analyse d'un texte de Georges Dumézil

☐ ☐   En observant la disposition de ce livre, les lecteurs auront le sentiment qu'il a été écrit pour répondre à la question suivante : « Qu'est devenu, dans la pensée religieuse de Zoroastre, le système indo-européen des trois fonctions cosmiques et sociales, avec les dieux correspondants? » C'est bien en effet le problème qui est ici présenté, mais il s'est substitué en cours de recherche à un tout autre énoncé.

À maintes reprises, nous avions rappelé qu'autour du couple des grands dieux souverains (Mitra et Varuna dans l'Inde, Odhinn et Týr en Scandinavie, etc.), il existe dans les diverses mythologies indo-européennes ce qu'on peut appeler des dieux souverains mineurs, c'est-à-dire des dieux moins importants dont le domaine reste situé dans la première fonction, dans la souveraineté magico-politique : ce sont, par exemple, Aryaman, Bhaga et les autres Aditya dans l'Inde, Heimdallr, Bragi et quelques autres en Scandinavie. Nous nous sommes proposé d'étudier ces souverains mineurs en commençant par l'Inde, où le groupe des sept Aditya est nettement caractérisé. Nous avons dû naturellement examiner aussi, dans l'Iran, le groupe des six Aməsha Spənta, des six « Archanges » qui sont immédiatement subordonnés à Ahura Mazdâh, dieu unique du zoroastrisme pur, et qui sont généralement considérés, depuis Darmesteter, comme les correspondants zoroastriens des Aditya védiques. Après MM. B. Geiger et H. Lommel, nous avons essayé de préciser entre les uns et les autres des rapports qui nous semblaient à nous-même plus que probables (v. Mitra-Varuna, p. 130 et suiv.). Mais cet effort n'a pas abouti. Des difficultés insurmon-

---

* Ce texte parut dans *Introduction à l'analyse du discours en sciences sociales*, Paris, Hachette, 1979.

☐ ☐ tables s'y sont opposées. Si les deux premiers Archanges (Vohu Manah et Asha Vahishta) et à la rigueur le troisième (*Khshathra Vairya*) se situent dans un domaine qui peut être en effet celui des Aditya, il n'en est pas de même pour les trois derniers (Spəntâ Armaiti, Haurvatât et Amərətât); les arguments de M. Geiger, très forts tant qu'il s'agit d'Asha, faiblissent avec *Khshathra* et deviennent franchement sophistiques avec Armaiti.

C'est alors que la possibilité d'une autre solution nous est apparue. De récentes études ont fait mieux connaître la religion indo-iranienne et la religion indo-européenne. M. Benveniste et nous-même avons montré que ces religions étaient dominées, encadrées par le système des trois fonctions (souveraineté, force guerrière, fécondité) et de leurs subdivisions; et ce système se trouve patronné, chez les princes arya de Mitani au XIVᵉ siècle avant notre ère comme dans plusieurs mythes et rituels védiques, par une série hiérarchisée de cinq ou six dieux dont naturellement les deux premiers seuls, les dieux des deux moitiés de la souveraineté, appartiennent, dans l'Inde, au groupe des Aditya. Ces dieux sont : d'abord Mitra et Varuna, puis Indra, puis les deux jumeaux Nâsatya. Or un certain nombre de traits immédiatement constatables et qui ne demandent aucune préparation pour être interprétés *rapprochent la liste hiérarchisée des anciens dieux fonctionnels et la liste hiérarchisée des Aməsha Spənta* et engagent à voir dans les seconds, à certains égards, les héritiers des premiers. De là l'hypothèse de travail formulée au chapitre II et les vérifications des trois chapitres suivants. Le problème d'où nous étions partis s'est évanoui, mais, de ses débris, se dégagent les éléments d'un autre problème, plus réel : accident fréquent dans les sciences dites humaines.

C'est également par accident que cette recherche, poursuivie comme les précédentes dans un cours de l'École des Hautes Études, vient à cette heure...

(G. Dumézil, *Naissance d'Archanges,* Gallimard.)

☐

1. INTRODUCTION

1.1. JUSTIFICATIONS.

Les progrès rapides de nos connaissances de l'organisation des *discours figuratifs* (folklore, mythologie, littérature) ont suscité des espoirs quant à la possibilité de la classification et de la réglementation des formes narratives donnant lieu à une grammaire ou à une logique narratives. Deux sortes de difficultés ont surgi en cours de route. On s'est aperçu, d'abord, de la complexité des discours narratifs dits littéraires et du rôle qui y est tenu par la dimension cognitive qui s'y hypertrophie et va jusqu'à se substituer, dans de nombreux textes « modernes », à la dimension événementielle. On a reconnu, ensuite, l'impossibilité de construire une grammaire discursive sans qu'elle rende compte des *discours non figuratifs* – ou paraissant tels – que sont les discours tenus dans le vaste domaine des « humanités », sans qu'elle ait à connaître des discours que nous-même tenons en sciences de l'homme.

Dans ce dernier domaine, il était impossible de ne pas penser en premier lieu à Georges Dumézil dont l'apport à nos recherches fut décisif et dont le discours, sous l'apparente simplicité qui tient autant à la modestie qu'à la conviction quant au rôle du savant dans le procès de la recherche, recèle en réalité des procédures à la fois rigoureuses et complexes où toutes les ruses de l'intelligence sont mises à contribution.

Dans l'ensemble de son œuvre, il fallait choisir un texte représentatif, et nous sommes reconnaissant à l'auteur d'avoir bien voulu nous indiquer celui dont la confection lui a donné le plus de satisfaction. Encore fallait-il opter ensuite entre deux formes d'approche possibles, entre l'analyse de l'ensemble du texte qui, tout en dégageant peut-être un certain nombre de caractéristiques générales, resterait nécessairement superficielle, et la micro-analyse d'une tranche textuelle où certains mécanismes mis en évidence, quelques faits assurés, risquaient de se perdre dans le labyrinthe des détails.

1.2. LE STATUT SÉMIOTIQUE DE LA PRÉFACE.

Notre choix s'est fixé finalement sur la préface de cet ouvrage méthodologiquement capital qu'est *Naissance d'Archanges,* préface dont le caractère exceptionnel, hors texte, se trouve souligné du fait qu'elle est dotée, séparément et pléonastiquement, de la signature de l'auteur.

Nous ne nous sommes pas leurré sur le piège que contenait ce choix. La préface ne fait pas partie du corps du livre. Sur l'axe temporel, elle est une postface et fait suite à la fois au discours de la recherche et à son exécution écrite. Son statut est celui d'une réflexion *méta-discursive* sur le discours déjà produit. Aussi une première segmentation du discours constitué par l'ouvrage disjoindrait-elle la préface du reste du texte en même temps que son titre ou ses différents sous-titres, en posant ainsi la question des relations que ces différents segments textuels entretiennent entre eux.

Ce méta-discours est censé révéler ce que l'auteur lui-même pense de son discours, de sa finalité et de son organisation. Encore peut-on se demander ce que vaut au juste cette « élaboration secondaire » tant par rapport au discours qu'elle veut réfléchir que par rapport à la « vérité textuelle » que l'auteur inscrit sans le chercher dans son méta-discours. On ne peut que s'étonner, par exemple, devant l'écart qui existe entre la pauvreté théorique des néo-grammairiens du XIXᵉ siècle, et la complexité rigoureuse de leur démarche méthodologique qui se déploie comme à leur insu.

S'il est intéressant de voir comment l'auteur conçoit le procès de la production du discours de la recherche, il ne l'est pas moins de suivre pas à pas la façon dont il raconte son déroulement. On s'aperçoit que les intentions affichées s'y trouvent comme submergées par des flots de procédures discursives qui relèvent d'un faire et d'une écriture dits scientifiques qui les dépassent parce qu'elles sont de nature sociolectale et/ou parce que l'auteur les utilise au nom d'une certaine éthique de la recherche.

Tout en visant à expliciter la conception personnelle de la recherche – et de la découverte scientifique qui en constitue la raison d'être –, nous sommes par conséquent en droit d'espérer retrouver, lors de l'examen du discours-préface, certaines régularités caractéristiques de tout discours à vocation scientifique.

1.3. ORGANISATION TEXTUELLE.

La préface, en tant que texte écrit et imprimé, se trouve découpée en six paragraphes qu'il est aisé de grouper en deux parties symétriques. Cette dichotomie se justifie par la récurrence du lexème *accident*, contenu dans la phrase qui termine le troisième paragraphe : «... *accident* fréquent dans les sciences dites humaines», et réapparaissant dès le commencement du paragraphe suivant : « C'est également par *accident* que cette recherche... vient à cette heure. »

Si l'on admet – comme nous essaierons de le montrer – que *accident* est le mot clef du texte et que *également* souligne une certaine équivalence entre les deux parties de la préface, on voit que celle-ci est consacrée au *récit de deux accidents,* le premier étant un accident dans la recherche et le second, dans la vie du chercheur.

Ainsi l'organisation du texte, considéré à sa surface, se présente comme une articulation simple de $6 = 2 \times 3$, c'est-à-dire comme une projection syntagmatique des structures binaire et ternaire, chères à l'auteur.

L'objet de notre propos – l'examen du discours de la recherche – nous oblige à limiter l'analyse à la première partie de la préface, dont nous reproduirons ici progressivement le texte distribué en paragraphes :

En observant la disposition de ce livre, les lecteurs auront le sentiment qu'il a été écrit pour répondre à la question suivante : « Qu'est devenu, dans la pensée religieuse de Zoroastre, le système indo-européen des trois fonctions cosmiques et sociales, avec les dieux correspondants ? » C'est bien en effet le problème qui est ici présenté, mais il s'est substitué en cours de recherche à un tout autre énoncé.

2. DISCOURS DU SAVOIR
ET DISCOURS DE LA RECHERCHE

2.1. DISCOURS S'ACTUALISANT ET DISCOURS RÉALISÉ.

Dès le premier paragraphe, une opposition, marquée par son articulation en deux phrases de structure différente, apparaît :

(a) entre deux phases de la production du discours, celle du discours *réalisé* sous la forme écrite d'un « livre » et présenté comme un *objet* « observable », et celle, antérieure, où le discours est saisi comme un *procès,* comme un « cours de recherche », et se trouve en état d'*actualisation*;

(b) entre deux formes discursives, la première le présentant comme un objet du savoir offert aux « lecteurs » institués comme sujet de la phrase, et la seconde qui, effaçant par la construction passive le sujet du faire scientifique, cherche à donner l'image du discours en train de se faire lui-même.

Cette conception, en apparence innocente, du discours donné d'abord comme le procès de production et ensuite comme objet produit se trouve supportée par un jeu de constructions syntaxiques et sémantiques beaucoup plus subtil.

2.2. LE DISCOURS RÉALISÉ ET LA COMPÉTENCE DU NARRATAIRE.

L'énonciateur, en installant dans son discours un actant de communication « les lecteurs » que l'on peut désigner comme *narrataire* [1], procède à une *délégation* de la parole qui lui permet d'exposer une certaine conception de la recherche sans pour autant la prendre directement à son compte. L'actant narrataire ainsi institué n'est pas une simple figure de rhétorique, il est doté, au contraire, par l'énonciateur d'un certain nombre de *compétences* :

---

1. En reprenant à notre compte ce terme de *narrataire,* proposé par G. Genette, nous suggérons de compléter la terminologie de l'énonciation en introduisant un couple d'actants présupposés et implicites : *énonciateur* vs *énonciataire,* et en les distinguant ainsi des mêmes actants : *narrateur* vs *narrataire,* installé et manifesté dans le discours par la procédure de *débrayage actantiel.*

(a) de la compétence attribuable à tout *énonciataire* qui lui permet d'exercer :

- un *faire informatif* (les lecteurs « observent » la disposition du livre),
- un *faire interprétatif* (ils sont susceptibles d'avoir « le sentiment que... ») ;

(b) de la *compétence narrative,* c'est-à-dire d'un savoir et d'un savoir-faire relatifs à l'organisation syntagmatique des discours, qui sert de support à son faire interprétatif et qui se manifeste comme :

- une *compétence narrative générale* (permettant, à partir de la « disposition » du livre, de reconnaître la finalité qui l'organise),
- une *compétence « scientifique » spécifique* (postulant que les livres sont écrits comme des « réponses » à des « questions ») ;

(c) de la *compétence linguistique* stricto sensu le rendant capable de formuler des questions et, chose plus remarquable encore, de formuler la question qu'il ne pose pas lui-même, mais qui est supposée être posée par l'énonciateur lors d'un discours intérieur qu'il s'adresse.

Un mécanisme fort complexe se trouve ainsi monté à l'intérieur du discours, ayant pour effet de sens la création d'une distance entre le sujet de l'énonciation et son énoncé, et attachant, du même coup, le discours réalisé à l'instance de la lecture.

2.3. LE DISCOURS DE LA RECHERCHE ET L'ABSENCE DU SUJET.

1. Le passage d'une phrase à l'autre (« C'est bien en effet le problème... ») laisse entendre que le propos du livre, c'est-à-dire l'*objet* de la recherche, reste inchangé quel que soit le lieu d'où on le considère. Toutefois, un léger décalage lexical suggère une appréciation différente de la *forme* de la recherche :

(a) ainsi, alors que, dans la première phrase, le but de l'ouvrage était conçu comme la réponse à une *question,* le livre apparaît, dans la seconde phrase, comme la présentation d'un *problème* : une « question à (laquelle) répondre » se trouve remplacée par une « question à résoudre » (définition de « problème » selon le *Petit Robert*) ;

(b) de même, tandis que le terme de *disposition,* utilisé d'abord, laissait entendre qu'il pouvait s'agir de n'importe quel ouvrage, pourvu qu'il soit ordonné selon les règles de la *rhétorique,* le *problème* se définit comme « question à résoudre qui prête à discussion, dans une *science* » *(Petit Robert);*

(c) bien plus : tandis que *disposition* fait surgir immédiatement son terme complémentaire *invention* et renvoie ainsi à une conception classique *linéaire* de la découverte, le *problème* qui apparaît est le résultat d'une *substitution,* prenant la place non d'un autre problème, mais d'un autre « énoncé » non problématique, et suggère une tout autre conception de la recherche.

Ainsi, à la conception du discours, genre littéraire classique, prêtée à l'actant « lecteurs », se trouve opposée celle du discours scientifique problématique.

2. Ce petit examen lexical auquel nous venons de procéder n'est pas un jeu du sémanticien habitué à solliciter le sens des mots : les termes considérés sont en fait des *méta-termes* traitant de l'organisation formelle des discours, même si ce n'est que de façon allusive et incomplète, et constituent autant de références à des micro-univers idéologiques dont on peut préciser les contours. Les oppositions plus ou moins implicites qu'ils relèvent se trouvent consolidées et éclairées par la mise en place d'appareils grammaticaux distincts.

Contrairement à ce qui se passe dans la première phrase où une certaine conception du discours est assumée par le narrataire délégué, aucun sujet à traits anthropomorphes n'est présent pour supporter le discours scientifique. L'expulsion d'un tel sujet se fait, il est facile de le noter, en deux temps :

(a) d'abord, par la construction passive de la première proposition : « le problème... est ici présenté (par...) », qui permet, bien que sa position soit tout indiquée, l'effacement du *narrateur;*

(b) ensuite, par la construction réfléchie de la seconde proposition : « le problème s'est substitué à... », où « problème » occupe en même temps les positions du sujet et de l'objet, ne laissant plus de place aux marques de l'énonciation.

S'il s'agit ici, tout comme dans la première phrase, de la procédure de *débrayage* actantiel, les résultats auxquels elle aboutit sont différents. L'énoncé produit se trouve, dans le premier cas, attaché et soumis à l'interprétation, simulée, de l'énonciataire, alors que, dans le second cas il est détaché, autant que faire se peut, de l'instance de l'énonciation pour apparaître comme le discours de la non-personne, n'appartenant à personne, c'est-à-dire comme le *discours objectif* dont le sujet serait la science se faisant elle-même.

Ce premier paragraphe est donc susceptible d'une double lecture : syntagmatiquement, il déroule les deux phases de la réalisation du discours de la recherche; paradigmatiquement, il oppose deux conceptions différentes de celle-ci. Ces deux types de « contenus » se trouvent, de plus, investis dans deux formes discursives différentes : assez paradoxalement, le premier discours, « personnalisé », est un discours sans problèmes, alors que le second, discours à problèmes, se donne comme un énoncé dépersonnalisé.

2.4. LA QUESTION.

1. Dans la mesure où, par hypothèse, le discours en sciences humaines est censé obéir aux règles d'organisation narrative, il doit épouser la forme de la quête d'un objet de valeur. Cet objet étant à son tour un certain *savoir* qu'on cherche à acquérir, le discours scientifique se présente comme une *aventure cognitive*. L'objet-savoir étant la visée du discours, il est évident que l'état initial d'où part la quête est un état de non-savoir : le récit scientifique se définit alors comme la transformation d'un /non-savoir/ en un /savoir/.

2. Le savoir en tant que *modalité* régit nécessairement un *objet* du savoir, situé lui, sur un *palier discursif* hiérarchiquement inférieur. Dans le cas que nous examinons, la structure bi-polaire *question* vs *réponse* qui est utilisée n'est que la formulation anthropomorphique de la structure narrative sous-jacente au récit : la question qu'est censé se poser le sujet du discours est un aveu implicite ou simulé de son ignorance, la réponse étant là pour la combler, en offrant, en tant que résultat de la quête, le savoir acquis. La question contient de ce fait, modalisé par l'ignorance, l'objet du savoir, le topique du discours.

Elle porte dans sa formulation de surface, sur le prédicat *devenir* qui a pour *fonction* de relier deux états historiques déterminés et qui est, du point de vue narratif, l'*objet du savoir* visé par la quête :

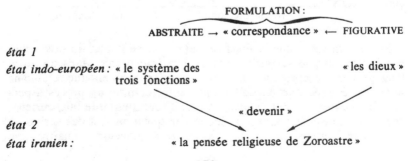

FORMULATION :

ABSTRAITE → « correspondance » ← FIGURATIVE

état 1
état indo-européen : « le système des   « les dieux »
trois fonctions »

« devenir »

état 2
état iranien :   « la pensée religieuse de Zoroastre »

3. La préface étant un méta-discours produit après le texte, pratiquement au même moment où l'ouvrage est doté de titre et de sous-titre, il est intéressant de comparer la question posée dans la préface avec les formulations des titres.

Assez curieusement, le titre – *Naissance d'Archanges* – et le sous-titre – *Essai sur la formation de la théologie zoroastrienne* – ne mentionnent que le second état, l'état iranien de la religion, en le présentant sous deux formes,

- *abstraite* : « la théologie zoroastrienne » et
- *figurative* : « les Archanges »,

qui correspondent à la double articulation de l'*état 1* dans la question de la préface, et que l'on peut mettre en parallèle :

		FORMULATION ABSTRAITE	FIGURATIVE
état 1		le système des trois fonctions	les dieux
état 2		la théologie zoroastrienne	les Archanges

4. Après avoir noté que le sujet phrastique de *devenir* est l'*état 1* et celui des deux autres prédicats, l'*état 2,* les différentes lexicalisations de la *fonction* reliant les deux états peuvent à leur tour être représentées comme suit :

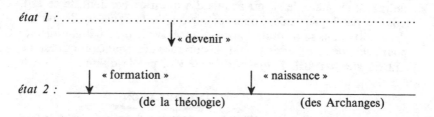

Si l'on considère que la *fonction* qui constitue l'objet du savoir visé par le programme scientifique peut être interprétée, dans un autre langage, comme « processus historique », on remarquera que celui-ci ne se trouve évoqué que partiellement, tantôt comme un procès aspectualisé *en amont,* tantôt *en aval.* A ceci il faut ajouter le fait, curieux, que les lexèmes désignant le processus en question sont des verbes ou des nominalisations des verbes *intransitifs* « devenir », « naître », se former », alors qu'ils sont censés traduire la *transition* d'un état à l'autre et que, dotés de sèmes *duratifs,* la durée qu'ils expriment ne fait que surdéterminer d'autres aspects – *inchoatif* et *terminatif* – du procès. Tout se passe donc comme si le processus de *transformation,* objet de savoir visé, se trouvait en grande partie évacué de ses investissements sémantiques au profit de deux états historiques nettement énoncés et dont l'opposition est confirmée par le rapprochement des questions de la préface et des réponses que fournissent par anticipation les titres de l'ouvrage.

Le problème de la saisie, de la représentation et de la définition des *transformations diachroniques* est ainsi implicitement posé.

3. LE RÉCIT DE L'ÉCHEC

A maintes reprises nous avions rappelé qu'autour du couple des grands dieux souverains (Mitra et Varuna dans l'Inde, Odhinn et Tŷr en Scandinavie, etc.), il existe dans les diverses mythologies indo-européennes ce qu'on peut appeler des dieux souverains mineurs, c'est-à-dire des dieux moins importants dont le domaine reste situé dans la première fonction, dans la souveraineté magico-politique : ce sont, par exemple, Aryaman, Bhaga et les autres Aditya dans l'Inde, Heimdallr, Bragi et quelques autres en Scandinavie. Nous nous sommes proposé d'étudier ces souverains mineurs en commençant par l'Inde, où le groupe des sept Aditya est nettement caractérisé. Nous avons dû naturellement examiner aussi, dans l'Iran, le groupe des six Aməha Spənta, des six « Archanges » qui sont immédiatement subordonnés à Ahura Mazdaâh, dieu unique du zoroastrisme pur, et qui sont généralement considérés, depuis Darmesteter, comme les correspondants zoroastriens des Aditya védiques. Après MM. B. Geiger et H. Lommel, nous avons essayé de préciser entre les uns et les autres des rapports qui nous semblaient à nous-même plus que probables (v. Mitra-Varuna, p. 130 et suiv.). Mais cet effort n'a pas abouti. Des difficultés insurmontables s'y sont opposées. Si les deux premiers Archanges (Vohu Manah et Asha Vahishta) et à la rigueur le troisième (*Khshath*ra Vairya), se situent dans un domaine qui peut être en effet celui des Aditya, il n'en est pas de même pour les trois derniers (Spəntâ Armaiti, Haurvatât et Amərətât); les arguments de M. Geiger, très forts tant qu'il s'agit d'A*sha*, faiblissent avec *Khshath*ra et deviennent franchement sophistiques avec Armaiti.

181

3.1. ORGANISATION DISCURSIVE ET NARRATIVE.

1. La substitution qui remplace un « énoncé » virtuel par le « problème », propos du livre, cataphoriquement annoncée dès le premier paragraphe, justifie l'*expansion discursive* qui recouvre toute la première partie de la préface : le deuxième paragraphe est l'expansion du terme « énoncé », le troisième, celle du terme « problème ». Du point de vue narratif, la substitution correspond au schéma syntagmatique bien connu, constitué par la duplication des épreuves, où la réussite finale se trouve valorisée par l'échec de la première tentative : deux récits – le récit de l'échec et le récit de la victoire – servent ainsi de soubassement aux développements discursifs du texte examiné.

2. Le récit de l'échec s'articule aisément en deux segments : la quête accomplie par le *sujet* est racontée par un « nous » – manifestation syncrétique du *narrateur* et du *sujet* du faire – qui tient un discours au temps *passé*; la défaite, marquée par l'apparition de l'*anti-sujet,* est directement prise en charge par l'*énonciateur,* produisant un discours objectif, donné au temps *présent* qui apparaît comme un présent atemporel de la vérité.

3.2. LE RÉCIT DU SUJET.

1. L'isotopie de surface de ce récit est assurée tout autant par l'itération du sujet phrastique *nous* que par une succession de prédicats lexicalisant, avec quelques variations sémantiques, les *activités cognitives* de ce sujet :

> « ... nous avions *rappelé* que... »
> « Nous nous sommes proposé d'*étudier*... »,
> « Nous avons dû... *examiner*... »,
> « ... nous avons essayé de *préciser*... ».

Cette succession d'énoncés dont les caractéristiques se trouvent précisées constitue un niveau discursif autonome que l'on peut désigner comme *discours cognitif.*

2. Ce discours à la première personne – le *nous* étant, à quelque connotation près, le substitut de *je* – comporte, subordonnés à chacun de ses prédicats cognitifs, autant d'énoncés d'objets dont l'enchaînement constitue un niveau discursif hypotaxique par rapport au premier. Caractérisé comme discours traitant des *objets* du savoir, il se présente en même temps, quant à sa forme syntaxique, comme un *discours objectif* (ou se faisant passer pour tel) du fait de sa dépersonnalisation actantielle et de sa prédication maintenue dans le présent atemporel.

3. Ce discours objectif se réfère constamment à d'autres discours censés le supporter et qui, absents du texte qui s'actualise, n'y sont représentés que par allusions et renvois supposés connus et vérifiables. Une série d'anaphoriques tels que :

« depuis Darmesteter... »
« Après MM. B. Geiger et H. Lommel, ... »
« (v. Mitra-Varu*n*a, pp. 130 et suiv.) »

auxquels il faut ajouter le « rappel » initial qui n'est qu'une *auto-référence,* constituent un troisième niveau discursif que l'on peut désigner comme *discours référentiel.*

Au lieu d'être un déroulement syntagmatique linéaire, le discours que nous examinons apparaît comme une construction à plusieurs niveaux dont chacun possède ses caractéristiques formelles et assume un rôle particulier.

3.2.1. *Le discours cognitif.*

On notera que ce discours est composé, à son tour, de *deux paliers,* le palier inférieur se présentant comme une suite de lexicalisations des différentes formes d'activité cognitive :

« étudier » $\longrightarrow$ « examiner » $\longrightarrow$ « préciser des rapports »

alors que le palier supérieur est fait de *modalisations* des prédicats cognitifs, leur enchaînement constituant le *programme narratif* qui organise l'ensemble des discours.

Mis à part l'énoncé initial, « Nous avions rappelé », qui représente, en tant qu'autoréférence au discours antérieur, la situation à partir de laquelle le récit va se déclencher (et dont le plus-que-parfait s'oppose aux passés composés du reste du récit), le dispositif modal correspond au schéma prévisible de l'*acquisition de la compétence* par le sujet du faire cognitif. Rappelons-le brièvement :

(a) « nous nous sommes proposé... » représente le syncrétisme du destinateur et du sujet du faire qui s'instaure lui-même comme *sujet du vouloir-faire;*

(b) « nous avons dû naturellement... » est la manifestation, sous forme de prescription, de la modalité du *devoir-faire* et de la reconnaissance d'un nouveau destinateur auquel le sujet accepte de se soumettre; ce destinateur, c'est la *méta-logique* qui exige l'inclusion des Archanges dans la classe des « souverains mineurs » indo-européens; le lexème « naturellement » qui y réfère comme à la « nature des choses » manifeste cette prescription logique;

(c) « nous avons essayé... » manifeste le *pouvoir-faire* supposé du sujet, cette modalité étant nécessaire pour passer à la *réalisation,* c'est-à-dire à la conjonction du sujet avec l'objet de valeur visé; or cet objet, tel qu'il a été précisé par la « question » à laquelle répond le livre, est le savoir sur la relation-fonction existant entre deux états de religion; la tentative du sujet cognitif consiste, ici aussi, à « préciser les rapports » entre les représentants des deux états.

Le programme narratif, conçu comme la modalisation du sujet, est mené jusqu'à l'épreuve décisive.

3.2.2. *Le discours objectif.*

1. Subordonné au faire cognitif, le discours dit objectif décrit les objets du savoir et les manipulations successives qu'ils subissent. Il est facile de reconnaître trois sortes de manipulations auxquelles ils sont soumis :

(a) Le faire taxinomique consiste *grosso modo* à consolider les objets du savoir par les opérations d'inclusion. Ainsi, les « souverains mineurs » sont placés « autour » du couple des deux souverains et les deux sous-ensembles sont inclus dans l'ensemble « première fonction »; d'un autre côté, les « souverains mineurs » font partie des « mythologies indo-européennes ». Nous y reviendrons.

(b) Le faire programmatique établit l'ordre syntagmatique des opérations cognitives : les souverains mineurs indiens sont « étudiés » d'abord, le groupe d'Archanges iraniens est « examiné » ensuite.

(c) *Le faire comparatif* prend en charge les objets du savoir partiel, reconnus grâce au faire programmatique, et vise à « préciser des rapports » entre eux.

2. Ce sont là différents types de manipulations cognitives – dont la liste n'est évidemment pas exhaustive – qui caractérisent le faire du sujet s'exerçant dans le cadre du discours cognitif. Les objets discursifs qui sont ainsi manipulés se trouvent présents sous la forme d'*énoncés d'état*. En voici quelques échantillons :

> « ... il *existe* ... des dieux souverains mineurs... Ce *sont*... »
> « ... le groupe des sept Aditya *est* nettement caractérisé »
> « des six " Archanges " qui *sont*... subordonnés... et qui *sont* généralement considérés comme... »
> « ... des rapports qui nous *semblaient*... plus que probables... »

S'il n'existe pas de doute quant à leur statut d'*énoncés d'état* qui les distingue des *énoncés de faire* cognitif qui les régissent, on remarquera sans peine que la relation prédicative d'existence qui les constitue se trouve chaque fois *modalisée* d'une certaine manière par des expressions telles que « nettement caractérisé », « généralement considérés », « semblaient », « probables » qui la surdéterminent en indiquant le degré de nécessité ou de certitude qui lui est attribué.

Le discours objectif, tout comme le discours cognitif précédemment examiné, comporte donc *deux paliers discursifs* distincts : un *palier modal* y régit la prédication d'existence constitutive du *palier descriptif*. Nous aurons à revenir plus tard sur la nature de cette nouvelle modalisation, qui n'est plus une modalisation du *faire*, mais de *l'être*.

3.2.3. *Le discours référentiel.*

1. Le discours référentiel n'est convoqué ici que comme un discours d'autorité, qui sera d'ailleurs contesté par la suite; aussi ne nous est-il pas possible d'examiner pour l'instant son organisation formelle. Tout au plus peut-on mettre en évidence un certain nombre de *modes de convocation* du discours référentiel, en considérant notamment les relations référentielles comme des *structures tropiques* servant de connecteurs. Deux procédures : la *référence* et l'*autoréférence* doivent être distinguées.

Dans le cas de *référence (a)* le nom d'auteur sert d'anaphorique à son discours et *(b)* ce nom est considéré comme inaugurant la série des discours (« *depuis* Darmesteter », « *après* MM. B. Geiger et H. Lommel ») qui le sanctionne et le dépersonnalise, en en faisant un *discours référentiel unique.*

L'autoréférence, au contraire, rétablit la continuité entre discours partiels d'un même auteur et les réunit en un seul discours personnalisé et cohérent, en le faisant paraître comme patronné par un projet global unique (cf. le second *sous-titre* du livre : « Jupiter, Mars, Quirinus »). Elle va jusqu'à produire un nouveau syncrétisme où l'acteur « nous », remplissant déjà les rôles de *narrateur* et de *sujet cognitif,* incarne, de plus, le *sujet* du discours référentiel.

Dans un cas comme dans l'autre, la référentialisation se reconnaît comme le phénomène d'*anaphore sémantique* : le discours référentiel « rappelé », forme en *expansion,* mais *absent,* est représenté, dans le discours en train de se faire, par sa forme *condensée* et *présente.* En fait, dans le segment que nous examinons, le discours référentiel, actualisé sous sa forme condensée, s'identifie avec le discours objectif.

2. On comprend maintenant pourquoi l'auteur a pris soin de dénommer, d'entrée de jeu, cette forme du discours de la recherche du terme vague d' « énoncé », terme qui ne prenait quelque consistance que par son opposition au discours-« problème ». En effet, la recherche, telle qu'elle est conçue ici, consiste dans la convocation sélectionnée d'un certain nombre de discours référentiels dont les formulations condensées se trouvent disposées selon un certain ordre dû à ce que nous avons appelé le *faire programmatique* et qui constitue la seule nouveauté de ce discours. Il s'agit bien là d'un discours classique et besogneux, résumé dans la formule *question* vs *réponse* et dont l'auteur se débarrasse à l'avance en en attribuant la paternité au narrataire imaginaire.

3.3. LE RÉCIT DE L'ANTI-SUJET.

3.3.1. *Surface discursive et dispositif narratif.*

1. L'apparition, au milieu du texte examiné, du disjonctif « mais » produit, dans le déroulement du récit, un effet de rupture, et ceci

d'autant plus que ce signal logique se trouve accompagné d'un changement de la forme discursive, le niveau cognitif disparaissant, du moins en apparence, au profit du discours objectif.

Ce changement de forme n'est pourtant qu'un phénomène de surface : significatif en soi, du fait qu'il occulte la manifestation directe de la narrativité dont le lieu privilégié, on l'a vu, est le discours cognitif, il ne la supprime pas pour autant. Ainsi,

(a) l' « effort » qui « n'a pas abouti » n'est qu'une récurrence sémantique, substantivée, du verbe *essayer* et représente le faire cognitif cherchant à passer à la *réalisation*; de même

(b) des « difficultés » qui « s'opposent » signalent l'apparition de l'opposant ou, mieux, de l'*anti-sujet,* introduit dans le texte par des procédés semi-figuratifs : le verbe *s'opposer* personnifie les « difficultés », l'adjectif *insurmontable* convoque une figure anthropomorphe.

2. La seule irrégularité que l'on peut observer est la permutation syntagmatique des deux énoncés narratifs : l'échec de l'épreuve (« n'a pas abouti ») précède, et ne suit pas, l'apparition de l'anti-sujet et la mise en évidence de la structure polémique du récit. Outre que la non-pertinence du déroulement linéaire du texte pour la reconnaissance du schéma narratif sous-jacent n'est plus à démontrer, la raison, discursive, de ce fait est très simple : « difficultés » est un cataphorique qui annonce la suite du discours et qu'il faut, de ce fait, rapprocher de son expansion.

3. La dépersonnalisation du discours n'arrive pas à dissimuler le fait que l'adjectif *insurmontable* ne se réfère à « difficultés » que comme à l'actant *objet,* le *sujet* de ce procès irréalisable, « que l'*on* ne peut surmonter » n'étant autre que le sujet du discours cognitif déjà manifesté par une série de *nous.* La modalité du /pouvoir/ que contient ce lexème s'inscrit donc dans la suite de modalisations marquant l'acquisition progressive, par le sujet cognitif, de sa compétence : le /pouvoir-faire/ qui présidait aux « essais » et aux « efforts » du sujet se révèle incomplet et illusoire face à l'anti-sujet; remplacé par le /ne pas pouvoir-faire/, il rend compte de la non-réalisation du programme narratif dont le schéma modal se présente comme :

$$[/\text{vouloir}/ \longrightarrow /\text{devoir}/ \longrightarrow /\text{pouvoir}/] \longrightarrow [/\text{ne pas pouvoir} \longrightarrow /\text{faire}/]$$

3.3.2. L'échec du faire cognitif.

En passant du palier modal au palier cognitif *stricto sensu,* on notera que l'échec, dû à un /ne pas pouvoir/, porte sur un /faire/ et que celui-ci visait à « préciser des rapports », c'est-à-dire à rendre compte du type de relations entre les Aditya indiens et les Archanges iraniens : l'échec narratif signifie par conséquent, sur le plan cognitif, l'échec du *faire comparatif.*

Or le faire comparatif présuppose l'inscription des objets à comparer dans un *cadre taxinomique* qui seul peut permettre la reconnaissance d'un *tertium comparationis,* d'un axe commun aux deux objets. La logique utilisée en l'occurrence est la logique d'inclusion, et le terme clef de ses opérations est la « situation ». Ainsi,

(a) les représentations figuratives que sont les Aditya et les Archanges sont « situées » dans un « domaine » qui leur est propre ;

(b) les « domaines », lieux de leur situation, sont à leur tour « situés » dans des « fonctions » et, dans le cas qui nous intéresse, dans la première fonction.

Il suffit dès lors de s'assurer que le « domaine » des Archanges est identique à celui des Aditya pour établir leur appartenance commune à la première fonction. On voit que le faire cognitif dont l'ultime visée est la comparaison comporte au préalable et nécessairement un sous-programme de *faire taxinomique,* cherchant à « situer » les Archanges, pris un à un, dans le « domaine » qu'ils partageaient en commun avec les Aditya, et que l'échec de cet effort classificatoire entraîne la non-conjonction du sujet cognitif avec l'objet de valeur visé.

3.3.3. La modalisation du discours objectif.

1. L'échec lui-même ne se présente pas de manière abrupte, mais progressivement. Une série d'opérations cognitives permet de rendre compte de cette dégradation :

(a) Les Archanges, répartis en trois sous-ensembles – opération qui relève du *faire programmatique* auquel nous avons déjà fait allu-sion –, sont « situés » dans un seul et même « domaine » – opé-ration d'inclusion qui donne lieu à la production de trois *énoncés d'état.*

(b) Chaque énoncé d'état se trouve ensuite *modalisé* selon le degré

de « solidité » que la relation d'existence qui le constitue est censée comporte.

2. Les modalités, exprimées en langue naturelle, peuvent être interprétées comme suit :

(a) les deux premiers Archanges, « peut être »   ≃ */possibilité/*
(b) le troisième, « à la rigueur »   ≃ */possibilité faible/*
(c) les trois derniers, « il n'en est pas de même »   ≃ */impossibilité/*

On voit que la première et la troisième de ces modalisations correspondent aux positions aisément reconnaissables du carré *aléthique* :

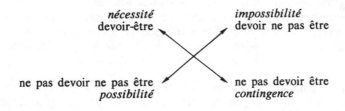

Remarque : La modalisation par */possibilité faible/* apparaît comme un élément de *relativisation* des rapports catégoriques. Il s'agit là d'une tendance générale qu'on rencontrera à plusieurs reprises.

3. Le *discours objectif,* tel qu'il est déroulé en cet endroit, se présente donc comme une construction en deux paliers :

(a) le *palier descriptif,* fait d'une suite d'énoncés d'état, représente les résultats du *faire cognitif*;

(b) le *palier modal,* qui surdétermine le premier, est le lieu de la manifestation des *modalités aléthiques* qui régissent les prédicats d'existence des énoncés descriptifs.

Ce sont ces modalités et notamment la dernière d'entre elles, l'*impossibilité* (qui n'est que la dénomination logique d'un */devoir ne pas être/*), qui « s'opposent » au faire du sujet cognitif et le disqualifient comme */ne pouvant pas faire/*.

3.3.4. *La modalisation du discours référentiel.*

1. Le segment textuel relatif à l'exposé des « difficultés » comprend deux phrases, dont la première, que nous venons d'analyser, relève du discours dit objectif, et la seconde, du discours référentiel. Ce dernier, qui n'exploite plus que le discours-occurrence de Geiger, se trouve découpé en séquences anaphoriquement désignées comme « arguments », de telle sorte qu'à chaque séquence-argument du discours référentiel correspond un énoncé d'état du discours objectif.

Le terme d'*argument* choisi pour dénommer les séquences référentielles est, on s'en doute, motivé et indique qu'il s'agit là d'un *faire persuasif*. (La question qui reste ouverte est de savoir si le faire persuasif scientifique possède des traits spécifiques qui le distinguent des discours de la persuasion en général.) Celui-ci se trouve découpé en sous-programmes narratifs appelés « arguments » dont les résultats, rapportés et intégrés dans le discours objectif, y forment des énoncés d'état. La référence qui va d'un niveau discursif à l'autre peut dès lors être définie comme une relation structurale s'établissant entre le procès et l'état, entre le programme narratif et ses résultats.

2. On aura remarqué sans peine que les séquences-arguments (dans notre cas précis : des sous-programmes visant à opérer l'inclusion de tel ou tel Archange dans le « domaine » unique) sont soumises, une à une, à une sorte d'*évaluation modalisante* dont les résultats sont présentés comme la « force » des arguments. Ainsi, en choisissant un représentant pour chacun des trois sous-ensembles d'Archanges précédemment établis, on dira des arguments relatifs
- au deuxième Archange, qu'ils sont « très forts » ;
- au troisième Archange, qu'ils « faiblissent » ;
- au quatrième Archange, qu'ils « deviennent franchement sophistiques ».

De même que les énoncés descriptifs du discours objectif correspondent aux « arguments » du discours référentiel, les modalisations aléthiques reposent sur la « force » de ces arguments.

3.3.5. *L'économie narrative du récit de l'échec.*

1. Une question, capitale, se pose, à savoir : qui est l'autorité habilitée pour l'estimation des arguments, et où se situe le sujet de cette nouvelle

modalisation? À première vue, la « force » des arguments relève du faire persuasif et, par conséquent, du sujet du discours référentiel. Il n'en est rien cependant car, tandis que le sujet « Geiger », en développant son faire persuasif, croit avoir réussi ses épreuves, quelqu'un d'autre prend en considération ses sous-programmes et leurs résultats, les examine et les évalue tantôt comme des succès (« très forts »), tantôt comme des échecs (« franchement sophistiques »). Ce quelqu'un prend donc en charge le discours référentiel et exerce sur lui son *faire interprétatif* dont les résultats constituent une nouvelle surmodalisation du discours considéré. On voit que ce quelqu'un ne peut être que l'*anti-sujet* qui, par ses jugements modaux, dresse « des difficultés insurmontables » qui condamnent le *sujet* à l'échec.

2. Tout ceci permet de mieux comprendre l'économie générale de l'organisation narrative du discours analysé : il existe un *sujet* qui, présent dans le texte sous la forme de « nous », exerce son faire cognitif en faisant appel à une série d'*adjuvants* que sont les fragments sélectionnés de différents discours référentiels; mais, en face de lui, apparaît un *anti-sujet* dont le faire interprétatif, portant sur les arguments du discours référentiel qu'il a convoqués à titre d'*opposants*, arrête le progrès narratif du sujet et voue son faire à l'échec. Le discours de la recherche, lorsqu'il s'organise comme le récit de l'échec, présente sa *structure polémique* comme un combat que se livrent, à l'intérieur de l'acteur appelé « auteur », le sujet et l'anti-sujet, deux projections objectivées de l'instance de l'énonciation.

On comprend alors le retentissement que cette mise en scène narrative produit sur l'organisation discursive de surface : le discours cognitif, affiché comme tel et personnalisé, est le lieu de la manifestation du chercheur malchanceux, tandis que le discours objectif qui le suit, en occultant l'anti-sujet, fait apparaître la « science » comme la seule gagnante de l'épreuve.

3.3.6. *Les modalités épistémiques.*

1. La reconnaissance du sujet modalisateur n'épuise pas la question que pose la nature des modalités apparaissant à la surface du discours comme des estimations de la « force des arguments ».

Ce sont, on l'a vu, des appréciations formulées à la suite du faire interprétatif qui s'exerce sur le discours convoqué à cet effet : le lieu de leur production correspond donc à l'*instance de l'énonciataire* et non de l'*énonciateur*. Elles instituent une *distance fiduciaire* entre les paroles de l'autre et l'adhésion qu'il convient de leur témoigner et elles apparaissent de ce fait comme régulatrices de notre savoir sur le monde. Désignées comme *modalités épistémiques,* elles pourraient être distribuées sur le carré comme

Les lexicalisations « très forts » et « franchement sophistiques » s'identifieraient avec les positions /*probable*/ et /*improbable*/, tandis que l'expression « faiblissent » se situerait sur l'axe qui les relie.

2. Toutefois, la mise sur le carré de ces modalités peut donner une impression trompeuse quant à leur statut catégorique. Contrairement aux modalités aléthiques où l'opposition /*possible*/ vs /*impossible*/ se présente comme un couple de *contradictoires,* les oppositions des termes épistémiques ne sont que les *polarisations* du continu, permettant la manifestation d'un grand nombre de positions intermédiaires. Le lexème « croire », par exemple, peut à lui seul représenter, selon les contextes, toutes les positions entre /certitude/ et /incertitude/.

On voit immédiatement les conséquences fâcheuses que ce caractère relatif des modalisations épistémiques peut avoir sur la rigueur du discours dit scientifique. Car, si les modalités aléthiques qui le régissent sont fondées, comme tout semble nous le faire croire, sur des modalisations épistémiques statuant sur le discours référentiel, le passage des jugements relatifs aux constats catégoriques ne va pas de soi. La /*possibilité faible*/ qu'on a vu apparaître dans le discours objectif porte témoignage des difficultés que rencontre le discours en sciences humaines.

3.3.7. *Le paraître et l'être.*

La confusion entre les modalités épistémiques et aléthiques est visible dans la première partie de notre récit où des tranches discursives référentielles étaient convoquées en fonction d'adjuvance. Des expressions telles que « nettement caractérisés » ou « généralement considérés » relèvent-elles de la modalisation épistémique ou aléthique ? Ne seraient-elles pas plutôt des syncrétismes dus à la difficulté de distinguer les deux niveaux discursifs, du fait que le sujet du discours cognitif est en même temps celui, en partie, du discours référentiel ?

Il n'en est plus de même de la troisième modalisation où le « plus que probables » se présente directement comme un jugement épistémique. Toutefois, fait gênant, cette /*probabilité forte*/ se trouve située sur l'*isotopie du paraître* (« nous *semblaient* plus que probables »). Tout se passe donc comme si la fonction principale de la modalisation épistémique – qui fonde la modalisation aléthique du discours objectif, cette dernière déterminant, à son tour, le statut modal du sujet cognitif – consistait à aménager le passage, à supprimer la distance entre l'*isotopie phénoménale du paraître* et l'*isotopie nouménale de l'être* (au sens sémiotique et non métaphysique de ces termes). Ainsi, l'articulation fondamentale – telle qu'on peut la retrouver au niveau des structures profondes du récit de la découverte que nous analysons – se présente, à partir de l'isotopie du *paraître* qui se trouve posée initialement, comme la *négation du paraître* (correspondant, à la surface, au récit de l'échec), faisant surgir, dans la seconde partie narrant la victoire, le terme jusque-là occulté de l'*être* :

Remarque : L'opération (1) est recouverte par le récit de l'échec, l'opération (2) correspond au récit de la victoire.

Au risque d'anticiper sur l'analyse qui suivra, il nous faut invoquer, pour confirmer l'interprétation proposée, la dernière phrase, conclusive, du paragraphe suivant qui, reprenant le thème de la substitution, constate que « le problème d'où nous étions partis s'est *évanoui* », cédant sa place à « un autre problème, *plus réel* », deux lexicalisations que l'on peut identifier avec la négation du paraître et l'assertion de l'être.

Le discours de la découverte se donne donc, presque au sens étymologique du terme, comme la révélation des réalités qui se cachent sous les apparences.

4. LE RÉCIT DE LA VICTOIRE

C'est alors que la possibilité d'une autre solution nous est apparue. De récentes études ont fait mieux connaître la religion indo-iranienne et la religion indo-européenne. M. Benveniste et nous-même avons montré que ces religions étaient dominées, encadrées par le système des trois fonctions (souveraineté, force guerrière, fécondité) et de leurs subdivisions; et ce système se trouve patronné, chez les princes arya de Mitani au XIVe siècle avant notre ère comme dans plusieurs mythes et rituels védiques, par une série hiérarchisée de cinq ou six dieux dont naturellement les deux premiers seuls, les dieux des deux moitiés de la souveraineté, appartiennent, dans l'Inde, au groupe des Aditya. Ces dieux sont : d'abord Mitra et Varuna, puis Indra, puis les deux jumeaux Nâsatya. Or un certain nombre de traits immédiatement constatables et qui ne demandent aucune préparation pour être interprétés *rapprochent la liste hiérarchisée des anciens dieux fonctionnels et la liste hiérarchisée des Amǝha Spǝnta* et engagent à voir dans les seconds, à certains égards, les héritiers des premiers. De là l'hypothèse de travail formulée au chapitre II et les vérifications des trois chapitres suivants. Le problème d'où nous étions partis s'est évanoui, mais, de ses débris, se dégagent les éléments d'un autre problème, plus réel : accident fréquent dans les sciences dites humaines.

C'est également par accident que cette recherche, poursuivie comme les précédentes dans un cours de l'École des Hautes Études, vient à cette heure...

4.1. L'ACQUISITION DE LA COMPÉTENCE.

1. Le nouveau paragraphe débute par une phrase dont la structure syntaxique est assez insolite : elle est formulée comme relevant du discours objectif, mais comporte en même temps un *nous* qui prolonge le discours cognitif antérieur, en conférant au narrateur la position du *sujet passif*. La restitution de la forme active exigerait une lexicalisation différente où « apparaître » serait remplacé par « apercevoir ». Le choix fait par l'énonciateur est donc significatif : il attribue au *nous* le rôle de *récepteur passif* à qui une « apparition » est imposée.

Dans la permanence du discours cognitif, nous sommes obligé de reconnaître, du fait de cette apparition brusque (« c'est alors que... » est une tournure emphatique), une rupture du récit ou, mieux, l'irruption d'un *événement* qui permet son redéploiement. Bien plus : l'apparition, définie comme la « manifestation d'un *être* invisible qui *se montre tout d'un coup* sous une forme visible » (*Petit Robert*), comporte, dans sa structure syntaxique sous-jacente, l'exigence d'un sujet apparaissant implicite, différent de celui manifesté par *nous*.

Une telle interprétation du phénomène d'*apparition* se trouve confirmée d'ailleurs par l'insistance avec laquelle l'auteur y revient dans la seconde partie de sa préface où, se référant au même « alors » narratif, il parle de la « surprise... (qu'il) nous réservait ». Or la *surprise*, « émotion provoquée par quelque chose d'inattendu » *(Petit Robert)*, caractérise de la même manière le sujet récepteur, subissant la « provocation » d'un *sujet émetteur* autre.

2. « La possibilité d'une autre solution » occupe la position du sujet phrastique. Or, si l'on tient compte que la transformation passive n'est que l'inversion des rôles du sujet et de l'objet, on admettra facilement que le segment phrastique donné comme sujet n'est, sémantiquement, que l'objet « vision » que reçoit le sujet « nous », tandis que le sujet émetteur qui est à l'origine de cette vision, restant implicite, représente, sur le plan narratif, l'instance actantielle du *destinateur X*.

Examinons de plus près le contenu de cette « apparition ». D'entrée de jeu, on s'en souvient, le discours de la recherche était présenté comme un *problème*. C'est son terme complémentaire, celui de *solution*, qui apparaît maintenant, permettant de représenter le programme de recherche comme situé sur l'axe

$$problème \longrightarrow solution$$

la solution pouvant être interprétée à la fois comme le procès qui permet de résoudre le problème et comme *son terme final*, l'acquisition de l'objet du savoir visé.

La « possibilité de solution » qui apparaît ainsi se présente, par conséquent, comme le *programme narratif virtuel*. Ce programme – ou plutôt le sujet auquel ce programme sera attribué – est, de plus, *modalisé* : le lexème *possibilité*, qui normalement relèverait du carré aléthique s'il régissait un énoncé d'état, est ici l'expression de la modalisation énonciative parce qu'elle porte sur le *faire*, et non sur l'être, et doit être interprétée comme l'attribution d'un /pouvoir-faire/.

Ce qui apparaît au sujet *nous*, c'est finalement le contenu à la fois modal et programmatique du faire scientifique, constitutif de la *compétence du sujet cognitif.* L'attitude du sujet en position de *récepteur* le montre prêt à accueillir cette compétence, et sa *passivité* est là pour nous signaler qu'il n'est pour rien dans son acquisition, que l'opérateur du transfert est un autre, autrement dit, que la compétence est un *don* du destinateur X, remis, de manière brusque et inattendue, au destinataire-sujet. Ce sujet, naguère disqualifié comme /ne pouvant faire/, se trouve ainsi de nouveau doté de la modalité du /pouvoir-faire/, et l'actualisation du nouveau programme peut commencer.

4.2. LA MANIPULATION DIALECTIQUE.

1. Grâce à l'analyse minutieuse du paragraphe précédent, nous nous trouvons mieux armé pour comprendre le fonctionnement complexe du discours scientifique et reconnaître ses ruses. Ainsi, il est facile de voir dans le lexème « études », occupant la position du sujet dans la nouvelle phrase, la représentation condensée, sous sa forme nominale, du *faire cognitif* dont les verbalisations « étudier » $\longrightarrow$ « examiner » $\longrightarrow$ « préciser » étaient étalées le long du récit précédent. « Études » n'est pas seulement la forme condensée signalant l'existence du niveau cognitif du discours, c'est aussi une cataphore annonçant sa production ultérieure en expansion.

La fonction de ce discours cognitif se trouve précisée par le prédicat « faire mieux connaître ». Il s'agit d'un faire qui consiste à augmenter, quantitativement ou qualitativement, le savoir (« *mieux* connaître ») mais aussi à « *faire* connaître », c'est-à-dire à produire du savoir aux fins de sa *communication* à un actant qui se trouve implicitement posé et qui n'est autre que l'*énonciataire.* La même structure actantielle de la communication est d'ailleurs reprise dans la phrase suivante où deux acteurs (« M. Benveniste et nous-même ») assument la tâche de « montrer » quelque chose à quelqu'un. Le discours cognitif comporte, comme on pouvait s'y attendre, une double fonction : il est à la fois un *faire* et un *faire-savoir,* un procès cumulatif de production et de transmission, utilisant les procédures de construction d'objets sémiotiques et de faire persuasif.

2. On comprend alors mieux le mécanisme de la manipulation dialectique qui rend compte des changements successifs du statut formel du discours scientifique. En tant que faire cognitif, il est un

procès créateur du savoir; en tant que faire-savoir, il se présente comme une opération de transfert du savoir considéré comme objet consolidé, parce que résultat du faire cognitif et se donnant comme discours objectif; en tant qu'objet acquis par l'énonciataire éventuel, il change de statut pour apparaître comme le discours référentiel qui, une fois déchiffré et évalué, pourra servir de support à un nouveau discours cognitif. Autrement dit, un même discours, possédant – abstraction faite de différentes modalisations qui sont autant de systèmes de régulation et de médiation entre diverses instances – une organisation narrative et rhétorique à peu près constante, est susceptible de changer de statut formel et d'acquérir chaque fois une *signification localisée* différente, relative à sa position dans le cadre du discours global.

La manipulation qui consiste à se saisir du *discours cognitif* pour le transformer en *discours référentiel* susceptible d'engendrer un nouveau *discours cognitif* est un des éléments constitutifs de la définition du progrès scientifique.

Sans chercher à tout prix une symétrie, on doit tout de même préciser que le discours cognitif se situe dans la perspective de l'*énonciateur,* alors que le discours référentiel relève de l'*énonciataire* qui le prend en charge, un seul acteur pouvant assumer – et assumant presque toujours – les deux positions actantielles, tant il est vrai que le processus de la communication – dont le discours global est à maints égards le simulacre – consiste dans l'échange continuel des deux rôles. Par rapport à ces deux instances mobiles, le discours-objet, dépersonnalisé et objectivé, est plus qu'une occultation frauduleuse du faire persuasif et du faire interprétatif qui le fondent et le supportent : lieu d'un savoir incertain, il est en même temps projet du savoir vrai.

4.3. LES PERFORMANCES COGNITIVES.

4.3.1. *Une nouvelle taxinomie.*

L'échec de la première quête étant dû aux insuffisances taxinomiques, il est naturel que l'entreprise reparte par la mise en place d'une nouvelle organisation taxinomique des objets sémiotiques.

1. Ce départ consiste dans la présentation de l'acquis des « récentes études » que l'on effectue par la référentialisation des recherches

antérieures. Elle pose à la fois et l'objet du savoir qui est l'univers sémantique à explorer et l'interprétation qu'il convient de lui donner :

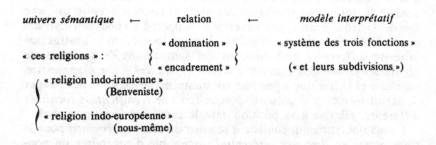

2. La démarche suivante prend la forme d'une mise en parallèle du concept de *système* qui articule de manière *abstraite* l'univers sémantique examiné et de celui de *série hiérarchisée,* censée reproduire les mêmes articulations sur le plan *figuratif* peuplé de dieux. Toutefois, le parallélisme obtenu est plus que l'établissement de deux plans superposés de « réalité religieuse » – comme le terme « patronner » qui lexicalise leur relation le laisserait entendre –, c'est une véritable *homologation* des dieux, considérés comme des dénominations, et de leurs définitions fonctionnelles, et qui institue le plan figuratif comme le plan du *signifiant* doté du *signifié.*

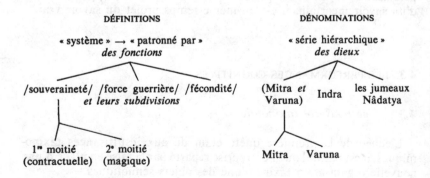

Chaque nom de dieu se trouve ainsi attaché à une « fonction », et la nouvelle désignation de « dieux fonctionnels » ne fait que confirmer leur statut de *signes*. Le progrès taxinomique, en comparaison avec la première tentative, est remarquable : d'une logique d'inclusion qui « situait » chaque dieu dans un « domaine » sans s'interroger sur la nature sémiotique de l'un ni de l'autre, on passe maintenant à une logique qualitative où les figures divines, considérées comme des signifiants, sont susceptibles d'être comparées dans leurs signifiés et identifiées par les *traits* sémantiques – terme qui apparaît au bon moment – qui les définissent.

3. En même temps que cette précision du statut sémiotique des objets d'analyse s'opère un enrichissement du modèle interprétatif. En passant du concept de système à celui de série hiérarchisée, on s'aperçoit que, si le premier se présente comme une *organisation systématique* projetant la structure ternaire sur le champ sémantique donné, le second est à définir comme une *organisation hiérarchique*, c'est-à-dire comme une mise en ordre ascendant (ou descendant) selon le critère de supériorité (de pouvoir ? de situation ?). Or l'homologation des dénominations des dieux et de leurs définitions fonctionnelles montre bien que l'ordre hiérarchique, valable pour les dieux, ne l'est pas moins pour les fonctions. Le « système des trois fonctions » est, par conséquent, doublement articulé et se présente comme une *structure ternaire hiérarchisée*.

4.3.2. *Du conceptuel au textuel.*

1. À première vue, le déroulement discursif de ce paragraphe semble correspondre à la démarche déductive. Le faire taxinomique qui s'y exerce prend d'abord pour objet l'ensemble des religions indo-européennes pour ne considérer ensuite que leurs manifestations particulières, telles qu'on les trouve :

> « chez les princes arya de Mitani » et
> « dans plusieurs mythes et rituels védiques ».

À y regarder de plus près, on s'aperçoit qu'il s'agit là non d'une restriction conceptuelle, mais d'un changement d'attitude par rapport aux objets considérés, du passage de l'*univers sémantique* (« religions »), posé comme concept non analysé, au *corpus,* se présentant, du point de vue philologique, comme une « réalité » *manifeste,* et, du point de vue historique, comme un « fait » *attesté,* conditions qui permettent de le considérer comme le *référent* doté d'une certaine matérialité.

> *Remarque :* Ce passage du concept au corpus s'appuie donc sur toute une tradition implicite du faire scientifique en sciences humaines, « tradition » qui est à concevoir comme le *discours référentiel* global dont la présence est présupposée dans toutes les sciences.

2. Ce changement de niveau référentiel qui abandonne la manipulation conceptuelle au profit de l'analyse du corpus se trouve souligné par l'apparition de l'expression « *liste* hiérarchisée » signalant que le corpus lui-même n'est pas à considérer comme une simple collection d'objets linguistiques, mais comme un *texte* doté d'organisation syntagmatique. Le principe hiérarchique, articulation du modèle des trois fonctions, se trouve maintenant interprété comme une propriété du texte référentiel, la disposition ordinale des noms de dieux dans les textes étant lue comme signifiant leur organisation hiérarchique. Peu importe de savoir si une telle lecture est légitime, l'intérêt de la démarche est ailleurs, dans le désir, notamment, de *valider* les modèles, structures construites, à l'aide des structures du référent possédant une objectivité dont le moins qu'on puisse dire est qu'elle se fonde sur des procédures d'une nature différente. La démarche qui vise à circonscrire l'objet d'analyse emprunte ainsi la voie suivante :

$$\text{/univers sémantique/} \longrightarrow \text{/corpus/} \longrightarrow \text{/texte/}$$

4.3.3. *Le faire comparatif.*

1. L'installation du référent linguistique permet de mieux comprendre le *faire comparatif,* dernière étape du faire cognitif dans le programme scientifique que nous examinons. Il consiste, en premier lieu, dans l'adaptation, à un objet nouveau, des méthodes de la grammaire comparée que l'on peut présenter, de manière approximative, sous la forme d'un petit nombre de *règles opératoires* :

(a) établissement de deux corpus, *présumés* comparables;

(b) détermination des unités à comparer et de leur distribution syntagmatique dans le texte;

(c) constitution de deux inventaires exhaustifs et fermés;

(d) établissement, sur le plan du signifiant, des corrélations entre les unités mises en parallèle.

Il s'agit là d'un *comparatisme phonétique* qui permet, par exemple, une fois la segmentation du texte et la reconnaissance des unités-morphèmes accomplies, l'établissement d'un réseau de corrélations phonétiques constantes entre deux langues indo-européennes. Ce réseau de corrélations, garant de leur « parenté génétique », permet à son tour de fonder une morphologie comparée.

> *Remarque* : Cet ensemble de procédures comparatives doit être de nouveau considéré comme le discours scientifique antérieur, référentialisé et implicité dans le discours actuel que nous examinons.

Par rapport au premier discours cognitif dont la vertu heuristique n'avait consisté que dans la sélection et la distribution judicieuses des tranches de discours référentiels antérieurs, le progrès est remarquable : il réside dans la transposition analogique des modèles du faire cognitif et se situe au niveau du renouvellement de la *compétence narrative*.

> *Remarque :* Il reste entendu cependant qu'il ne s'agit pas ici d'une étude psychologique et historique de la personnalité scientifique de Georges Dumézil, mais du discours-préface et de sa « vérité » narrative et textuelle.

2. Le succès de ce faire comparatif n'est pourtant pas le but directement visé par le programme narratif : celui-ci se propose de déterminer la relation entre les « dieux fonctionnels » *(état 1)* et les Archanges iraniens *(état 2)*. Par rapport à ce programme principal, il ne s'agit, dans cette première approche qui compare et identifie les dieux védiques et les dieux de Mitani, que d'un sous-programme d'*usage* ou de *médiation* permettant d'obtenir un outil-adjuvant en vue de la réalisation du programme global (le bâton que le singe va chercher pour abattre la banane suspendue hors de son atteinte). Or l'objectif atteint par ce sous-programme n'est pas l'augmentation du savoir portant sur l'objet d'étude (en corrélant une série de dieux de plus, ceux de Mitani, aux séries de dieux fonctionnels déjà connus), mais l'acquisition de l'outil méthodologique, permettant d'aborder la dernière phase du programme. Tout comme, en linguistique comparée, l'établissement des corrélations phonétiques n'est pertinent que s'il se situe dans le contexte plus large, celui des morphèmes, déterminé au préalable, la comparaison des figures divines considérées dans leurs

signifiants ne peut se faire que si leurs *signifiés* sont déjà interdéfinis dans le cadre d'un système d'oppositions « fonctionnelles ».

3. On comprend dès lors en quoi consiste « la possibilité d'une autre solution », c'est-à-dire la découverte scientifique proprement dite. Au niveau du faire cognitif, elle se manifeste comme une mutation méthodologique marquée par le *passage du comparatisme phonétique au comparatisme sémantique.* Les dieux étant des signes dotés de signifiés et ceux-ci pouvant être analysés en *traits,* l'identification des traits communs aux « listes hiérarchisées » permet d'établir le réseau de corrélations sémantiques non seulement entre les deux séries, mais également entre les deux systèmes considérés. Peu importe alors que les noms des dieux, situés sur le plan du signifiant, ne puissent pas toujours être corrélés phonétiquement entre eux – ils peuvent subir des avatars sémantiques (les épithètes remplaçant les noms, par exemple) ou phonétiques (du fait des convergences de tendances phonologiques contradictoires) – les « rapprochements » entre séries sont établis et les « rapports » entre systèmes restent assurés. L'objet visé par la quête est entrevu, et la victoire du héros est proche.

4.4. LA DÉCOUVERTE COMME ÉVIDENCE.

1. La mutation – terme que nous employons pour marquer cette rupture méthodologique – se trouve inscrite dans le contexte discursif global dont il faut chercher à démonter le mécanisme.

(a) Celui-ci se présente d'abord comme l'explication du faire cognitif et son intégration dans le schéma narratif de la découverte, introduit, au début du paragraphe, comme l'apparition de « la possibilité d'une autre solution ». La compétence du sujet cognitif (« la possibilité »), transmise comme un *don,* est ici réaffirmée : « les traits... *constatables* » sont des traits que l'*on* peut constater, définition sous-jacente qui met en évidence le /pouvoir-faire/ du sujet, agissant sur l'objet « traits ». Une différence et un progrès à noter toutefois : alors que, dans le premier cas, le sujet cognitif était situé en position de récepteur *passif,* il exerce ici, grâce à la compétence déjà acquise, un faire récepteur *actif* [1].

1. Nous avons par ailleurs proposé des distinctions caractérisant le faire cognitif *non modalisé,* appelé *faire informatif :*

(b) Dans les deux cas, le sujet cognitif récepteur s'identifie, du point de vue discursif, avec l'*énonciataire* : on doit s'attendre par conséquent que le faire constatif qu'il est appelé à exercer porte sur le discours de l'autre, c'est-à-dire sur le discours référentiel convoqué à cet effet.

Or – et c'est ici qu'apparaît la première déviation par rapport au discours « normal » – l'objet de constat n'est pas le discours référentiel, mais le *référent linguistique* lui-même, présent sous la forme de deux « listes » qui se trouvent « rapprochées ». Ce qui était donné d'abord comme la possibilité d'une *solution* devient maintenant, après intégration du niveau cognitif, le *constat,* c'est-à-dire la saisie, sous forme de *traits* communs, de la relation de ressemblance entre deux listes.

(c) Le *faire informatif* que l'on voit ici à l'œuvre est, par définition, non modalisé, il est normalement suivi du *faire interprétatif* qui s'assure de la signification et de la solidité du constat. Dans le cas que nous examinons, l'instance de l'interprétation est bien prévue, mais les deux faire successifs s'effectuent dans des conditions qui cherchent *à supprimer toute distance discursive entre le sujet connaissant et l'objet à connaître.* Ainsi,

- l'information est reçue *sans médiation* (les traits sont « immédiatement constatables »),
- l'interprétation se fait *sans préparation* (« ils ne demandent aucune préparation pour être interprétés »), c'est-à-dire sans l'exercice d'un *savoir-faire* préalable.

Il suffit de rapprocher ces conditions de la définition courante de l'*évidence* qui est le « caractère de ce qui s'impose à l'esprit avec une telle force qu'il n'est besoin d'aucune autre preuve pour en connaître la vérité, la réalité » *(Petit Robert),* pour reconnaître qu'il s'agit, dans notre cas, d'une forme particulière de *modalisation épistémique* qui correspond, sur le carré que nous avons suggéré précédemment, à la position de /certitude/. Mais alors que la *certitude* est la sanction du faire interprétatif s'exerçant sur le discours référentiel convoqué, l'*évidence* est le constat d'adéquation entre le référent et le discours qui le dit.

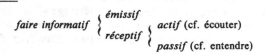

203

Cette adéquation que l'on cherche à dire explique l'inversion de la forme discursive par laquelle on essaie de la rendre : tout se passe comme si le texte référentiel, placé en position de sujet, énonçait de lui-même sa propre vérité, en rendant le chercheur non coupable de la découverte.

2. La modalisation épistémique sanctionne la saisie de la relation entre les deux « listes hiérarchisées » et le faire comparatif s'achève ainsi par l'établissement d'identités partielles entre les objets sémiotiques qui y sont inscrits. Il s'agit là de la mise en évidence d'un comparatisme sémantique de caractère général, d'une procédure permettant de corréler deux – ou plusieurs – syntagmatiques quelconques, soumises au préalable à un faire taxinomique qui établit les lieux et les critères de leur comparabilité. L'essentiel de l' « apparition », c'est-à-dire de la découverte, est là. Et pourtant celle-ci ne correspond pas entièrement au but affiché du discours de la recherche qui est la détermination du « processus historique » situé entre les deux états religieux, représentés par les listes parallèles.

Aussi une nouvelle interprétation de l'objet du savoir acquis, une sorte d'élaboration secondaire portant sur les résultats certains est-elle proposée sans tarder. Les « traits », sujet phrastique du faire comparatif, « engagent à voir » dans les Archanges les héritiers des dieux fonctionnels, en invitant ainsi le sujet cognitif à exercer son regard, c'est-à-dire à *interpréter* la corrélation structurale et achronique entre deux textes et deux séries d'objets discursifs comme une *relation diachronique* entre deux états et deux sortes de figures divines qui les représentent.

Il n'y a pas lieu d'ouvrir ici l'interrogation sur le statut sémiotique des textes attestés, sur le fait que les textes présents dans le *hic et nunc* sont considérés comme projetant leurs signifiés dans le passé et fondant ainsi la « réalité historique ». C'est pourtant bien ce saut de la réalité textuelle à la réalité historique que le sujet cognitif est « engagé » à accomplir. On verra de quelles précautions est entourée l'interprétation de ce passage, à quelles *restrictions* elle donne lieu.

(a) La relation diachronique est lexicalisée, à plusieurs reprises, en termes d'*hérédité*. Or, que l'on prenne ce terme dans son sens génétique comme la « transmission des caractères d'un être vivant à ses descendants » ou qu'on considère l'héritier, du point de vue juridique, comme celui qui « reçoit les biens en héritage », le dénominateur commun de ces deux définitions est le concept de *transfert* des propriétés identifiées d'un individu à l'autre, *d'un état discret à un*

autre. En passant du comparatisme textuel au comparatisme historique, l'identification des traits est interprétée comme leur transfert, ce qui ne va pas de soi. Ce transfert n'est cependant que partiel (les Archanges ne sont héritiers des dieux fonctionnels qu' « à certains égards »), il s'accomplit sur un fond de différences, de rupture entre états qu'implique la notion même de transfert.

(b) Contrairement à l'évidence qui sanctionne le comparatisme sémantique en tant que démarche cognitive, la modalisation du comparatisme historique ne semble pas être de nature épistémique : alors que le jugement épistémique est la conséquence du faire interprétatif (ou de sa suspension, en cas d'évidence) et s'effectue à sa suite, l' « engagement à voir », en tant qu'incitation à l'exercer, se situe avant le faire interprétatif. Il apparaît ainsi comme l'ouverture d'un nouveau programme visant à rendre le sujet cognitif compétent à exercer l'interprétation des données acquises lors du programme précédent (reconnaissance des traits sémantiques communs) : et, même compris de cette manière, l' « engagement » ne paraît pas relever de la modalisation déontique en tant que /devoir-faire/, mais se présente bien plutôt comme un /vouloir-faire/, transmis par le destinateur-texte au destinataire-sujet interprétant.

4.5. DISCOURS DE LA DÉCOUVERTE
ET DISCOURS DE LA RECHERCHE.

L'organisation discursive de surface, telle qu'elle s'affiche dans le troisième paragraphe, se veut la manifestation d'un raisonnement de *forme déductive.* Le paragraphe est en effet articulé en trois propositions :

« De récentes études... »
« Or... »
« De là... »

dont les deux premières se présentent comme des prémisses suivies d'une troisième qui sert de conclusion.

On a vu que, du point de vue narratif, son organisation est tout autre. Les deux premières phrases sont le lieu de la manifestation d'un programme narratif de la découverte, programme complexe, composé d'un sous-programme d'usage (première phrase), détour qui permet la réalisation du programme principal (deuxième phrase). Quant à la troisième phrase, elle sert à inscrire le passage du discours de la découverte à sa manifestation sous la forme écrite. Si, à propos de cette exécution graphique, on peut parler de conclusion, ce n'est pas dans le sens logique du terme, mais dans celui, plus général, d' « arrangement final d'une affaire ».

La troisième phrase évoque un discours entièrement différent du précédent, un discours écrit dont elle annonce l'organisation en cinq chapitres. Si l'on garde, pour le premier, le nom de discours de la découverte, en réservant, pour le second, celui de discours de la recherche *stricto sensu,* le parallélisme entre les deux peut-être représenté comme dans le tableau ci-contre.

Cette mise en parallèle inspire un certain nombre de remarques.

1. Les deux discours, tout en possédant un tronc commun, développent chacun des séquences qui leur sont propres. C'est ainsi que le discours de la découverte fait précéder le récit du PN réussi d'une séquence relatant l'échec d'un PN antérieur. Ce discours se déroule selon les règles d'organisation narrative bien connues qui permettent, tout en utilisant l'inversion des figures discursives que sont les épreuves, la construction du récit conçu comme la quête de valeurs effectuée par le *sujet individuel.*

2. La préface étant un méta-discours qui raconte l'histoire de nos deux discours, on voit mieux le rôle particulier qui se trouve assigné à la troisième phrase de ce paragraphe : elle fait état de la « formulation » de l'hypothèse de travail exposée dans le discours écrit. La « formulation » est cependant plus qu'un simple changement de la forme d'expression, plus que l'indice du passage du discours intérieur au discours écrit. La solution du problème, saisie comme une *évidence* dans le premier discours, est présentée, lorsqu'elle est « formulée » dans le second, comme une « *hypothèse* de travail », c'est-à-dire comme un modèle d'interprétation dont la valeur épistémique n'est plus celle de *certitude,* mais de *probabilité.* Fait curieux, dont le mécanisme reste assez obscur, même si sa finalité apparaît clairement. En passant du discours de la découverte, d'ordre *individuel,* au discours de la recherche, de caractère *social,* la modalisation du modèle interprétatif subit une transformation : considéré comme évident sur le plan personnel, le modèle ne peut être intégré que comme probable dans le discours de la science où il doit être soumis à des procédures de vérification.

	récit de l'échec	*récit de la victoire*	
		PN d'usage	PN principal
			3e paragraphe
discours de la découverte	2e paragraphe	1re phrase	2e phrase

3e phrase ....

	CHAP. Ier	CHAP. II	CHAP. III	CHAP. IV	CHAP. V
	(prélimi-naires)	« hypothèse de travail »	(1re fonction)	(2e fonction)	(3e fonction)
discours de la recherche	*hypothèse*		*vérification*		

3. Le discours de la recherche qui se développe alors se présente comme le *discours social,* c'est-à-dire comme le discours conduit par un *sujet collectif,* non seulement parce qu'il hypothétise la découverte individuelle, mais aussi parce qu'il comporte une modalisation différente de la compétence de ce nouveau sujet : alors que la découverte relevait d'un faire interprétatif ne demandant « aucune préparation », les « vérifications », au contraire, présupposent par là même une « préparation », c'est-à-dire un *savoir-faire scientifique.* Ce savoir-faire, de son côté, n'est pas propre à un individu : le *discours parlé* dont il est fait mention dans la deuxième partie de la préface (et dont nous ne pouvons nous occuper ici), qui s'accomplit dans le cadre du séminaire de recherche de l'École des Hautes Études, est présenté comme ayant pour sujet un *nous* pluriel « qui n'est nullement rhétorique » et où le savoir-faire du « petit auditoire » s'exerce en même temps que celui du conférencier.

4. Le discours de la recherche, articulé en /hypothèse ⟶ vérification/, ne fait que doubler, dans un certain sens, le discours de la découverte : les résultats de ce dernier, acquis comme *évidents,* sont remis en question, hypothétisés, afin que, à la suite d'un nouveau programme cognitif, ils soient vérifiés et reconnus de nouveau comme *certains.* Quant à la procédure de la vérification elle-même, définie comme examen de « la valeur de quelque chose (c'est-à-dire, dans notre cas, du modèle interprétatif) par une confrontation avec les faits » *(Petit Robert),* elle se décompose aisément en démarches du faire cognitif déjà reconnues précédemment : convocation des segments référentiels, leur modalisation épistémique et, finalement, transformation des jugements épistémiques en jugements aléthiques instaurant le discours objectif.

5. Un dernier point reste obscur dans cette procédure de conversion d'un discours dans un autre, dans cette construction du discours de la recherche : le tronc commun aux deux discours ne comporte pas seulement la tranche discursive qui, à la suite de la re-modalisation, se transforme en énoncé de l'hypothèse de travail, mais aussi la séquence préliminaire qui, recouvrant tout le premier chapitre du livre, reproduit le programme d'usage du discours de la découverte. Que viennent faire les dieux des princes de Mitani dans la « naissance d'Archanges » ? peut-on s'interroger naïvement.

En effet, si la comparaison réussie des dieux védiques et mitaniens peut être identifiée comme l'*épreuve qualifiante* dans le cadre du récit de la découverte, sa transposition ne paraît pas s'imposer lors de la construction du discours de la recherche, l'hypothèse de travail étant formulée à partir du seul constat de la comparabilité des traits sémantiques. Dès lors, on peut se demander – la reproduction de l'ensemble du *parcours* de la découverte ayant semblé nécessaire – si la découverte elle-même est aussi immédiate et aussi évidente qu'on veut nous le faire croire, si elle n'est pas conditionnée, au contraire, par le choix préalable du *lieu* de la problématique et la mise en place d'un certain type de *savoir-faire*. La découverte scientifique, bien qu'elle se présente sur le vif comme une apparition et un constat d'évidence, obéirait alors à sa propre logique et devrait être interprétée, à la manière des processus génétiques, comme un programme cohérent dont la finalité n'apparaît qu'*a posteriori*.

4.6. RÉFLEXION ÉPISTÉMOLOGIQUE.

1. La phrase qui achève la première partie de la préface constitue à la fois la reprise de la problématique de la substitution, énoncée dans le paragraphe introductif, et l'anaphore des séquences discursives représentées par les paragraphes 2 et 3 : elle est le lieu topique du discours de la préface. Résumant et subsumant le récit d'une quête occurrencielle, elle le généralise sous la forme d'un aphorisme :

« accident fréquent dans les sciences dites humaines »

et ceci par un procédé simple qui consiste à poser que ce qui est valable pour le discours intitulé « Naissance d'Archanges » l'est pour l'ensemble des sciences humaines, que l'accident singulier qui caractérise le déroulement de ce discours est un accident fréquent dans les sciences.

Une telle généralisation n'a plus rien de strictement scientifique, elle relève plutôt d'une réflexion épistémologique sur les voies de la connaissance et les limites de l'effort humain.

2. Ainsi, nous l'avons déjà signalé, le terme d'*évanouissement* vient ici à propos pour compléter celui d'*apparition* désignant la découverte :

209

les progrès des sciences humaines, considérés sous l'aspect phénomé-nal, sont réglés, dirait-on, sur le mode fantomatique, selon le rythme d'évanouissements et d'apparitions.

L'effort du savant tend néanmoins à dépasser ce plan phénoménal et cherche à atteindre le niveau de la réalité plus profonde (« ... un autre problème, plus *réel* ») : on a vu que le progrès narratif, lors de la quête du savoir marquée par la « substitution », pouvait être interprété comme la dénégation du /paraître/ et l'assertion de l' /être/.

Et pourtant cette nouvelle « réalité », résultat de la découverte, n'est pas absolue ; le problème élucidé n'est pas « réel », il est « plus réel » que le premier : puisque le premier problème, « généralement considéré » « depuis Darmesteter » comme réel, « s'est évanoui », rien ne garantit que le même sort n'attende la nouvelle solution. Un doute fondamental est sous-tendu à tout progrès.

3. Le relativisme de la catégorie du /paraître/ et de l' /être/, lorsqu'elle est projetée sur le parcours des sciences humaines considéré comme une syntagmatique, explique son caractère *accidenté* :

(a) Ainsi, le parcours d'une science humaine est constamment marqué par des *accidents,* c'est-à-dire des ruptures événementielles qui l'articulent en discontinuités.

(b) Ces ruptures sont des *accidents,* ce qui veut dire aussi qu'elles sont contingentes.

La discontinuité, créatrice du sens, et la non-nécessité, forme objectivée de la liberté, caractérisent donc ce discours social.

(c) Mais ces accidents fréquents ne sont finalement que des *accidents,* c'est-à-dire des événements de surface qui « ajoutent » à ce qui est essentiel « sans en altérer la nature ». Les accidents sont des modes de production du savoir, ils ne remettent en question ni le savoir ni l'intelligible qu'il vise.

C'est par l'énoncé du lieu où il la situe – « les sciences dites humaines » – que l'énonciateur achève sa réflexion sur les avatars de la connaissance. Dénomination ambiguë dont il refuse de prendre à son compte l'épithète « humain », laissant ainsi flotter le doute sur ce qu'elle qualifie au juste : l'objet trop complexe ou le sujet par trop fragile de cette quête du savoir.

5. EN GUISE DE CONCLUSION

Les résultats de la micro-analyse à laquelle nous avons procédé nous semblent intéressants dans la mesure où ils peuvent être repris, à titre d'hypothèses généralisables à l'ensemble des discours en sciences humaines, et constituer, après vérification, un certain nombre de repères stables permettant une meilleure compréhension des procédures mises en œuvre lors de la production et de la manipulation du savoir scientifique.

Le discours en sciences humaines, loin d'être linéaire, apparaît comme se déroulant sur plusieurs niveaux à la fois qui, tout en étant reconnaissables comme dotés d'une autonomie formelle, s'interpénètrent, se succèdent, s'interprètent et s'appuient les uns sur les autres, garantissant de ce fait la solidité et la progression – toutes relatives, évidemment – de la démarche à vocation scientifique. Les trois principaux niveaux que nous avons reconnus – le discours cognitif, le discours objectif et le discours référentiel – comportent chacun un palier modal qui lui est propre, permettant ainsi d'esquisser une première typologie des modalités dont le rôle dans le déroulement discursif est capital : les modalisations du procès de l'énonciation se distinguent nettement de celles des énoncés qui en enregistrent les résultats; les modalisations épistémiques, rattachées à l'instance de l'énonciataire, portent sur le discours déjà constitué, le sanctionnent et, en le référentialisant, permettent le redéploiement de nouveaux programmes de recherche.

L'examen du texte de Georges Dumézil a permis de nous faire une idée quant aux rapports complexes qu'entretient le discours de la recherche, qui tend à tout prix – ruse et vocation en même temps – à se faire passer pour un discours objectif et sociolectal dont le sujet serait un actant à la fois collectif et quelconque et où le chercheur-locuteur ne serait que l'acteur délégué, avec le discours de la découverte, nécessairement personnalisé, mais inscrit, nous avons pu l'entrevoir, dans un algorithme sous-jacent qui le régit en sous-main. Relations paradoxales entre le discours social qui n'arrive pas à cacher ses attaches à l'énonciateur singulier qui le produit et le discours individuel qui se laisse guider par une finalité qui le dépasse.

Indépendamment de ces ambiguïtés fondamentales, on voit se dégager un certain type de pratique scientifique faite de continuités dans la recherche et de ruptures produites par l'intrusion de la découverte : l'événement que constitue chacune de ces ingérences se trouve absorbé par son intégration dans le discours social et ceci, on l'a vu, par la reformulation en hypothèses des certitudes de la découverte, remodalisation qui a pour conséquence de dédoubler, par des procédures de validation, les programmes déjà actualisés.

S'il est dans la nature du discours humain, quel qu'il soit, de dépendre, en définitive, du sujet énonciateur qui le produit dans le *hic et nunc* en le subjectivant et le relativisant, on voit cependant de quelles précautions, de quelles procédures complexes s'entoure le discours à vocation scientifique dans sa quête du savoir vrai.

Le défi *

Rodrigue, as-tu du cœur?

Si l'on admet qu'à la distinction tout empirique entre l'action de l'homme sur les choses et son action sur les autres hommes correspond, sur le plan sémiotique, la distinction qui repose sur la mise en place tantôt de la catégorie de la *transitivité* (le faire-être), tantôt de celle de la *factitivité* (le faire-faire), on est en droit d'extraire de tout discours à analyser des segments manifestant, de manières fort variées, les éléments de factitivité, et de chercher à construire, en les explicitant pleinement, le(s) modèles(s) de la manipulation susceptibles(s) d'utilisation généralisée.

1. CADRE CONCEPTUEL

Le faire factitif constitue ainsi un des éléments définitoires de la manipulation, à condition toutefois qu'il s'agisse d'un faire *cognitif* et non pragmatique : la « contrainte par corps », tout en étant une action de l'homme sur l'homme, ne relève pas, à première vue, de la manipulation. Elle y ressemble pourtant : le défi, que nous avons choisi d'examiner de près en le considérant comme une des figures caractéristiques de la manipulation, se définit en effet, spontanément et intuitivement, comme une « contrainte morale ».

Cette définition intuitive ne se trouve cependant pas confirmée par les dictionnaires, pour lesquels le défi est une « déclaration provocatrice par laquelle on signifie à quelqu'un qu'on le tient pour incapable de faire une chose » *(Petit Robert)*. Le dictionnaire, on le voit, tient le défi pour un énoncé simple, sans considération de la nature modale des

---

* Ce texte parut, en prépublication, dans le *Bulletin* du groupe de recherches sémio-linguistiques (EHESS-CNRS), 1982.

deux sujets mis ainsi face à face ni du lien spécifique qu'une telle déclaration établit entre eux, en un mot, sans prendre en compte l'aspect « faire » de ce « dire ». Seule l'explication du caractère « provocateur » de la déclaration nous permet de comprendre que le défi est d'abord l'acte « d'inciter quelqu'un à faire quelque chose », où le prédicat *inciter* – avec les *parasynonymes* figuratifs *pousser, amener, conduire, entraîner,* que l'on retrouve sans peine – apparaît comme la lexicalisation, à la surface du discours, de la factitivité.

Dès lors, cette incitation semble pouvoir s'inscrire dans le cadre général du contrat et y correspondre, plus précisément, au premier volet de celui-ci, à la *proposition de contrat* que l'on peut formuler de la manière suivante :

$$S_1 \rightarrow S_2 \cap O_1 \, [O_2 \, (O_3)]$$

où
O$_1$: objet cognitif (le savoir transmis);
O$_2$: S$_1$ $\cap$ v (le vouloir du sujet manipulateur que l'on communique au sujet manipulé);
O$_3$: *Réal.* (PN de S$_2$) (l'objet du vouloir étant la réalisation, par S$_2$, du programme élaboré et transmis par S$_1$).

Un tel message est, on le voit bien, de nature purement *informative* : le fait de prendre connaissance du vouloir de S$_1$ n'oblige en rien S$_2$. La proposition de contrat constitue ainsi un préalable cognitif neutre, autorisant, à son tour, à concevoir le sujet récepteur du message comme modalement souverain, libre d'accepter ou de refuser cette proposition.

C'est dans ce cadre contractuel que pourra s'installer et se jouer la manipulation.

2. LE FAIRE PERSUASIF

Entre les deux instances contractuelles – la proposition et l'acceptation – se situe le lieu problématique fait de tensions intersubjectives et d'affrontements implicites : c'est là que s'effectuent le faire persuasif et le faire interprétatif des deux sujets, donnant lieu, éventuellement, à un contrat tantôt voulu, tantôt imposé.

Dans le cas de la provocation par défi qui nous intéresse en ce moment, le message persuasif du sujet manipulateur qui accompagne la proposition de contrat consiste à signifier au sujet qu'on se prépare à manipuler son manque de compétence : le sujet S_2 est ainsi invité à exécuter un certain programme (PN) et en même temps averti de son insuffisance modale (du « ne pas pouvoir faire ») pour l'effectuer.

L'énoncé persuasif qui, en tant qu'objet de savoir, est transmis par S_1 à S_2 conjointement avec l'énoncé contractuel, peut être formulé comme suit :

$$S_1 \rightarrow S_2 \cap O_1 [O_2 (O_3)]$$

où

O_1 : jugement épistémique (la certitude de S_1) ;
O_2 : objet de savoir (le savoir de S_1) ;
O_3 : $S_2 \cap \overline{pf}$ (S_2 est dépourvu de pouvoir-faire).

Remarque : Si la modalisation épistémique de l'énoncé persuasif est évidente, il ne faut pas oublier que les modalités épistémiques sont graduables : le manipulateur peut se dire « certain », mais il peut tout aussi bien « prétendre » ou « laisser entendre ». L'exemple de Corneille cité en exergue montre bien qu'une simple interrogation signifiant le doute suffit pour déclencher le mécanisme manipulatoire. La force du jugement épistémique ne se présente pas, par conséquent, comme un facteur décisif de l'efficacité de la persuasion.

Nous avons déjà eu l'occasion d'esquisser par ailleurs [1] une première articulation de la persuasion :

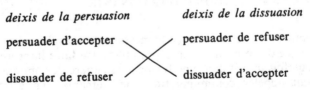

deixis de la persuasion　　　*deixis de la dissuasion*

persuader d'accepter　　　persuader de refuser

dissuader de refuser　　　dissuader d'accepter

On voit que le *défi* se présente comme un cas particulier de *persuasion antiphrastique* : l'énoncé persuasif est affiché comme une *persuasion de refuser* avec l'intention cachée de le voir lu, à la suite du faire interprétatif du sujet manipulé, comme une *dissuasion de refuser*. Il s'agit en quelque sorte, dans son cas, de « plaider le faux pour obtenir le vrai » : la négation de sa compétence est destinée à provoquer un

1. *Maupassant, La sémiotique du texte,* Paris, Éd. du Seuil, 1976, p. 199.

« sursaut salutaire » du sujet qui, justement de ce fait, se transforme en sujet manipulé.

Nous avons maintes fois remarqué que le schéma narratif constitue une référence commode pour situer et, éventuellement, interpréter telle ou telle séquence narrative qu'on se propose d'analyser. Dans notre cas, on voit que le comportement du sujet manipulateur, tel qu'il se résume dans les deux énoncés de proposition et de persuasion, correspond aux deux interventions fondamentales du destinateur, le *mandement* et la *sanction cognitive* qu'est la reconnaissance. Le défi se présente à nous comme une sorte de raccourci du schéma narratif, à ceci près que *la reconnaissance y est anticipée et inversée,* c'est-à-dire qu'elle porte, en tant que sanction, sur la compétence et non sur la performance du sujet, et qu'elle est injustement et impérieusement négative.

Cette anticipation de la sanction fait que l'on peut considérer le sujet manipulateur comme un acteur syncrétique subsumant les deux actants : le destinateur mandateur et le destinateur judicateur. Le caractère inversé de son jugement pose, de son côté, la question délicate du statut véridictoire de ce destinateur, pour qui le mensonge constitue un des éléments essentiels de sa stratégie.

3. LE FAIRE INTERPRÉTATIF

3.1. UNE COMMUNICATION CONTRAIGNANTE.

La réaction du sujet ayant reçu le message persuasif consiste dans la mise en place des procédures interprétatives. Ce faire interprétatif se trouve toutefois inscrit dans une forme particulière de communication qu'on peut appeler communication contraignante : en effet, dans certaines circonstances qu'il conviendrait de préciser, le destinataire à qui un certain type de message est adressé se trouve contraint de répondre, de donner suite, au message reçu.

Les exemples de telles situations sont abondants. C'est d'abord le problème général et naguère fort discuté de l'apolitisme et du non-engagement : il est admis que tout refus de s'engager est déjà un engagement négatif. C'est aussi le cas exemplaire du silence de Jésus devant les tribunaux, du silence des « deux amis » de Maupassant devant la sommation de l'officier prussien : la contrainte consiste, dans ces cas, dans l'impossibilité de se ménager une position de neutralité, en se retirant en quelque sorte du processus de la communication.

C'est à ce type de communication qu'appartient le *défi* que nous examinons et, peut-être, toute sorte de provocation. Mis en face de l'affirmation de son incompétence, le sujet défié ne peut éluder la réponse, car son silence serait immanquablement interprété comme un aveu. Autrement dit, il se trouve devant un *choix forcé* : il peut choisir, mais il ne peut pas ne pas choisir [1].

Si l'on considère que le choix est une *décision,* et que celle-ci est un acte cognitif, on voit que cette obligation de choisir peut être interprétée comme faisant partie de la compétence modale du sujet défié, et qu'elle consiste dans sa modalisation selon le /pouvoir-faire/, située sur la dimension cognitive où il occupe, plus précisément, la position de /ne pas pouvoir ne pas décider/, homologable avec le /devoir décider/ [2].

Récapitulons. Devant le double message envoyé par le sujet manipulateur – la notification de son vouloir portant sur un programme narratif précis et de l'incompétence du sujet manipulé à le réaliser –, le récepteur ne peut accepter ou refuser le contrat proposé avant de se prononcer sur le « défi » proprement dit. Or, nous postulons qu'il se trouve dans l'impossibilité de ne pas se prononcer : encore faudra-t-il essayer de démonter le mécanisme ayant déclenché une telle contrainte.

3.2. LES OBJETS DU CHOIX.

Le sujet défié se trouve donc devant un dilemme que les dictionnaires définissent comme une « alternative entre propositions contradictoires entre lesquelles le sujet est *mis en demeure* de choisir ». L'alternative, dans notre cas, se constitue entre, d'une part, l'énoncé produit par le sujet manipulateur S_1 et que l'on peut formuler comme :

$$S_2 \cap \overline{pf}$$

et, de l'autre, son contradictoire, que le sujet manipulé se construit lui-même, c'est-à-dire :

$$S_2 \cap pf$$

1. *Op. cit.,* p. 201.
2. Cf. *supra,* « Pour une théorie des modalités », p. 67 *sq.*

Un dilemme pourrait alors s'écrire comme :

$$S_2 \cap \overline{p} \ \overline{déc.} \ (S_2 \cap \overline{pf} \ vs \ S_2 \cap pf)$$

Une telle formulation est cependant incorrecte, car, à y regarder d'un peu plus près, on s'aperçoit que les entités recouvertes par la dénomination symbolique S_2 ne sont pas identiques : les S_2 dotés de /pouvoir-faire/ ou de /ne pas pouvoir faire/ sont en quelque sorte des objets de valeur entre lesquels est censé s'exercer le choix du sujet défié, alors que le S_2 placé devant le dilemme est en réalité un sujet de faire, doté d'une compétence cognitive particulière, celle de /ne pas pouvoir ne pas décider/. Il convient par conséquent de distinguer, d'une part, les *sujets de communication* (S_1 et S_2) se faisant face et négociant un éventuel contrat et, de l'autre, les *sujets de représentation* (qu'on pourrait noter, par exemple, comme S') qui se trouvent situés dans l'espace cognitif de S_2 et dont le premier ($S'_2 \cap \overline{pf}$) vient d'être reçu sous forme d'un énoncé produit par S_1, tandis que le second ($S'_2 \cap pf$) est produit par S_2 comme le contradictoire du premier.

On voit que l'espace cognitif que nous découvrons en cette occasion est peuplé d'actants qui ne sont que des représentations plus ou moins convaincantes des sujets de communication. Cet espace peut-il être interprété comme une sorte de discours intérieur ou comme son simulacre hypothético-logique reconstruit ? Constitue-t-il, en partie, ce que les autres disciplines appellent parfois la « dimension imaginaire autonome » ? Car ce simulacre fait sans aucun doute penser à l'« image de marque », expression créée et utilisée en dehors du champ sémiotique. Si le rapprochement est suggestif, il nous renseigne, comme il se doit, davantage sur les différences que sur les ressemblances : ainsi, l'image de marque semble se situer plutôt sur l'axe de la séduction que sur celui de la provocation ; elle est créée aussi pour un usage transitif, alors que le simulacre qui nous préoccupe l'est plutôt *ad usum internum* du sujet qui cherche à s'y reconnaître.

Cependant, en faveur de la ressemblance, on peut dire que la description du sujet simulé par la forme de sa compétence modale ne se satisfait pas toujours de sa représentation anthropomorphe abstraite : l'« imagination » aidant, l'image de ce sujet reçoit souvent de nouvelles déterminations sémantiques, acquiert un habillage figuratif, se dote même de parcours narratifs où d'éventuelles sanctions, positives ou négatives, se trouvent prévues.

3.3. L'AXIOLOGIE ENGLOBANTE.

Il serait pourtant excessif de dire que le choix de la « bonne image » (celle du sujet doté de la compétence positive) dépend uniquement du sujet défié, de son désir de se reconnaître en elle : ce choix est également soumis au « regard d'autrui » et doit être conforme à la projection supposée des valeurs du manipulateur. Peu importe qu'il s'agisse là d'une structure intersubjective simple, de la présence d'un actant observateur ou d'un destinateur judicateur, accepté, du moins implicitement, par les deux parties : le bon fonctionnement du défi sous-entend une *complicité objective* entre le manipulateur et le manipulé. Autrement dit, si S_2, sujet défié et taxé d'impuissance, cherche à établir la conformité entre son être (sa compétence modale) et la représentation projetée, il ne peut le faire que dans le cadre axiologique préalablement posé par S_1 et admis par S_2. Il est impensable qu'un chevalier puisse défier un vilain, et inversement. De même, si tel auteur lance aux Français *le Défi américain,* il admet implicitement lui-même et exige de ses lecteurs qu'ils reconnaissent le système de valeurs américain : sans cela, le défi n'aurait aucun sens.

L'exemple de Jésus peut servir de contre-cas. Si la gifle dont parlent les Évangiles est une provocation et un défi, il n'y a apparemment que deux réponses possibles : ou bien agir en la rendant (et en affirmant ainsi son pouvoir-faire) ou bien ne rien faire (et accepter du même coup le constat de son impuissance). Or, Jésus conseille une solution déviante : présenter la joue gauche. Il s'agit là non seulement d'un refus de « jouer le jeu », mais en même temps de la proposition d'un autre code de l'honneur.

Car on voit bien qu'il faut parler, dans tous ces cas, d'un *code axiologique* commun et, s'agissant de la problématique du pouvoir, du *code de l'honneur* : ce qui obligeait autrefois un gentilhomme à accepter le duel, ce qui oblige aujourd'hui un gangster gros gagnant à accepter la prolongation d'une partie de poker jusqu'à la perte du dernier sou, c'est le sens de l'honneur, mot dont justement les dictionnaires n'arrivent pas à cerner le sens.

Aussi peut-on proposer, à titre provisoire, une des articulations éventuelles de ce code de l'honneur, telle qu'elle peut être obtenue par la mise sur le carré de la modalité du /pouvoir-faire/, étant entendu que les termes ainsi distribués seront considérés comme des valeurs modales.

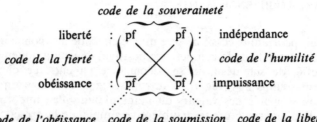

La lecture d'un tel modèle offre la possibilité de reconnaître, dans chaque axe, schéma ou deixis, un sous-code d'honneur susceptible de se développer en *système axiologique autonome*. Il convient aussi de noter en passant le statut particulier que possèdent les sous-codes de l'humilité (Jésus) et de la fierté (Vigny : « L'honneur c'est la poésie du devoir ») développés à partir de la structure dynamique des deixis, ils se distinguent par leur caractère déviant.

3.4. LA VALORISATION.

Le modèle axiologique proposé se présente comme un ensemble organisé de codes de référence à l'intérieur duquel les sujets de communication sélectionnent et puisent les valeurs susceptibles de fonder leur complicité « malgré eux ». Ces valeurs, toutefois, ne sont que virtuelles : ce sont des valeurs selon le savoir et, de ce fait, inefficaces. Pour être actualisées, elles doivent être « converties » en passant d'un palier génératif à l'autre et satisfaire, on le sait, à deux conditions essentielles :

(a) elles doivent être narrativisées, c'est-à-dire inscrites dans la relation syntaxique constitutive du sujet et de l'objet en changeant ainsi leur statut paradigmatique en syntagmatique;

(b) elles doivent être investies dans les énoncés narratifs de telle sorte qu'elles affectent en même temps et le sujet et l'objet, en transformant le premier en un sujet voulant (ou devant) et le second, en un objet voulu (ou dû, c'est-à-dire indispensable dans l'ordre des « besoins »).

Alors, seulement, les valeurs se trouvent actualisées et les simulacres

$$(S'_2 \cap \overline{pf}) \text{ vs } (S'_2 \cap pf)$$

deviennent, pour le sujet défié S_2, des objets de valeur : d'objets de savoir, ils passent à l'état d'objets de vouloir ou de devoir.

3.5. L'IDENTIFICATION.

Nous voilà donc en présence d'un S_2 modalisé et inscrit dans l'univers de valeurs où il pourra effectuer l'opération cognitive qu'est le choix entre deux valeurs et pour laquelle il est doté, on s'en souvient, d'une compétence négative, celle de /ne pas pouvoir ne pas choisir/. Il choisira donc la valeur positive contenue dans l'image qu'il a de lui-même comme /pouvant-faire/, excluant du même coup la valeur négative incarnée dans l'image de son impuissance.

On est ainsi arrivé à la phase de la construction du simulacre où le sujet qui se joue ce spectacle se trouve dans la position de « celui qui sait ce qu'il veut ». Or, « ce qu'il veut » en réalité, ce n'est pas *être* « puissant », mais *se reconnaître et être reconnu* comme tel. Autrement dit, le problème qui se pose dès lors se situe au niveau de la sanction cognitive et présuppose l'existence d'un destinateur commun aux deux sujets S_1 et S_2, destinateur dont la sanction correspondra à la reconnaissance, par S_1, de S_2 comme $(S'_2 \cap pf)$ et à l'identification, par une sorte d'auto-reconnaissance, de S_2 avec son image de $(S'_2 \cap pf)$. Ce destinateur, bien entendu, n'est que l'incarnation, au niveau de la grammaire anthropomorphe, de l'univers de valeurs – et plus précisément du code de l'honneur – dont nous avons déjà reconnu l'existence.

Dès lors on voit que, pour obtenir la reconnaissance du destinateur, le sujet ne peut faire autrement que de *prouver* sa compétence de /pouvoir-faire/, en *l'éprouvant* par le /faire/ proprement dit. La réalisation du PN proposé par S_1 devient alors, pour S_2, le moyen de parvenir à un but tout différent : autrement dit, le même segment narratif comportant les mêmes articulations fait partie en même temps de deux PN : le PN de manipulation de S_1 et le PN d'honneur de S_2.

Ce PN n'est en réalité qu'un *PN d'usage* pour S_2. Considéré en soi, il lui est indifférent dans le meilleur des cas, répulsif ou mortel à la limite (par exemple, la descente, pour le chevalier, dans la cage aux lions pour chercher le gant que la dame y a laissé tomber exprès). Aussi ne peut-on dire que la compétence modale du sujet soit, dans ce cas, déterminée par le /vouloir-faire/ : comme pour tout PN d'usage, le sujet ne passe à son exécution que mû par un /devoir-vouloir-faire/. On voit que, dans notre cas, à l'obligation déontique de faire, s'ajoute une nécessité de « sauver son honneur », que le /devoir-faire/ subjectivant s'accompagne d'un /ne pas pouvoir ne pas faire/.

C'est ainsi, par une sorte d'inversion, que la performance, en la précédant, arrive à prouver, peut-être même à constituer, la compétence.

4. VERS LE DISCOURS

Le paradoxe veut que le programme que S_2 est amené à réaliser pour sauver son honneur soit celui-là même qui lui a été suggéré par S_1 : sa réalisation permet alors d'inférer, du moins en surface, que le contrat lui-même, tel qu'il était proposé par S_1, fut accepté, puisque les obligations qui en découlaient ont été accomplies. Or il n'en est rien, et il ne s'agit en réalité que d'une *illusion contractuelle* comme on en rencontre souvent dans la vie de tous les jours à l'occasion de différentes formes de manipulation.

Car il s'agit, dans ce genre de situation, sous les apparences d'un contrat contraignant librement consenti – la contrainte acceptée n'étant, on l'a vu, que le prix de la liberté –, de la solution provisoire d'un état polémique. Le défi est un affrontement senti comme un affront.

Une nouvelle problématique s'ouvre ainsi devant le sémioticien : elle vient de la nécessité de décrire les structures de la manipulation, une fois modalisées au niveau sémio-narratif, « en situation », inscrites dans le cadre de leur fonctionnement « historique », c'est-à-dire dans le discours. Contrairement à ce que l'on pense, et malgré l'usure du vocabulaire relatif à l'honneur, ce concept est plus vivant que jamais dans nos sociétés modernes. Sans parler des grandes puissances soucieuses de ne pas « perdre la face », en laissant de côté les grand-messes sportives hebdomadaires où se joue l'honneur national, ce concept non dénommé, implicite et/ou soigneusement camouflé, atteint de nos jours une diversification et un raffinement tels qu'il fait apparaître comme frustes les héros cornéliens et plus encore les pairs de Charlemagne.

C'est l'analyse du discours qui doit permettre de rendre compte de ces richesses : c'est le discours, en effet, qui, en introduisant les catégories de l'intensité et de l'aspectualité, permet de graduer la persuasion antiphrastique – car la moindre mise en doute de sa compétence affecte le sujet défié –, mais aussi d'articuler aspectuellement les structures imaginaires qui préparent la réponse du sujet manipulé, réponse dont les effets de sens, en fonction, entre autres, du danger encouru, de la difficulté de la tâche ou de l'humiliation subie, sont multiples et divers. Le défi, mettant en jeu des organisations modales relativement sophistiquées, comporte, pour corollaires, des perturbations pathémiques non moins importantes, qui sollicitent, à leur tour, de nouvelles investigations de la sémiotique des passions.

..bas, Du Sens II

225 ... étude sémiotique
d'une émotion. e.g.
colère - ① avant frustration
③ contentement ② après aggervation

e.g. patience

De la colère

étude de sémantique lexicale *

1. INTRODUCTION

1.1. CHOIX MÉTHODOLOGIQUE.

Le choix des dimensions lexématiques pour aborder l'examen de la colère est un choix d'opportunité. Il est notoire que les lexèmes se présentent souvent comme des condensations recouvrant, pour peu qu'on les explicite, des structures discursives et narratives fort complexes. L'existence, à l'intérieur de l'énoncé-discours, des expansions qui reproduisent les mêmes structures de manière plus ou moins étalée et diffuse ne doit pas nous gêner, bien au contraire : puisqu'il ne s'agit que d'une différence de dimensions, et non de nature, les descriptions lexématiques peuvent constituer, de façon économique, des modèles de prévisibilité pour des analyses discursives ultérieures.

Ces descriptions se situent toutefois, on le voit bien, à l'intérieur de l'aire culturelle française. Les voies et moyens pour dépasser ce cadre en généralisant les modèles obtenus constituent une problématique à part.

Contrairement à l'approche taxinomique et classificatoire adoptée par la plupart des philosophes des siècles classiques élaborant leur théorie des passions, notre démarche sera franchement syntagmatique et même, souvent, syntaxique. Cependant, alors que l'examen d'une passion « simple », telle l'avarice, par exemple, reconnue comme une des « passions d'objet », a permis de postuler, pour en rendre compte, un modèle phrastique, avec une passion « complexe » comme la colère on a affaire à une séquence discursive constituée d'une imbrication

---

* Ce texte parut, en prépublication, dans *Documents de recherche* du Groupe de recherches sémio-linguistiques (EHESS-CNRS), 1981.

d'états et de faire qu'il s'agit de décomposer, pour y reconnaître des unités syntagmatiques autonomes, et de recomposer en une *configuration passionnelle* que l'on pourra considérer comme sa définition. C'est l'établissement d'une telle configuration de la colère (française) que vise cette étude.

1.2. APPROXIMATIONS LEXICOGRAPHIQUES.

Si l'on prend la définition de la *colère* telle que la donnent les dictionnaires – par commodité, nous nous servirons constamment du *Petit Robert* :

« violent *mécontentement* accompagné d'agressivité »

on voit qu'on peut choisir comme point central de la séquence présumée « colère » le lexème *mécontentement* : c'est sans aucun doute un état passionnel défini à son tour comme « sentiment pénible ».

Ce lexème central permet alors d'examiner séparément :

– ce qui est situé *en aval* et l'accompagne : l'agressivité ;

– ce qui se trouve *en amont* et le précède : la frustration, car le *mécontentement* est – recourons une fois de plus au dictionnaire – « le sentiment pénible d'*être frustré* dans ses espérances, ses droits ».

Dans une première approximation, on peut dire que la *colère* se présente comme une séquence comportant une succession de :

« frustration » ⟶ « mécontentement » ⟶ « agressivité »

Faisons un pas de plus. Si le sujet (qui va se mettre en colère) se sent frustré « dans ses espérances, ses droits », c'est que cet état de frustration suit – ou mieux, présuppose logiquement – un état de non-frustration qui lui est antérieur et dans lequel le sujet est, au contraire, doté d'espérances et de droits.

Ainsi, antérieurement à la frustration, nous retrouvons en amont un « état originel », un état *ab quo* de la passion que nous examinons. Le problème de son état terminal, on le verra, se posera en termes bien différents.

2. ATTENTE

L'état originel à partir duquel semble s'enclencher l'histoire pas-sionnelle de la colère n'est pas un état neutre, c'est l'état d'un sujet fortement modalisé.

Ainsi, si l'on regarde les définitions du verbe *frustrer,* on y trouve deux choses :

(a) frustrer veut dire « priver quelqu'un d'un bien, d'un avantage », le disjoindre ou le maintenir en disjonction avec un *objet de valeur;*

(b) mais la définition continue : (priver d'un bien ou d'un avan-tage)

- « qu'il était *en droit* de recevoir »,

- « sur lequel *il croyait* pouvoir compter », ce qui indique non plus une relation du sujet avec un objet de valeur, mais une relation *quasi contractuelle* – qui se trouve de ce fait rompue – *avec un autre sujet.*

Pour ne pas avoir à analyser dès maintenant les « droits » et les « espérances » du sujet frustré, ayons recours à un procédé lexicogra-phique, en prenant en considération ce qui est donné par le dictionnaire comme un synonyme de frustrer : « décevoir ». Or, décevoir s'y trouve défini comme « ne pas répondre à (une attente) », ce qui nous donne une définition suffisamment générale pour comprendre et les « droits » et les « espérances » du sujet frustré-déçu et nous fournit un mot de la langue commune – *attente* – remplaçant avantageusement le terme un peu prétentieux de *frustration.*

Dès lors, en utilisant l'acquis des définitions examinées, on peut distinguer – aux fins d'une exploration plus attentive – deux sortes d'attente :

- *l'attente simple,* mettant le sujet en relation avec un objet de valeur;

- *l'attente fiduciaire,* supposant, de plus, des relations modales avec un autre sujet.

2.1. ATTENTE SIMPLE.

En mettant provisoirement entre parenthèses la relation fiduciaire inter-subjective, on peut dire que, dans le cas de simple attente, il s'agit, en premier lieu, d'une modalisation du sujet que l'on peut caractériser comme un

/vouloir-être-conjoint/

ce qui le distingue, par exemple, du sujet « avare » définissable par un

/vouloir-conjoindre/

compétence modale qui s'inscrit telle quelle dans le programme narratif (PN) de faire. Ainsi, à côté des *passions d'agir,* représentées par l'avarice, on rencontre ici une *passion d'être agi,* c'est-à-dire la passion au sens ancien, étymologique de ce mot.

On peut se demander si la distinction *agir* vs *être agi* n'est pas susceptible d'être homologuée avec celle, établie depuis longtemps, de *sujet de faire* vs *sujet d'état.* Arrêtons-nous un instant pour les saisir dans leur fonctionnement. Lorsqu'on parle du *sujet de faire* modalisé, compétent pour passer à l'action, on dit qu'un tel sujet est *actualisé.* À la suite de la performance, son faire ayant abouti, on parlera du *sujet réalisé.* Cependant, ce sujet réalisé est le *sujet d'état,* conjoint avec son objet, et non le sujet de faire. Mais alors, on a le droit de se demander dans quel « état » se trouve le sujet d'état au moment de l'actualisation du sujet de faire, c'est-à-dire au moment où il n'est pas encore en conjonction avec l'objet de valeur, mais où il « veut » cette conjonction, non pas en tant que sujet de faire, mais en tant que sujet d'état, désireux que la conjonction soit faite par le sujet de faire. Autrement dit, le sujet d'état est d'abord *actualisé* – doté modalement d'un /vouloir-être-conjoint/ – pour être ensuite *réalisé* – conjoint avec l'objet de valeur, conjonction qui garantit son existence sémiotique.

> *Remarque :* A côté d'un /vouloir-être-conjoint/, on peut facilement aménager une position parallèle du /devoir-être-conjoint/, susceptible d'être lexicalisée comme « fatalité ».

Ainsi, on voit déjà apparaître les deux premières positions des sujets d'état, caractérisés rapidement par des oppositions situées

– au niveau sémio-narratif :

/disjonction/	vs	/conjonction/
/actualisé/	vs	/réalisé/

– au niveau discursif :

/tension/	vs	/détente/
« attente »	vs	« satisfaction » (?)

L'enjeu, on le voit, n'est pas négligeable : il s'agit, parallèlement au parcours du sujet de faire, fait d'acquisitions de compétences et d'accomplissements de performances, de rendre compte d'un parcours comparable du sujet d'état qui se présente comme une succession d' « états d'âme » comportant des hauts et des bas.

La passion d'attente peut, de son côté, être formulée comme

$$S_1 \text{ vouloir } [S_2 \longrightarrow (S_1 \cap Ov)]$$

où
S_1 est le sujet d'état et
S_2 est le sujet de faire.

Remarque : Précisons, bien que cela aille de soi, que le sujet de faire peut soit être inscrit dans le même acteur que le sujet d'état, soit constituer un acteur indépendant.

2.2. ATTENTE FIDUCIAIRE.

Il est temps de revenir maintenant en arrière afin de reprendre l'examen de l'état du sujet antérieur à la frustration : on a vu, en effet, que celui-ci était caractérisé, selon les dictionnaires que nous avons cherché à interpréter très sommairement, par une double relation que le sujet d'état entretenait, d'une part, avec l'objet de valeur et, de l'autre, avec le sujet de faire. Nous nous sommes contenté de dire que cette dernière relation était intersubjective et modale : essayons de cerner quelque peu ce problème.

En effet, l'attente du sujet n'est pas un simple souhait, elle s'inscrit sur la toile de fond antérieure qu'est la *confiance :* le sujet d'état « pense pouvoir compter » sur le sujet de faire pour la réalisation de « ses espérances » et/ou de « ses droits ». Si le caractère contractuel de la relation qui fonde les « droits » est évident, la nature obligatoire du fait d'*espérer,* c'est-à-dire « considérer (ce qu'on désire) comme *devant se réaliser »,* apparaît également dès qu'on gratte un peu sa surface lexématique. Disons-le carrément : dans un cas comme dans l'autre, nous sommes amené à enregistrer la présence d'une modalité déontique, d'un /devoir-faire/ attribué au sujet de faire.

Seulement, on ne peut parler ici d'un véritable contrat de confiance ou d'un pseudo-contrat. On pourrait peut-être le considérer également comme un *contrat imaginaire,* car, lors de sa conclusion – ou plutôt de sa reconnaissance –, le sujet de faire ne se trouve aucunement engagé, sa modalisation déontique étant le produit de l' « imagination » du sujet d'état.

Nous avons affaire ici à une nouvelle dimension de l'activité sémiotique qui n'a jusqu'à présent que peu attiré l'attention des analystes : il s'agit en fait de la *construction des simulacres,* de ces objets imaginaires que le sujet projette hors de lui et qui, bien que n'ayant aucun fondement intersubjectif, déterminent néanmoins, de manière efficace, le comportement intersubjectif en tant que tel. Qu'il s'agisse de la confiance en autrui ou de la confiance en soi (lorsque le sujet d'état et le sujet de faire sont en syncrétisme), nous avons affaire à une relation fiduciaire qui s'établit entre le sujet et le simulacre qu'il a construit, et non à une relation intersubjective.

> *Remarque :* La confiance peut être plus ou moins « fondée », elle peut être soit « spontanée », soit reposer sur des expériences itératives : c'est le problème, distinct, de la construction du simulacre, et non de son utilisation intersubjective.

En dénommant *croire* – à titre provisoire, bien sûr – cette relation fiduciaire entre le sujet et le simulacre qu'il s'est construit, mais qu'il identifie avec le « véritable » sujet de faire, on peut tenter une formulation de l'*attente fiduciaire* qui n'est pas seulement un /vouloir-être-conjoint/, c'est-à-dire :

$$S_1 \text{ vouloir } [S_2 \longrightarrow (S_1 \cap Ov)]$$

mais *en même temps* la foi dans l'obligation conjonctive du sujet de faire :

$$S_1 \text{ croire } [S_2 \text{ devoir } \longrightarrow (S_1 \cap Ov)]$$

2.3. RÉALISATION.

2.3.1. *Satisfaction.*

L'état passionnel de S_1 – dénommé *attente* – se trouve perturbé par l'intervention de S_2 : ce sujet de faire, dont le statut passionnel relève d'une problématique distincte (celle de la générosité et de la nuisance; de la tromperie et de la véridiction; etc.), exerce dans le cadre de son PN une activité d'attribution (et de non-attribution) qui, à son tour, aura pour effet la réalisation ou la non-réalisation du sujet d'état.

La lexicalisation de ce faire et de cet état en français conduit à une apparente confusion qu'il est aisé de désambiguïser. En effet, les lexèmes :

> *satisfaction :* « action de *contenter* (un besoin, un désir) »,
> *contentement :* « action de *satisfaire* les besoins »,

dont les définitions sont gentiment circulaires, dénotent le faire à l'état pur, sans autre modalisation, de S_2. Cependant, un autre sémème se dégage sous cette même couverture lexématique; il désigne non plus l'action de S_2 mais son résultat, qui intéresse S_1 :

> *satisfaction :* « plaisir qui *résulte de l'accomplissement* de ce qu'on attend, désire, ou simplement *d'une chose souhaitable* ».

Au résultat du faire qui est la conjonction du sujet avec son objet de valeur, s'ajoute donc un certain « plaisir » nommé *satisfaction* : à l'attente que désignait une /tension/ caractérisant un /vouloir-être/ succède maintenant la réalisation de ce « être », une /détente/ que nous nommerons /satisfaction/, tout en n'oubliant pas, évidemment, que la satisfaction n'est qu'un des aboutissements possibles de l'attente.

2.3.2. *Patience.*

En se rappelant que les « passions » dont nous nous occupons en ce moment sont des passions du sujet d'état, c'est-à-dire du *patient,* de celui dont la réalisation ou la non-réalisation dépendent d'un sujet de faire ou *agent*, il est convenable de s'arrêter un instant pour examiner la notion de *patience*, ne serait-ce que parce qu'elle appartient à la même famille étymologique et conceptuelle que *passion*.

La *patience*, dit-on, est la « disposition d'esprit de celui qui sait *attendre* sans perdre son calme » : elle est intimement liée à l'attente, elle la caractérise du commencement à la fin; on peut dire qu'en remplissant l'espace entre le sujet d'état actualisé et le sujet réalisé (ou non réalisé), elle est coextensive de l'attente. Mais, par rapport à son antonyme *impatience*, elle apparaît tout de suite comme autre chose que l'attente, comme une « disposition d'esprit de celui qui *sait* attendre » et qui s'oppose à celui qui ne le sait pas. Cependant, « savoir attendre » est une manifestation lexématique de surface et la modalité qu'elle recouvre n'est pas un /savoir-faire/ (qui consisterait, par exemple, à compter les moutons en attendant le sommeil), mais un /pouvoir-être/.

La « disposition d'esprit » dans laquelle nous reconnaissons la présence de la modalité du /pouvoir-être/ est, par rapport à l'attente, une disposition autonome : alors que l'attente est une passion pour ainsi dire accidentelle, dépendant du PN dans lequel le sujet se trouve impliqué, la *patience*, qui vise la permanence de l'être en général, trouve son application en se saisissant de l'attente, tout comme elle pourrait chercher à persévérer, sous un autre nom, en prenant possession de l'état durable de satisfaction. Il s'agit là d'un phénomène de surmodalisation du vouloir par le pouvoir, d'un /pouvoir-vouloir-être/.

Il n'empêche que se pose la question de la patience du patient : à quel moment peut-on dire que le patient commence à « s'impatienter », qu'il se trouve « à bout de patience », au bout de sa patience ?

Le problème ainsi posé est celui de l'introduction du discontinu dans la durée, de la segmentation, en tranches, de la vie passionnelle qui nous paraît, dans sa quotidienneté, comme un ondoiement des tensions et des détentes, des malaises et des aises. Deux cas – l'un ordinaire, l'autre exceptionnel – susceptibles de rendre compte de cette intrusion nous viennent à l'esprit :

- celui où le sujet patient se trouve en syncrétisme avec le sujet cognitif instruit du déroulement du PN du sujet de faire et de l'éventuel échéancier de ce programme;

- celui où la tension – qui caractérise l'attente patiente –, surdéterminée par la catégorie de l'intensité, devient *excessive*, bien plus, intolérable et provoque le savoir sur la non-réalisation du PN du sujet de faire.

Dans les deux situations, c'est le *savoir* – antécédent dans le premier cas, subséquent dans le second – qui produit la rupture du flux passionnel.

2.3.3. *Insatisfaction et déception.*

Le malaise qui se produit à la suite de cette rupture, de ce choc modal entre le /vouloir-être-conjoint/ toujours présent et le /savoir-ne-pas-être-conjoint/ qui se superpose à lui, nous l'appellerons, en choisissant parmi les nombreux parasynonymes tels que « contrariété » ou « déplaisir » – et par symétrie avec la /satisfaction/ escomptée – , /insatisfaction/. Que l'insatisfaction soit l'effet de sens provoqué par cette incompatibilité modale ou qu'elle soulève un « mouvement passionnel » plus raffiné, c'est à des analyses plus fouillées, portant sur des séquences discursives en expansion qu'il revient de le préciser : il nous suffira pour l'instant d'en indiquer l'emplacement dans l'économie générale des événements passionnels.

Un point reste toutefois à noter, relatif au rôle de l'intensité : on a l'impression qu'il y a souvent un rapport direct entre l'intensité de l'attente : « souhait », « vœu », « espoir », « aspiration », « désir », « envie », etc., et la gradation correspondante de l'insatisfaction, due à sa non-réalisation.

A l'insatisfaction apparue à la suite de la non-attribution de l'objet de valeur s'ajoute parfois une autre sorte de malaise, provoqué par le comportement du sujet de faire, interprété comme non conforme à l'attente. Ce comportement qui, aux yeux du sujet d'attente fiduciaire, était modalisé par un /devoir-faire/ n'a pas lieu, et le croire du sujet d'état se révèle d'un seul coup injustifié. La *déception* qui en résulte est une crise de confiance d'un double point de vue, non seulement parce que le sujet 2 a déçu la confiance qu'on avait mise en lui, mais aussi – et peut-être surtout – parce que le sujet 1 peut s'accuser de la confiance mal placée.

Ces deux formes de dysphorie, réunies ensemble, sont provoquées par la « frustration » et constituent, selon les dictionnaires, ce « vif mécontentement » qui conduit à l'explosion de la *colère.*

3. MÉCONTENTEMENT

3.1. LE PIVOT PASSIONNEL.

En abordant l'examen de la colère à l'aide des définitions fournies par les dictionnaires, nous avons reconnu, dans une première approximation, trois segments :

« frustration » ⟶ « mécontentement » ⟶ « agressivité »

dont la succession est censée constituer le syntagme passionnel « colère ». Le *mécontentement* – position à laquelle nous venons d'arriver – se présente ainsi comme un *pivot passionnel* qui, en subsumant et en assumant les structures *en amont* permet le développement des structures *en aval*.

Expliquons-nous. L'*insatisfaction*, telle que nous l'avons définie, apparaît comme l'aspect *terminatif* d'un PN mis en discours : elle résulte, nous l'avons vu, de la non-conjonction du sujet avec l'objet de valeur. Mais cet état terminatif se situe tout à côté, au risque de se confondre avec lui, d'un état *inchoatif* qui, discursivement, correspond à l'état de disjonction sur le plan narratif. Autrement dit,

la non-conjonction côtoie la disjonction comme, sur le plan discursif, la terminativité peut, dans certains cas, être lue comme l'inchoativité et comme, sur le plan passionnel, l'*insatisfaction* est susceptible de se transformer en *sentiment de manque*.

> *Remarque :* Ces deux « sentiments » ne devraient pas être confondus : on peut imaginer l'*insatisfaction* sans suite, s'atténuant petit à petit en résignation.

Ce sentiment de manque a ceci de particulier qu'il peut donner lieu, sous certaines conditions, à l'élaboration d'un PN de la *liquidation du manque,* en justifiant ainsi pleinement le rôle de pivot que nous venons d'attribuer au segment « mécontentement ». Une précision s'impose toutefois : la distinction que nous avons établie entre deux *attentes* – simple et fiduciaire – et entre deux *mécontentements* – insatisfaction et déception – doit être maintenue jusqu'au bout, permettant de traiter séparément le *manque objectal* (manque d'objet de valeur) et le *manque fiduciaire* (ou « crise de confiance »). Ce double manque fait écho à la situation initiale du récit proppien : au premier manque (appelé comme tel et résultant du vol de l'objet de valeur) s'en ajoute un second, de nature fiduciaire (c'est la « trahison » des enfants transgressant l'interdit).

3.2. UN CHAMP ÉLARGI.

Pour voir plus clair en situant le lexème *colère* dans le champ sémantique approximatif mais plus vaste, il suffit de suspendre, c'est-à-dire de laisser de côté, lors de la comparaison de différentes définitions, la surdétermination du « mécontentement » par l'*aspect duratif* (durée longue vs brève) : on obtient alors des « parasynonymes » tels que :

> *amertume :* « sentiment *durable* de tristesse, mêlée de rancœur, lié à une humiliation, une déception, une injustice du sort » ;
> *rancœur :* « amertume que l'on *garde* après une désillusion, une injustice, etc. ».

Voilà bien des exemples d'une colère « suspendue », d'une insatisfaction et même d'une déception durables qui, cependant, ne se développent pas en un sentiment de manque ayant des suites programmatiques.

> *Remarque :* On notera en passant le caractère physiologique, gustatif – l'arrière-goût amer et rance – du noyau sémique de ces dénominations.

Par contre, un manque et même une ébauche de programme narratif se retrouvent dans d'autres définitions « parasynonymiques » telles que :

> *ressentiment :* « le fait de se souvenir avec animosité des maux, des torts qu'on a subis » ;
> *rancune :* « souvenir tenace qu'on garde d'une offense, d'un préjudice, *avec de l'hostilité et un désir de vengeance* ».

On voit qu'avec cet élargissement du champ sémantique, loin de nous éloigner de la définition de la colère, nous nous en approchons au contraire : l'*animosité,* l'*hostilité* qui accompagnent ce mécontentement durable (que l'on définit comme un « souvenir » présent) ont le même air de famille que l' « agressivité » qui entre dans la définition de la colère. Il est à noter, d'ailleurs, que *rancune,* dans la *Chanson de Roland,* signifie simplement « colère contenue ».

L'air de famille que nous avons reconnu dans cet accompagnement de mécontentement pourrait être désigné comme *malveillance,* « sentiment persistant » par lequel le dictionnaire définit l'animosité. En effet, tout se passe comme si, à la suite de l'attente déçue, la *bienveillance* qui caractérisait les relations intersubjectives confiantes cédait sa place à la *malveillance* qui régira les nouvelles relations, comme si les *relations contractuelles* avaient été remplacées par des *relations polémiques.* Car l'animosité, continue le dictionnaire, est un « sentiment persistant de malveillance qui *porte à nuire à quelqu'un* » : nous rejoignons ainsi, une fois de plus, l'organisation passionnelle de l'intersubjectivité où, à côté de la générosité, on rencontre la nocivité.

Ce qui semble être en jeu dans cette opposition de

$$\textit{bienveillance} \quad \text{vs} \quad \textit{malveillance}$$

c'est l'articulation – positive et négative – du /vouloir-faire/ du sujet dans sa relation intersubjective. Cependant, loin d'être une opération de la logique volitive où elle se présenterait comme une simple inversion de signes, la malveillance s'interprète, dans le cas que nous examinons, comme un /vouloir-faire/ originel, surgissant à partir d'un état – et non d'un faire – passionnel et complétant ainsi l'inventaire, que nous avons déjà commencé à constituer, des conditions requises à l'apparition du *sujet de faire.* On a bien vu comment la déception était susceptible d'engendrer le sentiment de manque fiduciaire; on voit maintenant comment, à partir de ce sentiment de manque, se développe un *vouloir-faire,* modalité qui entre dans la composition de la compétence du sujet de faire.

Il faut cependant souligner qu'une telle description n'a pas la prétention de rendre compte d'une quelconque causalité : elle n'est qu'un effort d'inventorisation d'unités sémio-narratives considérées comme un préalable à ce « miracle » qu'est l'émergence du sujet de faire.

3.3. L'AUTRE.

Car le vouloir-faire que nous venons de reconnaître ne relève pas encore de la compétence modale du sujet : sans accompagnement de modalités actualisantes de pouvoir ou de savoir, sans PN à l'intérieur duquel s'emploierait le faire, ce *vouloir* n'est pour l'instant que virtualité et béance. Tout au plus peut-on dire qu'il a un sens, c'est-à-dire une direction actantielle, qui découle de l'ensemble du dispositif sémio-narratif qui le précède : c'est un vouloir-faire négatif qui porte sur un *sujet autre,* sujet responsable de la déception et du manque. On peut même dire que c'est cette directivité qui servira de lieu d'élaboration du PN, bien plus, que cet autre qui est visé est déjà présupposé, qu'il est la condition nécessaire de l'apparition du sujet de faire.

En interrogeant le dispositif actantiel tel qu'il se présente dans le cadre du schéma narratif général, on peut chercher à préciser quel actant sémantique est susceptible d'occuper la position de ce « sujet autre »; deux possibilités conflictuelles apparaissent alors nettement :

- le sujet qui a provoqué le « sentiment de malveillance » peut être l'actant *destinateur* : le vouloir-faire du sujet s'intégrera alors dans le *PN de révolte* (cf. J. Fontanille) comportant le refus du destinateur et la quête d'une nouvelle axiologie;

- le sujet ayant inspiré la malveillance peut être l'actant *anti-sujet* : le vouloir-faire servira alors de point de départ au *PN de vengeance.*

3.4. L'OFFENSE.

On a vu tout à l'heure que la *rancune* – cette « colère contenue » au sens médiéval – en tant que déception est accompagnée d' « hostilité et d'un désir de vengeance ». Nous avons pu intégrer l'hostilité, en l'interprétant comme une « malveillance », dans la composition de l'inventaire des éléments constitutifs de la colère. Il nous reste encore à voir de plus près le « désir de vengeance ».

Or, la vengeance, si l'on consulte les dictionnaires, s'y trouve définie comme une « réponse à l'offense » : un rapprochement, reposant sur une identification au moins partielle, est donc possible entre *déception* et *offense.*

Le verbe *offenser,* « blesser quelqu'un dans sa dignité (honneur, amour-propre) », s'analyse d'abord comme une structure à deux actants, un sujet d'état, l'offensé, s'y trouvant « blessé » par le sujet de faire, l'offenseur. Le même dispositif actantiel, on l'a vu, permet de rendre compte de la déception. Dans les deux cas, le sujet d'état se trouve en position de « victime », l'état passionnel qui le caractérise est celui d'une insatisfaction, d'une douleur plus ou moins vive.

Ce qui les distingue cependant en premier lieu, c'est que la souffrance provient, dans le cas de l'offense, de l'*action* du sujet de faire, alors qu'en cas de déception c'est, au contraire, l'*inaction* du sujet de faire qui en est la cause. Mais, de nouveau, rien que par sa présence, active ou inactive, le sujet de faire provoque une *réponse* qui prend la forme d'un sentiment de malveillance d'abord, de celui de vengeance ensuite. Cette réponse peut même aller plus loin et, provoquant le passage à l'acte, se constituer en un PN approprié, en soulevant du même coup, pour l'analyste, le problème du nouveau statut du sujet répondant.

Le verbe *offenser* comporte en français une vaste parasynonymie : *offenser* ⟶ *blesser* ⟶ *vexer* ⟶ *(fâcher)* ⟶ *froisser* ⟶ *piquer* ⟶ etc. À cette série transitive correspond une série pronominale : *s'offenser* ⟶ *se vexer* ⟶ *se froisser* ⟶ *se piquer* ⟶ *se fâcher* ⟶ etc., se définissant comme une *réaction* plus ou moins vive à ce qui est considéré comme une offense. Or la construction pronominale s'interprète en termes actantiels comme le syncrétisme, la co-présence en un seul acteur, du sujet de faire et du sujet d'état (cf. déplacement : S_2 déplace S_1). La réaction dont il s'agit est par conséquent « une affaire intérieure » à l'acteur qui « se blesse », « se pique », « se froisse », etc., provoquant ainsi un « sentiment d'amour-propre, d'honneur blessé ».

Le mécanisme de l'*offense* vs *vengeance* n'est donc pas aussi simple qu'il paraît, il ne se réduit pas, en tout cas, à l'*action* vs *réaction,* ni à la *question* vs *réponse.* Car l'offense a beau être une « blessure », l'offenseur ne « blesse » effectivement l'offensé que si celui-ci « se blesse » lui-même, en reproduisant, sur un autre plan, sa « blessure ». Une gifle, par exemple, est évidemment la manifestation somatique de l'offense, mais, malgré la douleur qu'elle peut causer, elle n'est certainement pas la « blessure » dont nous parlons : la suprême élégance dans ce domaine consiste à esquisser une gifle – et non à la donner – en effleurant le visage avec un gant afin de ne laisser subsister que le seul message qu'elle est censée transmettre. Il s'agit, en effet, de bien autre chose : d'une « blessure morale », d'un « honneur blessé ».

3.5. L'HONNEUR BLESSÉ.

Curieuse figure de rhétorique que cet « honneur blessé » : reliant le somatique et l'imaginaire, l'élémentaire et le sophistiqué – ou bien serait-ce deux types d'universaux ? – , on ne sait pas, dans son cas, si c'est « blessure » qui désigne métaphoriquement l'amoindrissement de la personne humaine ou si « honneur » n'est qu'un simulacre métaphorique du vivant.

Nous ne pouvons pas nous étendre ici sur le problème de l'honneur auquel nous avons déjà touché en parlant du *défi* : on a vu que c'est là un des concepts clés de la vie morale et que son usage – le bon et le mauvais – est presque aussi bien répandu que celui du bon sens cartésien. Ce simulacre – car l'honneur est bien la représentation, cette « image » de soi que l'homme s'est construite en fonction de sa participation dans la vie sociale – est un noyau fragile, protégé et exposé à la fois. En effet, ce « sentiment de mériter de la considération et de garder le droit à sa propre estime » –, c'est une des définitions du dictionnaire – repose sur une évaluation positive de sa propre image, c'est-à-dire, en fin de compte, sur une « confiance en soi ».

En réfléchissant sur l'offense, nous retrouvons la problématique déjà rencontrée à propos de la déception. Dans le cas de la déception, il s'agissait de la *confiance en autrui,* dont la faillite remettait en question la confiance en soi, la taxant de crédulité. Dans le cas de l'offense, c'est la *confiance en soi* qui se trouve ébranlée par la négation de la confiance des autres qui se manifeste par la « blessure ». Dans un cas comme dans l'autre, il s'agit d'un *manque fiduciaire,* constitué par l'écart constaté entre deux simulacres.

Le rapprochement reste également valable lorsqu'il s'agit d'envisager la réaction du sujet *à qui on a manqué* : la synonymie partielle – quand, par exemple, *se fâcher* signifie en même temps « s'offenser » et « se mettre en colère » – le confirme. La violence de la réaction, dans les deux cas de « défiance », reste proportionnelle à la douleur provoquée par la double blessure : s'agissant de l'honneur à défendre, celle-ci peut être formulée, sur le plan de la modalisation du sujet, comme l'émergence du /*pouvoir-faire*/.

4. LA VENGEANCE

4.1. UN SYNTAGME PASSIONNEL.

Ainsi se trouvent réunies les principales conditions de l'instauration du sujet de faire : l'apparition, à la suite du manque fiduciaire, sous forme d'un vouloir- et d'un pouvoir-faire, des composantes essentielles de la compétence du sujet permet d'envisager son passage à l'acte. L'agressivité est susceptible de donner lieu à l'agression, le « désir de vengeance » de se muer en vengeance.

À ces conditions, il convient d'ajouter, on l'a vu, ce que l'on peut appeler directivité de la compétence, c'est-à-dire la visée du sujet qui trace déjà la trajectoire sur laquelle pourra se construire le PN éventuel. Car, si le programme d'action du sujet est encore absent, on sait déjà que ce sera un PN « humain », intersubjectif, ne concernant pas un objet de valeur proprement dit, mais un sujet autre. On peut même se demander dans quelle mesure l'émergence du sujet de faire agresseur, armé d'un /pouvoir-faire/ que les dictionnaires – et certains psychologues – définissent comme une affirmation de soi et/ou la destruction de l'autre, ne contient pas déjà, sous forme de « primi-tifs » ou d'« universaux », les éléments décisifs déterminant ce program-me.

Il faut souligner toutefois que le syntagme passionnel ainsi construit est loin de se constituer comme un enchaînement causal. En effet, les éléments qui le composent ne se suivent pas nécessairement : bien au contraire, le déroulement syntagmatique de la séquence peut s'arrêter à tout moment, donnant lieu, à chaque arrêt, à un état passionnel prolongé : l'insatisfaction s'estompe ainsi en « résignation », la malveillance peut persévérer comme une « hostilité » et le désir de vengeance rester à l'état de « rancune », sans que pour autant tout ce montage passionnel conduise à un faire.

On ajoutera aussi que de tels états passionnels, pour peu que leur caractère itératif soit reconnu et qu'ils puissent s'insérer, en tant qu'unités autonomes, à la manière de motifs, dans le déroulement des discours différents, sont prêts à se figer en *rôles pathémiques* (ou psychologiques) et à se constituer ensuite, pour chacune des aires culturelles, en typologies connotatives suggérées par L. Hjelmslev.

4.2. LA RÉGULATION DES PASSIONS.

Le syntagme passionnel dont nous nous occupons ne pourra se développer jusqu'à ses ultimes possibilités si l'on ne lui ajoute la dernière pièce manquante – le programme narratif – permettant la réalisation de la compétence condensée. En tenant compte de la comparabilité des développements syntagmatiques de la déception et de l'offense et surtout de la possibilité de l'apparition subséquente du *manque*, on peut utiliser la définition de *vengeance*, dont les grandes lignes nous semblent généralisables.

La vengeance s'y trouve définie soit comme « besoin, désir de se venger » – ce que nous avons déjà examiné –, soit comme « une action » et alors elle peut être considérée de deux manières :

- comme le « dédommagement moral de l'offensé par punition de l'offenseur »,
- ou comme la « punition de l'offenseur qui dédommage moralement l'offensé »,

ce qui est une façon un peu lourde de dire que l'action en question concerne deux sujets et cherche à rétablir entre eux l'équilibre perturbé à la suite de l'offense (et, ajouterons-nous, de la déception). On voit pourtant tout de suite qu'il ne s'agit pas là *d'une simple liquidation du manque* qui situerait le PN au niveau de la circulation des objets de valeur, mais *d'une affaire entre sujets,* dont l'un doit être « dédommagé *moralement* » et l'autre « puni ».

Le PN de vengeance reste néanmoins un programme de *compensation,* mais cette dernière s'accomplit au niveau des « passions » et l'équilibre intersubjectif recherché est une sorte d'équivalence passionnelle. Si un sujet S_1 souffre, alors il convient d'infliger la « *peine* », c'est-à-dire la punition et la douleur à la fois, au sujet S_2 pour le faire souffrir *autant*. La vengeance, on le voit, est d'abord un *rééquilibrage des souffrances* entre sujets antagonistes.

Un tel équilibre de souffrances est un phénomène intersubjectif, une régulation sociale des passions. Le PN de vengeance ne se trouve pas encore épuisé de ce fait. En effet, la souffrance de S_2 provoque le plaisir de S_1 – une satisfaction qui accompagne normalement tout PN réussi – qui, pour dire les choses brutalement, se réjouit d'avoir fait souffrir son ennemi. La vengeance est, par conséquent, sur le plan individuel et non plus social, un *rééquilibrage des déplaisirs et des plaisirs.*

En première conclusion, on peut dire que la vengeance, dans la mesure où elle se situe sur la dimension pragmatique – et correspond, en la rapprochant du schéma narratif général, à la *sanction pragmatique* – et comporte, de ce fait, une activité somatique et gestuelle, se définit tout de même par des effets passionnels de cette activité et se comprend alors comme une circulation d'objets « passions ».

Remarque 1 : On voit qu'une telle interprétation de la *vengeance* se prête à la comparaison avec le syntagme *sadique* dont les unités constitutives se suivent comme :

$$souffrir \longrightarrow faire\ souffrir \longrightarrow \acute{e}prouver\ du\ plaisir.$$

Remarque 2 : L'équilibre des souffrances et des plaisirs vers lequel tend la vengeance explique aussi la possibilité de *substitution* de la punition somatique par le *rachat :* la privation des biens est alors supposée provoquer le déplaisir, l'acquisition des biens à titre de « réparation morale » procurant des satisfactions jugées équivalentes.

4.3. LA SANCTION COGNITIVE.

Ce qui a dû frapper le lecteur à plusieurs reprises déjà, c'est le parallélisme qu'il a pu observer avec nous entre, d'une part, le déroulement de la séquence passionnelle étudiée et, de l'autre, les articulations fondamentales du schéma narratif général. Il en est ainsi du manque et de sa liquidation, un des ressorts principaux de tout récit. Du moment que nous avons reconnu que les objets de valeur qui constituent l'enjeu du récit de la vengeance sont des objets-passions, la liquidation du manque ne peut qu'être la conséquence de l'*épreuve décisive* comportant la douleur infligée et le plaisir du héros victorieux.

Cependant, cette articulation narrative élémentaire n'est que la partie pragmatique de la vengeance. Les lecteurs attentifs de V. Propp se sont souvent interrogés sur la raison d'être et la signification profonde de l'*épreuve glorifiante* qui semble une simple duplication de l'épreuve principale et dont le récit aurait pu faire l'économie. Cette épreuve possède pourtant une fonction autrement importante dans la mesure où elle résout la « crise de confiance » qui s'était installée dans la société en opérant, à l'aide de la *sanction cognitive*, la reconnaissance du héros et la confusion du traître, c'est-à-dire en réinstallant de nouveau, de façon catégorique, le langage de la vérité.

En interrogeant les positions terminales du schéma narratif, on consolide, en les explicitant, les positions initiales, manifestations d'un même dispositif paradigmatique projeté sur le récit : la sanction cognitive dite re-connaissance présuppose ainsi le sujet non reconnu par les autres et troublé dans sa foi, et permet de mieux comprendre le manque fiduciaire en tant que ressort narratif. L'autonomie de cette dimension de la vengeance, d'autre part, ne fait point de doute : il suffit de jeter un regard sur une de ses déviations que constitue le *pardon* pour y reconnaître la vengeance allégée de sa dimension pragmatique, et qui n'en contient pas moins la liquidation du manque fiduciaire. L'évolution du duel, cette forme typique de « réparation morale », est tout aussi instructive : arrivé à son épuisement, le duel à la Léon Blum, où la blessure est remplacée par une « marque », est devenu un rituel pratiquement désémantisé dont l'« honneur » seul empêche de se dispenser.

Cependant, on peut dire que le duel survit tant qu'il reste un affrontement à enjeu fiduciaire et ne se termine pas comme un « match nul » tant que, à sa suite, le héros et le traître sont reconnus comme tels. Car ce couple de héros et de traître, de sujet et d'anti-sujet, n'est pas le résultat d'une articulation catégorielle binaire, mais d'une présupposition réciproque qui les rend inséparables, l'un n'apparaissant jamais sans la présence concomitante de l'autre. Le face-à-face de ce couple uni et antagoniste, dont les manifestations figuratives reposent souvent sur l'exploitation des universaux sémantiques de *vie* vs *mort* – on tue beaucoup dans les récits enfantins et mythiques –, peut être, sans grand danger, considéré à la fois comme « l'affirmation de soi et la destruction de l'autre ».

4.4. DEUX FORMES DÉVIANTES : LA JUSTICE ET LE SADISME.

Le fait que la vengeance soit le PN du sujet de faire et que celui-ci ne se constitue, on l'a vu, qu'à la suite de l'émergence du /pouvoir-faire/, rend bien compte du rôle primordial que le maniement de cette composante de la compétence du sujet est appelé à jouer : c'est en effet la délégation du pouvoir-faire qui institue le destinateur-judicateur et transforme la vengeance en justice.

Qu'il s'agisse de Dieu proclamant que la vengeance lui appartient ou du seigneur qui s'efforce d'entrer à tout prix en possession de la « haute justice », on a affaire là à un déplacement de pouvoir que nous continuerons à dénommer *délégation,* bien qu'elle soit *supérative,* c'est-à-dire orientée de bas en haut, et non *inférative* comme c'est le plus souvent le cas. L'orientation, dans ce cas, semble d'ailleurs n'être qu'une question de point de vue.

La délégation a pour effet de créer une distance entre les instances du sujet et du destinateur-judicateur, entre le vouloir-faire et le pouvoir-faire, qui ne peut être comblée que par la médiation du *savoir :* *savoir* sur la souffrance que le destinateur inflige à l'anti-sujet, plaisir que le sujet n'éprouve que grâce au *savoir* sur la punition de l'autre.

Cette intellectualisation des douleurs et plaisirs explique en grande partie le *dépassionnement* de la vengeance qui caractérise sa socialisation. Il n'est pas étonnant que la disparition de l'immédiateté que confère à la passion le faire somatique exercé dans le cadre des relations intersubjectives conduise progressivement à la désémantisation de la structure de la vengeance et à son dépérissement. Quant à savoir si d'autres structures de régulation des passions – la lutte des classes, par exemple – peuvent s'y substituer efficacement, c'est déjà une question qui concerne les sociologues.

À cette déperdition passionnelle s'oppose, du moins en apparence, ce surplus émotionnel qu'est le comportement sadique. Nous avons déjà été frappé par la disposition syntagmatique

$$souffrir \longrightarrow faire\ souffrir \longrightarrow éprouver\ du\ plaisir$$

qui semble commune à la vengeance et au sadisme. La formulation plus rigoureuse, en termes de structures actantielles et de programmes narratifs, ne fait que confirmer cette première impression (cf. C. Zilberberg). Et pourtant, la reconnaissance des structures syntaxiques comparables ne fait qu'accentuer les différences dont la principale nous paraît être le *caractère phrastique* – et non discursif – de la syntaxe sadique : ainsi, on le voit, si les unités syntagmatiques constitutives de la séquence sont communes aux deux « passions », ce qui manque au discours sadique c'est – tout comme pour la traduction automatique – son pouvoir d'*anaphorisation,* ce qui fait de l'une comme de l'autre des discours « déréglés ». Chaque unité-phrase du discours sadique est correcte, mais les actants syntaxiques des différentes unités – tels S_2 sujet frustrant et S_2 anti-sujet – ne se trouvent pas intégrés en un seul acteur syncrétique; le sujet sadique S_1 se sent bien frustré par S_2, il n'empêche que le sujet qu'il fera souffrir et dont la souffrance lui procurera du plaisir n'est pas le même que le sujet frustrant. Il en résulte un piétinement, une absence de projet de vie que seule l'intégration de cette syntaxe dans le schéma narratif général pourrait pallier.

5. COLÈRE

Si l'étude de la colère, entreprise d'abord de manière suivie, s'est égarée ensuite en prenant en compte différentes formes syntagmatiques des passions qui paraissaient pouvoir lui être apparentées, c'était dans un double but : inscrire, d'une part, la colère dans une paradigmatique des formes comparables, développer, d'autre part, le discours colérique jusqu'à ses ultimes conséquences. Dans la seconde perspective, l'examen de la vengeance nous a paru particulièrement intéressant : à partir de la « colère contenue » – et c'était là le point de bifurcation – , le comportement passionnel se développait, grâce au pouvoir-faire acquis, en un programme narratif de la « vengeance », un PN complexe et complet. Ce développement régulier du discours passionnel pouvait alors servir de toile de fond pour mieux comprendre le phénomène troublant de la colère.

Il semble à première vue que ce soit le caractère violent, c'est-à-dire intensif, du mécontentement qui puisse expliquer en partie le fait que la « passion », en se développant, emprunte le parcours de la colère aux dépens de celui de la vengeance. Il s'agit là, à vrai dire, d'une double intensité : la colère présuppose une déception violente, mais aussi l'immédiateté de la réaction du sujet déçu. L'explication toutefois n'est pas entièrement satisfaisante, car on voit bien que les mêmes caractéristiques peuvent présider au développement de la vengeance : on parlera alors seulement, non de brusquerie, mais de la rapidité des réflexes de l'offensé. On est bien obligé, par conséquent, d'avoir recours à une interprétation typologique, en attribuant les caractères distinctifs de la colère et de la vengeance soit à l'innéité, soit au particularisme culturel. Il s'agit là d'une option qui concerne la théorie des passions dans son ensemble.

Si toute explication causale paraît insatisfaisante, la description sémiotique des deux parcours est aisée. On voit que le moment crucial y est constitué par l'émergence du sujet selon le pouvoir-faire : dans le cas de la vengeance, cette modalité s'intègre dans l'ensemble de la compétence modale du sujet prête à produire un PN approprié; en cas de colère, au contraire, le pouvoir-faire, exacerbé, domine entièrement le sujet et passe au *faire* avant qu'un programme d'action soit définitivement élaboré, n'étant capable d'utiliser que les éléments épars susceptibles de fonder ce programme, réunis sous la rubrique de l'agressivité orientée (affirmation de soi et destruction de l'autre). Le PN de la colère apparaît ainsi comme un *programme* syncopé, en employant le terme de *syncope* dans son acception grammaticale. Quoi qu'il en soit, la distinction entre la vengeance et la colère fait bien sentir la différence qui existe entre le *discours de la passion* et le *discours passionné,* perturbé par la « passion ».

Table

INTRODUCTION   7

Préalables   7

Une syntaxe autonome   8

Syntaxe modale   9

Nouveaux dispositifs sémiotiques   11

Sémiotiques modales   14

UN PROBLÈME DE SÉMIOTIQUE NARRATIVE : LES OBJETS DE VALEUR   19

1. *Le statut sémiotique de la valeur*   19

1.1. Les valeurs culturelles   19
1.2. Objet et valeur   21
1.3. Sujet et valeur   23
1.4. Valeurs objectives et valeurs subjectives   24

2. *Le statut narratif des valeurs*   27

2.1. La narrativisation des valeurs   27
2.2. Origine et destination des valeurs   29

3. *La communication à un seul objet*   32

3.1. L'énoncé de jonction complexe   32
3.2. Jonctions syntagmatiques et jonctions paradigmatiques   34
3.3. Transferts d'objets et communication entre sujets   35
3.4. Les transformations narratives   36
3.4.1. Le point de vue syntagmatique   38
3.4.2. Le point de vue paradigmatique   39

4. *La communication à deux objets*   39

4.1. Le don réciproque   39
4.2. L'échange virtuel   40
4.3. L'échange réalisé   42

5. *La communication participative* 44

6. *Rappel* 46

LES ACTANTS, LES ACTEURS ET LES FIGURES 49

1. *Structures narratives* 49

1.1. Actants et acteurs 49
1.2. Structure actantielle 50
1.2.1. Disjonctions syntagmatiques 50
1.2.2. Disjonctions paradigmatiques 51
1.3. Rôles actantiels 52
1.3.1. Compétences et performances 53
1.3.2. Véridiction 54
1.4. Structure actorielle 55

2. *Structures discursives* 57

2.1. Comment reconnaître les acteurs 57
2.2. Figures et configurations 58
2.3. Rôles thématiques 61

3. *Récapitulations* 65

POUR UNE THÉORIE DES MODALITÉS 67

1. *Les structures modales simples* 67

1.1. L'acte 67
1.2. Les énoncés élémentaires 68
1.2.1. La transformation 68
1.2.2. La jonction 69
1.3. Performance et compétence 70
1.4. Les modalisations translatives 71
1.4.1. Les modalités véridictoires 71
1.4.2. Les modalités factitives 73
1.5. Enchaînement des structures modales simples 74

2. *Les surmodalisations* 76

2.1. La compétence et ses surdéterminations 76
2.2. Inventaire provisoire 76
2.3. Catégorisation et dénomination 77
2.4. Les modalisations du sujet et de l'objet 78
2.4.1. L'approche syntagmatique 80
2.4.2. Organisation de la compétence pragmatique 80

3. *Les confrontations modales* 82

3.1. Modalisations aléthiques 82
3.2. Modalisations déontiques et boulestiques 86
3.3. Système des règles et aptitudes des sujets 88

4. *Pour conclure* 90

DE LA MODALISATION DE L'ÊTRE   93

1. *Taxinomies et axiologies*   93

2. *Problèmes de conversion*   94

3. *Espace thymique et espace modal*   95

4. *Compétence modale et existence modale*   96

5. *Structures modales et leurs dénominations*   98

6. *Valeurs modalisées*   100

7. *Conclusions provisoires*   101

LE CONTRAT DE VÉRIDICTION   103

1. *Le vraisemblable et le véridique*   103

2. *Le contrat social*   105

3. *La crise de la véridiction*   108

4. *La manipulation discursive*   110

5. *La vérité et la certitude*   111

LE SAVOIR ET LE CROIRE : UN SEUL UNIVERS COGNITIF   115

1. *Introduction*   115

2. *Les procès cognitifs*   117
2.1. Le savoir précède le croire   117
2.1.1. L'acte épistémique est une transformation   118
2.1.2. L'acte épistémique est susceptible d'être converti en faire interprétatif et en procès discursif   118
2.1.3. L'interprétation est reconnaissance et identification   119
2.1.4. L'acte épistémique est le contrôle de l'adéquation   119
2.1.5. L'acte épistémique est une opération jonctive   120
2.1.6. L'acte épistémique produit des modalités épistémiques   121
2.1.7. Le sujet opérateur est un sujet compétent   121
2.2. Le croire précède le savoir   122
2.2.1. La proposition   122
2.2.2. La manipulation selon le savoir   123

3. *Les systèmes cognitifs*   124
3.1. Les univers du savoir et du croire   124
3.2. La rationalité paradigmatique   126
3.2.1. Le binarisme et les termes complexes   126
3.2.2. Le catégorique et le graduel   127
3.2.3. Le mesurable et l'approximatif   128
3.3. La rationalité syntagmatique   128

3.3.1. La pensée causale   129
3.3.2. La pensée parallèle   130

4. *Pour conclure*   133

DESCRIPTION ET NARRATIVITÉ À PROPOS DE
« LA FICELLE » DE MAUPASSANT   135

1. *Situation de la description dans le discours narratif*   141

1.1. La segmentation selon les critères spatio-temporels   142
1.2. Segmentation selon le savoir   143
1.3. Segmentation selon les critères grammaticaux   144

2. *Analyse sémantique des séquences descriptives*   146

2.1. Le segment descriptif 1 : l'actant volontaire   146
2.2. Le segment descriptif 2 : l'acteur figuratif   148
2.3. Le segment descriptif 3 : le faire social   149
2.4. Le segment descriptif 4 : la sanction sociale   151

3. *Segmentation textuelle et organisation du texte*   153

LA SOUPE AU PISTOU OU LA CONSTRUCTION D'UN OBJET DE VALEUR   157

1. *La recette de cuisine*   159

2. *L'objet et la valeur*   161

3. *Le dispositif stratégique*   162

3.1. La soupe aux légumes   162
3.2. Le pistou   165
3.3. La programmation   167

4. *Quelques enseignements*   168

DES ACCIDENTS DANS LES SCIENCES DITES HUMAINES   171

1. *Introduction*   173

1.1. Justifications   173
1.2. Le statut sémiotique de la préface   174
1.3. Organisation textuelle   175

2. *Discours du savoir et discours de la recherche*   176

2.1. Discours s'actualisant et discours réalisé   176
2.2. Le discours réalisé et la compétence du narrataire   176
2.3. Le discours de la recherche et l'absence du sujet   177
2.4. La question   179

3. *Le récit de l'échec*   181

3.1. Organisation discursive et narrative   182
3.2. Le récit du sujet   182
3.2.1. Le discours cognitif   183
3.2.2. Le discours objectif   184

3.2.3. Le discours référentiel 185
3.3. Le récit de l'anti-sujet 186
3.3.1. Surface discursive et dispositif narratif 186
3.3.2. L'échec du faire cognitif 188
3.3.3. La modalisation du discours objectif 188
3.3.4. La modalisation du discours référentiel 190
3.3.5. L'économie narrative du récit de l'échec 190
3.3.6. Les modalités épistémiques 191
3.3.7. Le paraître et l'être 192

4. *Le récit de la victoire* 194

4.1. L'acquisition de la compétence 194
4.2. La manipulation dialectique 196
4.3. Les performances cognitives 197
4.3.1. Une nouvelle taxinomie 197
4.3.2. Du conceptuel au textuel 199
4.3.3. Le faire comparatif 200
4.4. La découverte comme évidence 202
4.5. Discours de la découverte et discours de la recherche 205
4.6. Réflexion épistémologique 209

5. *En guise de conclusion* 211

LE DÉFI 213

1. *Cadre conceptuel* 213

2. *Le faire persuasif* 214

3. *Le faire interprétatif* 216

3.1. Une communication contraignante 216
3.2. Les objets du choix 217
3.3. L'axiologie englobante 219
3.4. La valorisation 220
3.5. L'identification 221

4. *Vers le discours* 222

DE LA COLÈRE ÉTUDE DE SÉMANTIQUE LEXICALE 225

1. *Introduction* 225

1.1. Choix méthodologique 225
1.2. Approximations lexicographiques 226

2. *Attente* 227

2.1. Attente simple 227
2.2. Attente fiduciaire 229
2.3. Réalisation 231
2.3.1. Satisfaction 231
2.3.2. Patience 231
2.3.3. Insatisfaction et déception 233

3. *Mécontentement*   234

3.1. Le pivot passionnel   234
3.2. Un champ élargi   235
3.3. L'autre   237
3.4. L'offense   237
3.5. L'honneur blessé   239

4. *La vengeance*   240

4.1. Un syntagme passionnel   240
4.2. La régulation des passions   241
4.3. La sanction cognitive   242
4.4. Deux formes déviantes : la justice et le sadisme   243

5. *Colère*   245